Andreas Büttner
**Königsherrschaft im Mittelalter**

# Seminar Geschichte

―

Wissenschaftlicher Beirat: Christoph Cornelißen, Marko Demantowsky, Birgit Emich, Harald Müller, Michael Sauer, Uwe Walter

Andreas Büttner

# Königsherrschaft im Mittelalter

**DE GRUYTER**
OLDENBOURG

ISBN 978-3-11-044264-9
e-ISBN (PDF) 978-3-11-044265-6
e-ISBN (EPUB) 978-3-11-043460-6

**Library of Congress Cataloging-in-Publication Data**
A CIP catalog record for this book has been applied for at the Library of Congress.

**Bibliografische Information der Deutschen Nationalbibliothek**
Die Deutsche Nationalbibliothek verzeichnet diese Publikation in der Deutschen
Nationalbibliografie; detaillierte bibliografische Daten sind im Internet über
http://dnb.dnb.de abrufbar.

© 2018 Walter de Gruyter GmbH, Berlin/Boston
Umschlagabbildung: Belehnung des bayerischen Herzogs durch den Kaiser (Schwabenspiegel, Titelillustration, Bayerische Staatsbibliothek München, Cgm 9299, f. 1r; CC BY-NC-SA 4.0).
Satz: fidus Publikations-Service GmbH, Nördlingen
Druck und Bindung: CPI books GmbH, Leck
♾ Gedruckt auf säurefreiem Papier
Printed in Germany

www.degruyter.com

# Vorwort

„Das alles, und noch viel mehr, würd' ich machen, wenn ich König von Deutschland wär", sang Rio Reiser 1986 – doch das ging nicht, denn Deutschland war und ist eine Republik. Dennoch tummeln sich heute eine Vielzahl gekrönter Häupter im Land: Von zahlreichen regionalen Königinnen (Wald-, Rosen-, Kartoffel-, Weißwurst-, Weinkönigin) über den König von Mallorca bis zu dem sogar die Welt regierenden König Fußball mit dem Dreigestirn Kaiser Franz, König Otto und Prinz Poldi.

Dem Leben der wirklichen Royals unserer Zeit widmen sich Woche für Woche zahlreiche Illustrierte. Denn obwohl Europa für die letzten zwei Jahrtausende im Wesentlichen ein Kontinent der Monarchien war, ist von „Königsherrschaft" im eigentlichen Sinne heute wenig geblieben. Wie anders präsentiert sich da das Mittelalter, also jene Jahrhunderte zwischen 500 und 1500, in denen Königreiche und Könige die politische Landkarte bestimmten. Von dieser Erfahrung mittelalterlicher Andersartigkeit nimmt dieses Werk seinen Ausgang, um sich den Feldern mittelalterlicher Königsherrschaft zu widmen. Es geht um Quellen und ihre Deutung, um Grundlagen und Vertiefung, um die Pluralität des Gegenstandes und der wissenschaftlichen Beschäftigung mit ihm. Neben der Vermittlung grundlegender Kenntnisse und Fähigkeiten soll so die Lust auf eine eigenständige Weiterbeschäftigung geweckt werden. Wenn dies gelänge, hätte dieses kleine Werk seinen Zweck erfüllt.

Mein Dank gilt zuallererst den Heidelberger Studierenden der Semester 2015/16 für inspirierende Lehrveranstaltungen zu verschiedenen Aspekten mittelalterlicher Königsherrschaft. Gedankt sei außerdem Dr. Julia Burkhardt, Sven Eck, Manuel Kamenzin, Prof. Dr. Harald Müller, Dr. Benjamin Müsegades, Prof. Dr. Bernd Schneidmüller und Eric Veyel für wertvolle Anregungen und Hinweise sowie Florian Hoppe von De Gruyter Oldenbourg für die gute Zusammenarbeit.

*Andreas Büttner*
*Mainz, August 2017*

## Vorwort von Verlag und Beirat

Die Studienbuchreihe „Seminar Geschichte" soll den Benutzern – StudentInnen und DozentInnen der Geschichtswissenschaft, aber auch VertreterInnen benachbarter Disziplinen – ein Instrument bieten, mit dem sie sich den Gegenstand des jeweiligen Bandes schnell und selbstständig erschließen können. Die Themen reichen von der Antike bis in die Gegenwart; unter Einbeziehung historischer Debatten sowie wichtiger Forschungskontroversen vermitteln die Bände konzise das relevante Basiswissen zum jeweiligen Thema.

„Seminar Geschichte" wurde von De Gruyter Oldenbourg gemeinsam mit FachhistorikerInnen und Geschichtsdidaktikern entwickelt. Die Reihe trägt den Bedürfnissen von StudentInnen in den neuen, modularisierten und kompetenzorientierten Studiengängen Rechnung. Dabei liegt der Akzent auf der Vermittlung von aktuellen Methoden und Ansätzen. Im Sinne einer möglichst effizienten akademischen Lehre sind die Bände stark quellenbasiert und nach fachdidaktischen Gesichtspunkten strukturiert. Sie stellen nicht nur den gegenwärtigen Kenntnisstand zu ihrem Thema dar, sondern führen über die intensive Auseinandersetzung mit maßgeblichen Quellen zudem fundiert in geschichtswissenschaftliche Fragestellungen und Methoden ein. Dabei steht die Problemorientierung im Vordergrund. Unabdingbar ist dafür, dass die Quellen nicht abschließend ausgedeutet werden, sondern eine Grundlage für die eigene Erschließung und Bearbeitung bilden. Hierzu enthält jeder Band kommentierte Lektüreempfehlungen, Fragen zum Textverständnis und zur Vertiefung sowie Anregungen zur Weiterarbeit.

Jeder Band stellt eine autonome Einheit dar. Wichtige Quellen sind im Band enthalten, damit sie nicht mitgeführt oder online aufgerufen werden müssen; zentrale Fachbegriffe werden im Glossar im Anhang erklärt. Ergänzend findet sich auf der Website des Verlages zu jedem Band der Reihe zusätzliches Material (z. B. weitere und/oder originalsprachliche Quellen, thematisch relevante Abbildungen, weiterführende Links oder zusätzliche vertiefende und zur Weiterarbeit anregende Fragen). Passagen, für die zur Vertiefung weiteres Material bereitsteht, sind durch das nebenstehende Symbol hervorgehoben.

Durch seinen modularen Aufbau macht jeder Band auch ein Angebot für ein Veranstaltungsmodell bzw. eröffnet die Möglichkeit, einzelne Kapitel als Grundlage für Lehreinheiten zu nehmen. Der Aufbau in 14 Kapiteln spiegelt die (in der Regel) 14 Lehreinheiten eines Semesters und unterstreicht den Anspruch, das zu vermitteln, was innerhalb eines Semesters gut gelehrt und gelernt werden kann. Der einheitliche Aufbau aller Bände der Reihe sorgt für konzeptionelle Übersichtlichkeit und Verlässlichkeit in der Benutzung: Er bietet StudentInnen und DozentInnen eine gemeinsame Grundlage, um sich neue Themenfelder zu erschließen.

# Inhaltsverzeichnis

Vorwort —— V

Vorwort von Verlag und Beirat —— VII

1 Mittelalterliche Königsherrschaft in der Forschung —— 1

2 Mittelalterliche Königsherrschaft in den Quellen —— 19

3 Wurzeln und Deutungen des frühen Königtums —— 37

4 Herrscher- und Herrschaftsideal —— 51

5 Herrschaft als Aushandlungsprozess —— 65

6 Mit- und Gegenspieler königlicher Herrschaft —— 79

7 Thronfolge und Königserhebung —— 93

8 Der König im Zentrum —— 109

9 Ökonomische Grundlagen —— 123

10 Im Dienst des Königs —— 141

11 Herrschaft an Stelle des Königs —— 155

12 Das Ende: Tod und Memoria —— 169

13 Heilige Herrscher —— 185

14 Rezeption und Forschung —— 199

Bibliographie —— 217

Abbildungsverzeichnis —— 245

Glossar —— 247

Register —— 251

# 1 Mittelalterliche Königsherrschaft in der Forschung

Ein Buch über Königsherrschaft beginnt am besten dort, wo diese ihren Anfang nimmt, nämlich beim Herrschaftsantritt – ein Buch über mittelalterliche Königsherrschaft am besten dort, wo jeder Ausgangspunkt der Betrachtung der Vergangenheit liegt, nämlich in der Gegenwart. Wer sich Königen und ihrer Herrschaft zuwendet, muss keine alten Kodizes wälzen und lateinische Texte lesen – es genügt der Blick in die Boulevardpresse, die den Royals unserer Tage jede Woche breiten Raum bietet. Dies war auch im Juni 2014 der Fall, als König Juan Carlos I. von Spanien seinem Sohn Felipe VI. auf dem Königsthron Platz machte. Doch wer höfischen Pomp und kirchliche Weihen erwartet hatte, sah sich enttäuscht: Ort des Geschehens waren nicht die heiligen Hallen einer altehrwürdigen Kirche, sondern das spanische Parlament, wo der neue König vor Parlaments- und Ministerpräsident den Eid auf die Verfassung ablegte. Die Krone als Symbol der königlichen Herrschaft spielte hierbei nur eine Nebenrolle: Sie stand zwar für alle sichtbar dabei, der König selbst trug sie jedoch nicht auf seinem Haupt. Bei der *Proclamación* Felipes fehlte anders als beim Amtsantritt seines Vaters vier Jahrzehnte zuvor außerdem das Kreuz neben Krone und Zepter. Die anschließende kirchliche Zeremonie (*Misa del Espíritu Santo*) unter Beteiligung der hohen Geistlichkeit unterblieb ebenfalls.

Madrid 2014

Ein ähnlicher und doch gänzlich anderer Amtsantritt ereignete sich über ein Jahrtausend zuvor in Fritzlar, als Heinrich I. im Jahr 919 die vom Mainzer Erzbischof Heriger angebotene Salbung und Krönung zurückgewiesen und sich stattdessen mit dem Königsnamen begnügt haben soll. Die Parallelen auf der Handlungsebene laden zu einem Blick auf die diesbezüglichen Deutungen ein. Für Felipe von Spanien wurde von Beobachtern die Nüchternheit der Zeremonie mit der angespannten wirtschaftlichen Situation Spaniens in Verbindung gebracht und der Verzicht auf religiöse Symbolik als Versuch gewertet, die gesamte Bevölkerung anzusprechen, um so die angespannte Legitimität des Königshauses zu festigen. Der außergewöhnliche Verzicht Heinrichs I. brachte ebenfalls eine Vielzahl an Erklärungen hervor. Sie spiegeln die Zeitgebundenheit wissenschaftlicher Forschung ebenso wider wie deren diskursiven

Fritzlar 919

Charakter, wie beispielsweise Johannes Frieds Interpretation der Ereignisse zeigt (Fried 1995, S. 305 f.):

*Johannes Fried 1995*

„Die Nachricht löste unter den modernen Historikern, von der Faktizität des Angebots überzeugt, abermals eine Flut von Spekulationen über Heinrichs ‚unkirchliches' Königtum aus, ohne daß sich erkennen ließe, wie etabliert die Königssalbung um 919/920 im ostfränkischen Reich tatsächlich war. Weltliche Gesinnung, Antiklerikalismus gar hätten sich in Heinrichs Zurückweisung der Salbung manifestiert; gespannte Beziehungen zwischen dem Sachsen und dem Mainzer hätten sie verhindert; jede kirchliche Weihe hätte den ‚primus' Heinrich aus der Reihe seiner adeligen ‚pares' hervorheben und damit die vertragliche Basis seiner Herrschaft erschüttern müssen; die Fülle der ‚Freundschaften', auf die Heinrich sein Königtum stützte, hätten der Salbung im Weg gestanden.

Doch keine dieser Alternativen vermag zu überzeugen, da keine die Funktion und Wandlungsdynamik erinnerter Vergangenheit und oraler Erzählung und keine Herigers Rolle in der Gesamtheit der ottonischen Überlieferung zu Heinrichs Anfängen zu berücksichtigen weiß. [...] Heinrichs prophetische Antwort auf Herigers Angebot ist also erst aus der Situation des Jahres 968, der Abfassungszeit von Widukinds ‚Sachsengeschichte', zu verstehen, als zwei gesalbte Könige und Kaiser dem ersten Liudolfinger auf dem Thron in höherer Würde gefolgt waren, als der Streit der Erzbischöfe von Köln und von Mainz um die Salbungsrechte gegen ein Mainzer Vorrecht, wie es bei Ottos I. Salbung im Jahr 930 praktiziert worden sein dürfte, und zugunsten einer gleichberechtigten Mitbeteiligung des Kölner und irgendwie auch des Trierer Metropoliten gefallen schien. Für diese Konstellation lieferte Widukind eine ‚historische' Begründung."

## 1.1 Was ist (Königs-)Herrschaft?

*Monarchie heute*

Die Herrschaft eines Königs bzw. die Monarchie als Regierungsform prägte die politische Geschichte Europas über annähernd zwei Jahrtausende. Im Verlauf des 19. und 20. Jahrhunderts kamen Europa in mehreren Wellen der Republikanisierung (Französische Revolution, Erster und Zweiter Weltkrieg) zahlreiche Monarchien abhanden, doch gibt es auch heute noch sieben amtierende Monarchen. Ihnen kommen mittlerweile vornehmlich repräsentative Funktionen zu, die eigentliche politische Macht liegt bei gewählten Volksvertretern.

*Könige ohne Macht*

„Ein Schatten eines Königs war er, kein König" (*Umbra fuit regis, non rex*), so hätte ein hochmittelalterliche Chronist (Gottfried von Viterbo, Speculum regum, c. 62, S. 91) wohl auch diese modernen Staatsoberhäupter umschrieben. Seine Worte galten jedoch dem letzten Merowingerkönig Childerich III. (abgesetzt 751), der nach anderer Überlieferung „nur noch den leeren Königstitel" (*inane regis vocabulum*) ohne faktische „Mittel und Macht" (*opes et potentia*) besaß (Einhard, Vita Karoli Magni, c. 1, S. 3). Ein machtloser König war nur schwer vorstellbar: „But what are kings, when regiment is gone, But perfect shadows in a sunshine day?" fragt Edward II. daher in Christopher Marlowes gleichnamigen Stück (Edward II, 5.1).

Doch was genau sind Macht und Herrschaft? „Power resides where men believe it resides": Macht, so formuliert es eine moderne Fantasy-Saga (George R. R. Martin, *A Song of Ice and Fire*), ist nicht objektiv gegeben, sondern an den Glauben und die Vorstellung der Menschen gebunden. Diese An- und Einsicht ist keineswegs neu. Schon der hochmittelalterliche Dichter Thomasîn von Zerklaere verband diesen Gedanken mit der konkreten Erfahrbarkeit von Herrschaft: „Herrschaft hat eben nicht aus sich selbst heraus so viel Kraft, dass sie uns zeigen könnte, wer der Herr ist, ganz gleich ob er uns nah oder fern ist. Man muss uns sagen: ‚Seht, da ist er!'" (Thomasîn von Zerklaere, *Der Welsche Gast*, c. 7, Vers 3189–3193, S. 87). Herrschaft wirkt also aus sich selbst heraus und ist gleichzeitig an äußere Zeichen und unmittelbares Erleben gebunden. Als gemeinsam geglaubte Fiktion ist sie handlungsleitend, durch Handlungen wird sie zur Wirklichkeit prägenden Vorstellung. Wie schmal dabei der Grat zwischen Dauerhaftigkeit und Vergänglichkeit sein kann, führt jede Revolution der älteren und jüngeren Vergangenheit eindrücklich vor Augen.

*Macht und Herrschaft*

Für die moderne wissenschaftliche Forschung erwies sich vor allem die Definition des Soziologen Max Weber als einflussreich: „Macht bedeutet jede Chance, innerhalb einer sozialen Beziehung den eigenen Willen auch gegen Widerstreben durchzusetzen, gleichviel worauf diese Chance beruht. Herrschaft soll heißen die Chance, für einen Befehl bestimmten Inhalts bei angebbaren Personen Gehorsam zu finden." (Weber 2013, S. 210). Herrschaft kann als dauerhafte und institutionalisierte Form der Machtausübung aufgefasst werden, sie realisiert gleichsam das der Macht innewohnende Potential in der Praxis. Der Begriff „Herrschaft" ist dabei eine Besonderheit der deutschen Sprache und erlangte erst im Laufe der Neuzeit seine weitreichende Bedeutung, als er seiner personalen Komponente entkleidet und zunehmend auf den Staat als übergreifende Einheit bezogen wurde.

Als Analysebegriff findet der Terminus in der Mittelalterforschung seit langem Verwendung. Er war und ist jedoch keineswegs auf die Herrschaft des Königs beschränkt, sondern wurde auch für andere Formen (Hausherrschaft, Grundherrschaft, Landesherrschaft etc.) gebraucht. Ihnen allen ist gemein, das es sich bei Herrschaft nicht um ein abstraktes Konzept, sondern um konkrete Rechte und Befugnisse eines höherstehenden Herrn gegenüber seinen Untergebenen handelt. Diesem Anspruch auf Gehorsam standen in der Regel entsprechende Pflichten gegenüber: Herrschaft darf nicht als Einbahnstraße gedacht werden, sondern sie band in einer asymmetrischen Beziehung beide Parteien aneinander. Sie ist außerdem keine per se gegebene Konstante, keine Institution oder Struktur, sondern sie bedarf als prekäres Kräfteverhältnis unterschiedlicher Strategien der Perpetuierung: Konflikte sind inhärenter und integraler Bestandteil von Herrschaft, nicht Störung und Anomalie eines grundsätzlich stabilen Verhältnisses.

*Wechselseitigkeit*

## 1.2 Königsherrschaft im Mittelalter – Überblick

*Herrschaft ohne König?*

Ein Reich ohne einen König an der Spitze war im Mittelalter lange Zeit praktisch undenkbar. Als im 12. Jahrhundert Alfons I. von Aragón sein Königreich nach seinem Tod mehreren Ritterorden vermachen wollte, verweigerten sich seine Untertanen diesem letzten Willen. Stattdessen holten sie seinen jüngeren Bruder Ramiro II. als letztes lebendes Familienmitglied aus dem Kloster und erhoben ihn – trotz seines Mönchsgelübdes – zum König. Ein Jahrhundert später ordnete ein päpstlicher Legat das einstmals unabhängige Island dem norwegischen König zu, da es nicht richtig sei, „dass dieses Land nicht unter einem König diente wie alle anderen in der Welt" (Hákonar saga Hákonarsonar, c. 301, Bd. 2, S. 136). Es konnte allerdings auch vorkommen, dass „zwei Sonnen, das heißt zwei Könige, sich erhoben" (*duo soles, id est reges, exorti sunt*; Arnold von Lübeck, Chronica Slavorum, l. VI, c. 1, S. 213, zur Doppelwahl 1198) und um die Herrschaft konkurrierten. Ein solches König- bzw. Gegenkönigtum endete in der Regel mit dem Sieg eines Prätendenten, während die einvernehmliche Lösung eines Doppelkönigtums singulär blieb (Ludwig IV. und Friedrich, 1325–1330).

Die Formen der Königsherrschaft unterlagen in dem Jahrtausend von etwa 500 bis 1500, das gemeinhin als Mittelalter bezeichnet wird, einem stetigen Wandel. Die in der deutschen Forschung übliche Unterscheidung in Früh-, Hoch- und Spätmittelalter orientiert sich an dem Wechsel der Königsdynastien im fränkischen und römisch-deutschen Reich: Die Merowinger und Karolinger vom 5. bis zum Beginn des 10. Jahrhunderts, die Ottonen, Salier und Staufer bis zur Mitte des 13. Jahrhunderts und anschließend die wechselnden Dynastien, insbesondere die Luxemburger und Habsburger. Eine solche Periodisierung lässt sich allerdings nur eingeschränkt auf andere, mit der Königsherrschaft verwobene Felder (Recht, Technik, Theologie, Wissenschaft, Wirtschaft etc.) übertragen, deren Wandel es stets mitzudenken gilt: Den Königstitel trugen sowohl Chlodwig I., der erste katholisch getaufte König des Frankenreichs aus dem Geschlecht der Merowinger (481/82–511), als auch Maximilian I. (1486–1519), der habsburgische König des Heiligen Römischen Reichs, den man später als „letzten Ritter" bezeichnete. Die Welt, in der sie lebten und herrschten, war jedoch eine gänzlich andere. Periodisierung Allgemein

Für die Person des Königs und seine Herrschaft lassen sich in Anlehnung an Jacques Le Goff (Le Goff 1993) vier Phasen unterscheiden, die auf die zunehmende Verrechtlichung und Institutionalisierung königlicher Herrschaft abzielen: die germanischen Könige der Spätantike und des frühen Mittelalters, der gesalbte Amtskönig seit der Karolingerzeit, der administrative König zwischen 1150 und 1250 und der König innerhalb eines sakralisierten Staats. In ähnlicher Weise hatte Ernst Kantorowicz – unter Ausblendung der Frühzeit – die Entwicklung der Monarchie als „Christ-Centered Kingship" (10.–11. Jahrhundert), „Law-Centered Kingship" (12.–13. Jahrhundert) und „Polity-Centered Kingship" (spätes 13.–14. Jahrhundert) beschrieben (Kantorowicz 1957). Für die Herrschaftsausübung und -organisation können mit Wilfried Warren drei idealtypische (nicht entwicklungsgeschichtliche) Grundmuster unterschieden werden, die in der Praxis in unterschiedlichem Mischverhältnis auftraten (Warren 1973, S. 245 f.): Erstens die Delegation königlicher Autorität an die geistlichen und weltlichen Landbesitzer, die dem König zum Dienst verpflichtet waren, in ihrem Herrschaftsbereich aber selbstständig regierten; zweitens der Rückgriff auf vom König ernannte und absetzbare Beamte, die nicht über eigenen Besitz verfügten, sondern vom König bezahlt wurden und damit von ihm abhängig

**Königreiche im Wandel**

waren; drittens der Rückgriff auf lokale Gemeinschaften, die sich unter Anerkennung der königlichen Oberhoheit weitgehend selbst verwalteten, gegebenenfalls unter Leitung königlicher Vertreter.

Diese allgemeine Entwicklung vollzog sich in den einzelnen Königreichen Europas in unterschiedlicher Form, Geschwindigkeit und Intensität. Auch die Reiche selbst veränderten sich im Laufe ihrer Geschichte, in ihrer inneren Struktur ebenso wie in ihrer räumlichen Ausdehnung. Die folgende schlaglichtartige Darstellung für die Situation der Jahre „um 800" (Abb. 1) und „um 1400" (Abb. 2) kann daher nicht viel mehr sein als ein erstes Raster für die Einordnung der zu behandelnden Ereignisse, Strukturen und Vorstellungen. Dabei sollte man sich von der Eindeutigkeit der beigegebenen Karten nicht täuschen lassen: Die gleichbleibenden Namen verbergen Wechsel der Herrscherdynastien, die klaren Linien vermitteln falsche Vorstellungen eines modernen Flächenstaats, wo Herrschaft in Wirklichkeit im Verbund mit zahlreichen weiteren Akteuren und in ganz unterschiedlicher Wirkungsstärke ausgeübt wurde.

**Abb. 1:** Die politische Ordnung Europas um 800

Die politische Landkarte Europas um 800 präsentiert sich in einer Einheitlichkeit, die es im Mittelalter niemals zuvor gegeben hatte und die es später niemals wieder geben würde: Weite Teile des Kontinents standen unter der Herrschaft Karls des Großen, dessen Reich von den Pyrenäen im Westen und Rom im Süden bis nach Hamburg im Norden und Prag im Osten reichte. Weitere Königreiche gab es im äußersten Norden der iberischen Halbinsel (Asturien), in Dänemark und in England, wo neben Briten und Pikten mehrere angelsächsische Königreiche untereinander um die Vorherrschaft kämpften.

Europa um 800

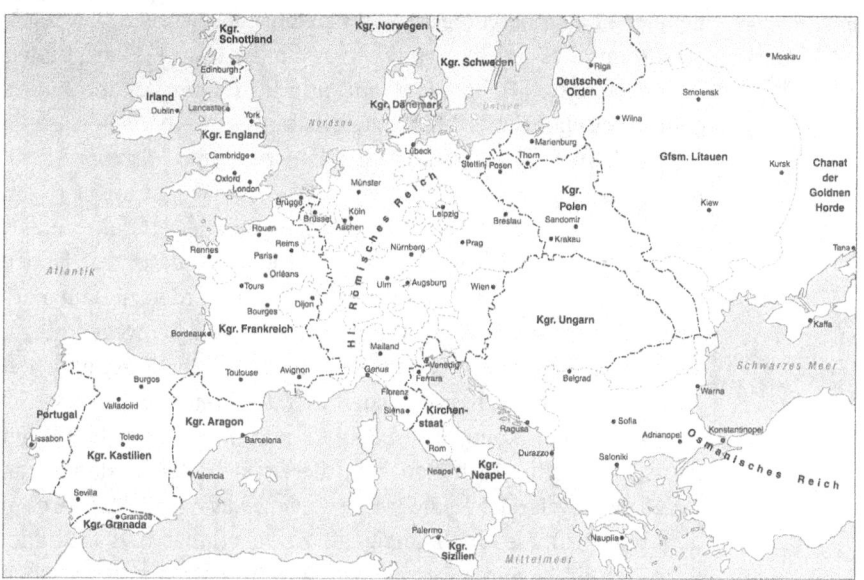

**Abb. 2:** Die politische Ordnung Europas um 1400

Die muslimischen Reiche erstreckten sich von der iberischen Halbinsel über Nordafrika bis in den Nahen Osten, die verbliebenen Teile des oströmischen Reichs beherrschte weiter der Kaiser in Konstantinopel (Byzanz). Verschwunden waren dagegen die zahlreichen Königreiche der Völkerwanderungszeit (Westgoten auf der iberischen Halbinsel, Ostgoten und Langobarden in Italien, Vandalen in Nordafrika, Thüringer und Burgunder). Bestand hatte allein das Frankenreich, das unter den merowingischen Königen mehrfach geteilt und wieder vereinigt worden war, bevor der karolingische Hausmeier Pippin 751 die Macht übernahm und sein Sohn Karl der Große die Grenzen des Reichs noch einmal deutlich erweiterte.

*Europa um 1400*

Sechshundert Jahre später war die politische Landkarte Europas ungleich vielfältiger, auch wenn manche Königreiche (Jerusalem, Kroatien, Serbien, Armenien/Kilikien) bereits wieder verschwunden waren. Bis zum Ende des 15. Jahrhunderts sollten Bosnien, Zypern, das byzantinische Kaiserreich und das Emirat von Granada folgen. Aus dem fränkischen Großreich waren zunächst verschiedene Königreiche (Westfranken, Ostfranken, Lotharingien, Burgund, Italien) und schließlich Frankreich sowie das römisch-deutsche Reich hervorgegangen. Letzteres bezeichnete sich selbst als „Römisches Reich" (*Imperium Romanum*), im 12. Jahrhundert kam der Zusatz „Heilig" (*Sacrum*) und im 15. Jahrhundert außerdem „deutscher Nation" hinzu. Gegliedert war es in die Reichsteile Burgund/Arelat, Reichsitalien und Deutschland (*Regnum Teutonicum/Alemannia*).

*Heiliges Römisches Reich deutscher Nation*

In Ungarn, Böhmen und Polen gab es seit dem 11. Jahrhundert Könige, in den beiden letztgenannten Reichen dauerhaft jedoch erst ab 1198 bzw. 1320. Etwas früher waren im Norden zu Dänemark die skandinavischen Königreiche Norwegen und Schweden hinzugetreten. Die normannischen Könige Englands, die ihre Herrschaft auch auf Wales und Irland ausdehnten, standen immer wieder im Konflikt mit den Königen von Schottland und Frankreich. Auf der iberischen Halbinsel hatten sich die Grafschaften Portugal und Aragón zu Königreichen aufgeschwungen, Navarra im 12. Jahrhundert seine frühere Unabhängigkeit zurückerlangt und Kastilien-León sich im Zuge der Reconquista auf Kosten der muslimischen Reiche weit nach Süden ausgedehnt. Das Königreich Sizilien war in der ersten Hälfte des 12. Jahrhunderts von den Normannen begründet worden, später an die staufischen Kaiser und dann an die französischen Anjou gefallen und seit 1282 in zwei Königreiche getrennt, die Insel Sizilien und das Festland (Neapel).

## 1.3 Forschungsparadigmen im Wandel

Königsherrschaft und Königtum erfuhren als wesentliches Element der politischen Geschichte des Mittelalters seit jeher eine besondere Aufmerksamkeit der Forschung. Die Ereignisgeschichte ist durch zahlreiche Handbücher und Überblickswerke gut erschlossen, die sich entweder einzelnen Herrschern, der Geschichte eines Königreichs oder deren Zusammenschau widmen. Diese Darstellungen repräsentieren den gegenwärtigen Stand der Forschung, der entweder „als eher erregend-neu oder als eher beruhigend-traditionell" (Moraw 2005b, S. 120) präsentiert werden kann, als Tatsachen oder als umstrittene Rekonstruktionen. Sie speisen sich aus unzähligen Spezialstudien, deren bevorzugte Ansätze zeitgebundenen Wandlungen unterliegen.

Dies gilt auch für die oben vertretene Auffassung von Herrschaft als Aushandlungsprozess, mit der ein gewandeltes Verständnis mittelalterlicher Königsherrschaft einhergeht: Nicht mehr der König mit seiner (vermeintlich) allumfassenden Macht steht im Zentrum, sondern sein gemeinschaftliches Regieren mit den Fürsten. Wenn man den Salbungsverzicht Heinrichs I. nicht wie zu Beginn des Kapitels als mit dem Schleier der Erinnerung versehene Vergangenheitskonstruktion deutet, erscheint er als Bekenntnis zur Konsensfindung mit den Großen und nicht mehr als gezielte und programmatische Ablehnung kirchlicher Machtansprüche (Althoff 2005, S. 43–45; vgl. Kapitel 7.2). Ganz ähnlich wandelten sich die Deutungen der Entmachtung Heinrichs des Löwen durch Friedrich I. Barbarossa im Jahr 1180: Aus einem gezielten Programm des Herrschers wurde ein Kaiser als „Getriebener der Fürsten", aus dem Jäger wurde der Gejagte (Görich 2009; Kapitel 6.4.1). In diesen gegensätzlichen Interpretationen spiegelt sich ein Wandel der Deutungsschemata und Paradigmen der historischen Forschung.[1] Als aktuelle Richtungen und Fragestellungen, die auch die Gestaltung dieses Bandes prägen, seien im Folgenden die ethnologisch-anthropologische Wende der Mediävistik und die komparatistische Betrachtungsweise herausgegriffen.

*Herrschaft als Aushandlungsprozess*

Im Laufe ihrer eigenen Geschichte war die Geschichtswissenschaft gegenüber Ansätzen und Theorien anderer Disziplinen in unterschiedlichem Maße offen: Nachdem sie sich in einem langem Abgrenzungsprozess von Theologie und Jurisprudenz emanzipiert und ihren Status als Hilfswissenschaft abgelegt hatte, sah sie sich

*Wandel der Geschichtswissenschaft*

---

[1] Vgl. speziell für das Hochmittelalter die Forschungsüberblicke bei Görich 2002 und Althoff 2011, allgemein zur Mediävistik Goetz 1999, mit S. 174–224 zur politischen Geschichte und Verfassungsgeschichte.

im 19. Jahrhundert mit neuen Herausforderungen der entstehenden Sozial- und Gesellschaftswissenschaften konfrontiert. Die ereignisgeschichtlich orientierte Politik- und Verfassungsgeschichte, die lange Zeit als Paradedisziplin der deutschen Mediävistik fungierte,[2] erfuhr vor allem seit den 1980er-Jahren starke Impulse aus Ethnologie und Anthropologie.

**Neue Sichtweisen**

Die damit einhergehende Fokussierung auf Oralität, Formen der Erinnerung und Rituale führte zu neuen Sichtweisen auf das Mittelalter,[3] gerade auch für die Deutung königlicher Herrschaft. So wurde der traditionelle Fokus auf Königtum und Adel um die stärkere Einbeziehung der lokalen Ebene erweitert, neben der Herrschaftsspitze also deren Tiefe in den Blick genommen. Außerdem wurde nach den spezifischen Erscheinungsformen mittelalterlicher Staatlichkeit (in Abgrenzung zum modernen Staat) gefragt und die kooperative Komponente königlicher Herrschaft betont („konsensuale Herrschaft").[4] Nach der Erweiterung der älteren rechts- und ideengeschichtliche Dimensionen (klassisch z. B. Mitteis 1953; Ullmann 1966) um die Sozial- und Strukturgeschichte wurde nun versucht, Königsherrschaft stärker aus ihrer performativen Umsetzung und Inszenierung heraus zu verstehen.

**Wandel des Bezugsrahmens**

Bestimmende Größe der Betrachtungen war lange Zeit der Nationalstaat: Man diskutierte darüber, ob die hochmittelalterlichen Könige und Kaiser nicht besser Ostkolonisation hätten betreiben sollen, statt ihre Kräfte in Italien zu vergeuden (Sybel-Ficker-Kontroverse), oder ob Karl der Große Franzose oder Deutscher war (er war Franke). Bald wurden jedoch auch die europäischen Bezüge

---

[2] Das Grundgerüst hierfür lieferte die auf Johann Friedrich Böhmer zurückgehende chronologisch geordnete Zusammenfassung von Urkunden und weiteren Quellen in den Regesta Imperii (RI) sowie die von Leopold Ranke (1795–1886) begründeten „Jahrbücher des Deutschen Reichs" (Jahrbücher der deutschen Geschichte), die für die karolingischen und römisch-deutschen Herrscher (bis Albrecht I., 1298–1308) alle verfügbaren Nachrichten im Sinne einer quellenkritische Faktenrekonstruktion zusammenstellten.

[3] Vgl. stellvertretend für andere Vollrath 1981; Fried 1995; Althoff 1997. Zusammenfassend Rexroth 2003.

[4] Programmatisch Schneidmüller 2000. Vgl. bereits, wenn auch unter anderen Vorzeichen, Bosl 1964, mit dem Fazit S. 155: „Herrschaft und Reich im mittelalterlichen Sinne sind ihrem Wesen nach förderative, nicht zentralisierende Bauformen politischer Ordnung; sie beide beinhalten ihrem historischen Sinne nach immer ein genossenschaftliches Prinzip der Mitbestimmung."

des Königtums hervorgehoben und eine vergleichende Arbeitsweise angemahnt.[5] Neben dem traditionellen Schwerpunkt auf Frankreich rückten nach dem Zweiten Weltkrieg West- und Gesamteuropa immer stärker in den Fokus der Forschung, in Sammelbänden mit Beiträgen mehrerer Autoren naturgemäß stärker als in Monographien eines einzigen Autors.[6] Themen waren beispielsweise die königlichen Urkunden (Bistřický 1998; Marques 1996), Krönungen (Bak 1990) oder die Sakralität des Herrschers (Boureau/Ingerflom 1992; Cardini/Saltarelli 2002). Diese vergleichende europäische Perspektive griff zeitlich verstärkt auf die Vormoderne (programmatisch Duchhardt et al. 1992) und Moderne (Deploige/Deneckere 2006) sowie in jüngerer Zeit räumlich auf andere Kulturen aus (Erkens 2002a; McGlynn/Woodacre 2014; Drews et al. 2015; Becher et al. 2015), womit wohl vorerst die maximale Ausweitung erreicht sein dürfte. Viele aktuelle Ansätze widmen sich außerdem nicht allein der Königsherrschaft, sondern nehmen verschiedene Formen der Herrschaft in den Blick (z. B. Andenna/Melville 2015). Dies gilt ebenfalls für die Beschäftigung mit der Königin, die zusammen mit anderen „mächtigen Frauen" (Zey 2015) und in vergleichender europäischer Perspektive untersucht wird.[7] Der erweiterte Ansatz zeigt sich auch in den Beiträgen der Zeitschriften „MAJESTAS" (1993–2005) und „Royal Studies Journal" (seit 2014 als Online- und Open-Access-Publikation), die dezidiert der Erforschung monarchischer Ordnung und Kultur gewidmet sind.

Die Zeitgebundenheit historischer Forschung führte dazu, dass gewisse Herrscher, Epochen oder Themen deutlich stärker erforscht

*Wandel der Schwerpunkte*

---

5 So untersuchte Marc Bloch das Wirken der Könige als Wunderheiler insbesondere in England und Frankreich (1924), Fritz Kern widmete sich umfassend dem „Gottesgnadentum und Widerstandsrecht im früheren Mittelalter" (1914). Während das Werk Kerns 1939 ins Englische übersetzt („Kingship and Law", mit zahlreichen Nachdrucken) und im Deutschen 1954 neu aufgelegt wurde, wurde Blochs Studie erst 1990 ins Englische und 1998 ins Deutsche übersetzt (Bloch 1998).
6 Entsprechende Arbeiten entstanden – nicht zuletzt aufgrund des begrenzteren Materials – vornehmlich zum frühen Mittelalter, wie Krüger 1971, R. Schneider 1972 oder Bund 1979. Für das spätere Mittelalter siehe den Sammelband R. Schneider 1987 sowie den exemplarischen Vergleich zweier Könige bei Vollrath 1998.
7 Aus der Vielzahl an Sammelbänden seien Woodacre 2013, Earenfight 2013 und Fleiner/Woodacre 2015 genannt.

wurden als andere. So wurde in Deutschland das späte Mittelalter lange Zeit als Verfallszeit der königlichen Macht wahrgenommen und daher mit deutlich weniger Aufmerksamkeit bedacht (dagegen Schubert 1979). Dies gilt ebenfalls für die Rolle und Bedeutung der Königin, die erst in den letzten Jahrzehnten eine stärkere Aufmerksamkeit erfuhr.[8] Diese Hinwendung zur weiblichen Form der Herrschaft geht vor allem auf die „Women and Gender Studies" zurück, die sich zunächst in den USA und seit den 1980er-Jahren in Deutschland etablierten.

*Wandel der Fragestellungen*

Nicht nur was erforscht wird, sondern wie geforscht wird verändert sich stetig. (Geschichts-)Wissenschaftliche Fragestellungen und Paradigmen haben Konjunkturen: Sie erleben einen Aufschwung, einen mehr oder weniger langen Höhepunkt und klingen dann wieder ab, um unterschiedlich stark nachzuhallen. Mit solchen Trends (den sogenannten *turns*, die einen bestimmten Ansatz umschreiben: *linguistic, iconic, performative, spatial, material* etc.) geht auch die Frage nach der Wissenschaftskommunikation, -organisation und -förderung einher. Bei allem Ringen um Objektivität sind es nicht immer nur wissenschaftsinterne Faktoren, die hier eine Rolle spielen – eine verbreitete Einsicht, die sich jedoch nur selten niedergeschrieben findet (vgl. aber Dinzelbacher 2009, S. 67). Gerade in einem Band über Formen der Herrschaft sollte darauf hingewiesen werden, dass das wissenschaftliche Nachdenken nicht im herrschaftsfreien Raum stattfindet. Der kritische Umgang, der für die Beschäftigung mit den historischen Quellen einzufordern ist, gilt selbstverständlich auch für die Rezeption der Forschung, dieses Werk eingeschlossen.

*Bilder vom Mittelalter*

Hinzu kommt der Einfluss, den ein – in der Regel nicht explizit formuliertes – Mittelalterbild auf die Interpretation der Quellen hat. So ist das Weinen des Königs in zahlreichen Quellen belegt, aber schwer zu deuten: Waren die königlichen Tränen fester Bestandteil der Herrschaftsrituale, die der König gezielt und geplant als Mittel politischer Kommunikation einsetzen konnte? Oder sind sie

---

[8] Spezialstudien gab es immer (z. B. Kowalski 1913), doch war das Thema weitgehend marginalisiert. Für das römisch-deutsche Reich siehe jetzt Fößel 2000. Allerdings blendet noch der 2015 im Handwörterbuch zur deutschen Rechtsgeschichte erschienene Artikel „Königin, Kaiserin" das Spätmittelalter aufgrund fehlender Forschung gänzlich aus; M. Hartmann 2016, dazu jetzt Dick 2017.

Ausdruck der authentischen und spontanen Emotionalität einer Epoche, in der das Weinen der Mächtigen anders besetzt war als heute? Diese von Gerd Althoff und Peter Dinzelbacher vertretenen gegensätzlichen Positionen basieren teils auf abweichenden Interpretationen der gleichen, aber auch auf der Verwendung unterschiedlicher Quellen (vgl. Dinzelbacher 2009, S. 1–78). Sie spiegeln außerdem unterschiedliche Herangehensweisen und Erkenntnisinteressen wider, die politische Geschichte und das Königtum auf der einen, Mentalitäten und Emotionen auf der anderen Seite. Dahinter steht letztlich die Frage, welchen Status wir dem Mittelalter und den mittelalterlichen Menschen zumessen: Betonen wir die Fremdheit und Alterität, oder sehen wir ähnliche Mechanismen am Werk wie in unserer Gegenwart, ja vielleicht wie zu allen Zeiten?

Solche Fragen verweisen auch auf das Wissenschaftsverständnis, das jede Forschung entscheidend prägt, jedoch ähnlich selten offengelegt wird wie das Mittelalterbild. Wie also wird aus dem überlieferten Material eine moderne Darstellung, wie wird aus Quellen Geschichte? Es kann hier nicht um eine ausführliche Erörterung erkenntnistheoretischer Fragen gehen (vgl. aus mediävistischer Feder die kontroversen Überlegungen bei Paravicini 2010). Gleichwohl sei darauf hingewiesen, dass die Bewertung der Erkenntnismöglichkeit erheblichen Einfluss auf die Art der Darstellung und den Umgang mit den Quellen hat: Ist der Historiker nur eine Art Dichter, der anhand der Quellen Geschichte, ja vielleicht sogar nur Geschichten erzählt? Oder ist uns die vergangene Wirklichkeit, die geschichtlichen „Fakten" und „Tatsachen", so weit zugänglich, so dass wir sie mit Hilfe bestimmter Methoden rekonstruieren können? Oder ist historische Erkenntnis eine quellengestützte Konstruktion, die vergangene Wirklichkeit nicht abbildet, sondern selbst hervorbringt, als Antwort auf stets neu zu stellende Fragen? Die – eindeutigen oder vermittelnden – Antworten auf diese Fragen führen zu unterschiedlichen Fragestellungen, Auswahl des Materials und Interpretationen der Quellen. [Von den Quellen zur Darstellung]

Ziel dieses Buchs ist es daher, die Vielfalt der möglichen Ansätze und Deutungsmuster aufzuzeigen: Nicht eine Interpretation königlicher Herrschaft soll vertreten werden, sondern Wissenschaft als Auseinandersetzung über Deutungen und Problemlösungen präsentiert werden. Diese Einführung möchte einerseits Halt geben und ein festes Wissensgerüst liefern, aber andererseits auch vermitteln, woher dieser Halt kommt und was seine Bauteile sind: [Ziel des Buchs]

Unter welchen Annahmen erfolgte der Zusammenbau, welche anderen Konstruktionsmöglichkeiten wären denkbar?

Das klingt etwas nach dem Orwell'schen Neusprech-Begriff „Doppeldenk" (*doublethink*), die Fähigkeit zwei sich widersprechende Überzeugungen aufrechtzuerhalten und doch beide zu akzeptieren. Aber gerade dies ließe sich als Kern der Geschichtswissenschaft beschreiben: die theoretisch und methodisch reflektierte, auf Nachprüfbarkeit ausgerichtete und auf Quellen basierte Erforschung der Vergangenheit, die als tatsächliches Geschehen rekonstruiert und gleichzeitig als zeit- und subjektgebundene Konstruktion entlarvt wird. Das Ergebnis ist eine vergangene Welt, die uns als Wirklichkeit gegenüber tritt, von der wir aber wissen, dass sie aus bestimmten Materialien und nach bestimmten Plänen gebaut ist. Und zwar nicht ein für alle Mal, sondern stets mit der Möglichkeit (ja sogar der Notwendigkeit), neue Materialien hinzuzufügen und alte zu ändern, Pläne umzugestalten, Neubauten, Anbauten und Renovierungen vorzunehmen.

*Randnotiz: Was bedeutet historische Forschung?*

## 1.4 Aufbau des Bandes

„Königsherrschaft im Mittelalter" ist ein weites Feld. Um es zu bearbeiten muss man es in einzelne Parzellen einteilen, die aneinander angrenzen und sich teilweise überlappen. Auf die in diesem Kapitel vorgestellten Erntetechniken und -erträge folgen Bodenbeschaffenheit und Methoden der Bearbeitung, also ein Blick auf die zur Verfügung stehenden Quellen und deren Interpretation (Kapitel 2). Diese allgemeinen Vorrausetzungen werden anschließend auf die spezifischen Grundlagen mittelalterlicher Königsherrschaft angewandt (Kapitel 3). Danach steht der König selbst im Zentrum, wenn das Herrschaftsideal in Theorie und Praxis betrachtet wird (Kapitel 4 und 5). Dies führt zu einer Ausweitung des Blicks auf die königlichen Mit- und Gegenspieler (Kapitel 6). Sie traten gerade bei der Herrschererhebung besonders in Erscheinung (Kapitel 7), bevor der König seine Herrschaft auf vielfältigem Weg ausüben konnte (Kapitel 8). Hierbei stützte er sich auf seine ökonomischen Grundlagen (Kapitel 9) ebenso wie auf zahlreiche Helfer (Kapitel 10). Diesen Weg der Entpersonalisierung fortschreitend werden Regentschaft und Stellvertretung in den Blick genommen (Kapitel 11), bevor mit dem Tod des Königs dessen Herrschaft zu

*Randnotiz: Vorgehensweise*

ihrem Ende kommt (Kapitel 12). Doch auch danach konnten Könige in Entscheidung treten, im Mittelalter (Kapitel 13) wie bis in unsere Gegenwart (Kapitel 14), was zu einer abschließenden Reflexion über historisches Forschen einlädt.

Inhaltlich wird die gesamte Zeitspanne von 500 bis 1500 behandelt, von den germanischen Königreichen des frühen Mittelalters bis zu den europäischen Nationen an der Schwelle zur Neuzeit. Ein gewisser Fokus liegt gemäß der gegenwärtigen (und wohl auch künftigen) universitären Lehre in Deutschland auf dem karolingischen und römisch-deutschen Reich.[9] Daneben sollen die Besonderheiten, Unterschiede, Gemeinsamkeiten und Verflechtungen der europäischen Königreiche und ihrer Herrscher herausgearbeitet werden, wobei hier der Schwerpunkt auf England und Frankreich liegt.[10] Nicht ein Aspekt, Herrscher, Königreich oder Jahrhundert, nicht eine Quellengattung oder methodischer Ansatz stehen im Zentrum, sondern die Vielschichtigkeit der Erscheinungsformen monarchischer Herrschaft im mittelalterlichen Europa. So soll ein Gespür für Konstanz und Wandel vermittelt werden: für die historische Vergangenheit, ihre Überlieferung in den Quellen und ihre Deutung durch die Geschichtswissenschaft. Die einzelnen Kapitel behandeln daher keine hermetisch abgeschlossenen Felder, sondern unterschiedliche Erscheinungsformen und Aspekte königlicher Herrschaft zu verschiedenen Zeiten und in verschiedenen Reichen. Aus dieser Zusammenschau, die gleichzeitig Vereinigung

Schwerpunkte

---

**9** Bei diesen Herrschern wird ebenso wie bei den Merowingern die geographische Zuordnung im Zusammenhang mit den Regierungsjahren unterlassen: „Heinrich IV. (1056–1106)" meint den römisch-deutschen König und Kaiser, „Heinrich IV. (Kg. von England, 1399–1413)" den englischen König.
**10** Andere Herrschaftsformen müssen dagegen außen vorbleiben, auch wenn sie ähnlich geartet sein können: Mächtige, königsgleiche Fürsten, der Papst als monarchisches Oberhaupt des Kirchenstaats, muslimische Herrscher (Kalif, Sultan, Emir), die bulgarischen, serbischen und russischen Zaren sowie die byzantinischen und lateinischen Kaiser. Die karolingischen und römisch-deutschen Kaiser, die diesen Titel durch die vom Papst vollzogene Krönung erlangten, werden hier als Könige behandelt, da das Kaisertum zwar mit dem Anspruch auf universalen Vorrang verbunden war, im Hinblick auf die Königsherrschaft im eigenen Reich aber nur wenig ins Gewicht fiel. Im hohen Mittelalter drehte man den Spieß sogar zunehmend um, bis es schließlich im 14. Jahrhundert hieß: „Ein König ist in seinem Reich ein Kaiser seines Reichs" (*Rex in regno suo est imperator regni sui*).

wie Differenzierung ist, setzt sich das hier gezeichnete Bild mittelalterlicher Königsherrschaft zusammen.

## 1.5 Lektüreempfehlungen

Brunner, Otto/Conze, Werner/Koselleck, Reinhart (Hg.), Geschichtliche Grundbegriffe. Historisches Lexikon zur politisch-sozialen Sprache in Deutschland, Bd. 3, Stuttgart 1982, S. 1–102 („Herrschaft"), S. 817–935 („Macht"); Bd. 4, Stuttgart 1978, S. 133–214 („Monarchie") *(Umfassende begriffsgeschichtliche Aufarbeitung zentraler Termini und Konzepte in ihrem Wandel von der Antike bis zum 20. Jahrhundert).*

Bühler, Arnold, Herrschaft im Mittelalter (Kompaktwissen Geschichte; Reclams Universal-Bibliothek 17072), Stuttgart 2013 *(Knapper allgemeiner Überblick mit einem Schwerpunkt auf dem römisch-deutschen Königtum, verbunden mit ausgewählten Quellen in Übersetzung).*

Erkens, Franz-Reiner, Art. „König" in: Handwörterbuch zur deutschen Rechtsgeschichte 3, 2. Aufl. Berlin 2016, Sp. 3–18 *(Überblick mit Schwerpunkt auf dem römisch-deutschen Reich des Mittelalters).*

Jussen, Bernhard (Hg.), Die Macht des Königs. Herrschaft in Europa vom Frühmittelalter bis in die Neuzeit, München 2005 *(Sammelband mit 23 Einzelbeiträgen vornehmlich zum mittelalterlichen Königtum, die unter starkem Quellenbezug vielfältigen Fragestellungen nachgehen).*

Le Goff, Jacques, Le Roi dans l'Occident médiéval: caractères originaux, in: Kings and Kingship in Medieval Europe, hg. von Anne J. Duggan (King's College London Medieval Studies 10), London 1993, S. 1–40 *(Breites Panorama über Charakter, Modelle, Typen und Verortung des mittelalterlichen Königs).*

Meinhardt, Matthias/Ranft, Andreas/Selzer, Stephan (Hg.), Mittelalter (Oldenbourg Geschichte Lehrbuch), München 2007, S. 11–158: „Monarchische Herrschaft in Europa" *(Ereignisgeschichtlicher ausgerichteter Überblick über die Entwicklung der verschiedenen mittelalterlichen Königreiche, ergänzt um thematische Vertiefungen und zahlreiche stark kontextualisierte Abbildungen).*

Reinle, Christine, Was bedeutet Macht im Mittelalter?, in: Mächtige Frauen? Königinnen und Fürstinnen im europäischen Mittelalter (11.–14. Jahrhundert), hg. von Claudia Zey (Vorträge und Forschungen 81), Ostfildern 2015, S. 35–72 *(Aufarbeitung des Konzepts der Macht – und damit auch der Herrschaft – in Theorie und Quellen sowie der Instrumente und Ressourcen mittelalterlicher Herrscher).*

Schulze, Hans Kurt, Grundstrukturen der Verfassung im Mittelalter. Bd. 4: Das Königtum (Urban Taschenbücher 464), Stuttgart 2011 *(Umfassende Behandlung mit dem Fokus auf dem frühen und hohen Mittelalter sowie den merowingischen, karolingischen und römisch-deutschen Königen, allerdings oft noch älteren Deutungskategorien verhaftet).*

Woodacre, Elena/Sarti, Cathleen, What is Royal Studies?, in: Royal Studies
    Journal 2, 2015, S. 13–20 (*Konziser Überblick über aktuelle und mögliche
    zukünftige Themen der internationalen Forschung zur Königsherrschaft*).

Enzyklopädie deutscher Geschichte, hg. von Lothar Gall, München 1988 ff.     Handbücher
Gebhardt, Bruno, Handbuch der deutschen Geschichte, 10. Aufl. München
    2001 ff. (hier Bd. 1–8).
Oldenbourg Grundriß der Geschichte, hg. von Jochen Bleicken/Herman
    Jakobs/Lothar Gall, München 1979 ff.
Propyläen Geschichte Deutschlands, hg. von Dieter Groh et al., 9 Bde., Berlin
    1983–1995 (hier Bd. 1–3).
Handbuch der europäischen Geschichte, hg. von Theodor Schieder, 7 Bde.,
    Stuttgart 1968–1987 (hier Bd. 1–2).
The New Cambridge Medieval History, hg. von David Abulafia et al., 7 Bde.,
    Cambridge 1995–2005.
A History of Medieval Britain, hg. von Marjorie Chibnall, 4 Bde., Oxford
    1986–2000.
Nouvelle Histoire de la France médiévale, 5 Bde., Paris 1990.

Die deutschen Herrscher des Mittelalters. Historische Portraits von Heinrich I.     Herrscher-
    bis Maximilian I. (919–1519), hg. von Bernd Schneidmüller/Stefan     biographien
    Weinfurter, München 2003.
Die englischen Könige im Mittelalter. Von Wilhelm dem Eroberer bis
    Richard III., hg. von Natalie Fryde/Hanna Vollrath (Beck'sche Reihe 1534),
    München 2004.
Die französischen Könige des Mittelalters. Von Odo bis Karl VIII. 888–1498, hg.
    von Joachim Ehlers (Beck'sche Reihe 1723), München 2006.

# 2 Mittelalterliche Königsherrschaft in den Quellen

**Abb. 3:** Reichskrone des Heiligen Römischen Reichs (10., 11. oder 12. Jahrhundert)

Die Krone ist heute wie im Mittelalter das wichtigste Insigne des Königs. Sie ist Symbol für seine Herrschaft, ja sogar für das Königreich selbst. Die wohl berühmteste Krone des Mittelalters ist die Reichskrone mit ihren ca. 22 cm Durchmesser, 3,5 kg Gewicht, 240 Perlen und 120 Edelsteinen, die heute in der Kaiserlichen Schatzkammer in Wien besichtigt werden kann. Für ihre Interpretation und Nutzung als Quelle historischer Erkenntnis bieten sich verschiedene Zugänge an. So können die auf den Bildplatten dargestellten Personen und Spruchbänder Auskunft über das propagierte Herrscher- und Herrschaftsideal geben. Die oktogonale Form

Reichskrone

und die Gestaltung, Anzahl und Farbe der Edelsteine lassen sich symbolisch deuten (Spiegelung des irdischen wie himmlischen Jerusalems), während aus kunsthistorischer Sicht nach handwerklichen Techniken, Stil und Entstehungsort/-werkstatt gefragt werden kann. Für die Bestimmung der Entstehungszeit sind mögliche historische Kontexte zu ermitteln, was in der Forschung zu verschiedenen Datierungen geführt hat (zweite Hälfte des 10. Jahrhunderts, 1024–1039 oder 1138–1152, vgl. Scholz 2005).

Die Wirkung, die der Krone allein durch ihre überaus prachtvolle Gestaltung inhärent ist, gilt es um die Wahrnehmung und Deutungen der Zeitgenossen zu ergänzen. Hierzu gehört auch der Blick auf ihre praktische Verwendung, in Herrschaftsritualen (wann trug der König eine Krone, und trug er genau diese?) ebenso wie in anderen Kontexten (Aufbewahrungsort und Verfügungsgewalt, öffentliches Zeigen zusammen mit anderen Insignien und Reliquien). Im europäischen Rahmen bietet sich der Vergleich mit anderen Kronen wie z. B. der ungarischen Stephanskrone an. Hinzu kommt die Rezeptionsgeschichte im Hinblick auf die spätere Nutzung, Instrumentalisierung (z. B. die zeitweilige Überführung nach Nürnberg durch die Nationalsozialisten 1938) und Erforschung. Je nach Fragestellung kann die Krone somit auf ganz unterschiedliche Art und Weise als Quelle dienen, indem sie in größere Kontexte eingeordnet und mit anderen historischen Zeugnissen in Verbindung gebracht wird. Hierdurch steigert sich sowohl der Raum für Interpretationen als auch die Notwendigkeit einer diesbezüglichen wissenschaftlichen Auseinandersetzung.

*Bedeutung der Fragestellung*

Wie sehr die Forschung lange Zeit von nicht ausreichend gesicherten Annahmen ausging, zeigt das Stereotyp der „echten" und „falschen" Insignien. Von ihrer Verwendung soll die Rechtmäßigkeit der Königskrönung abhängig gewesen sein, was erst in den 1990er-Jahren als „Scheinproblem" entlarvt wurde (Petersohn 1993, Zitat S. 112; allgemeiner Petersohn 1998). Nicht das Krönen mit diesen Insignien, sondern deren Besitz schuf Legitimität in politisch schwierigen Zeiten. Dies geschah eindrucksvoll im „Kronenspruch" Walthers von der Vogelweide, der damit im Thronstreit von 1198 zwischen Philipp und Otto für ersteren Partei ergriff (S. 84, die Übersetzung S. 85):

*„Echte" und „falsche" Insignien*

> *Diu krône ist elter dánne der künic Philippes sî, / dâ múgent ir álle schouwen wol ein wunder bî, / wie si ime der smit sô ebene habe gemachet. / sîn keiserlîchez houbet zimt ir alsô wol, / daz si ze rehte nieman guoter scheiden sol, / ir dewéderz dâ daz ander niht enswachet. / si lachent beide ein ander an, / daz edel gesteine wider den jungen süezen man, / die ougenweide sehent die fürsten gerne. / swer nû des rîches irre gê, / der schouwe, wem der weise ob sîme nacke stê, / der stein ist aller fürsten leitesterne.*

Walther von der Vogelweide, „Kronenspruch"

Die Krone ist älter als der König Philipp ist, / dabei könnt Ihr alle wohl ein Wunder sehen, / wie sie ihm der Schmied so passend gemacht hat. / Sein kaiserliches Haupt steht ihr so wohl an, / dass sie von Rechts wegen kein Gutgesinnter trennen soll, / keines von beiden schwächt da das andere. / Sie lachen beide einander an, / das edle Gestein den jungen, herrlichen Mann, / diese Augenweide haben die Fürsten gerne. / Wer immer nun in Bezug auf das Reich in die Irre gehen mag, / der schaue, wem der Waise über seinem Nacken steht, / dieser Stein ist aller Fürsten Leitstern.

## 2.1 Der König und seine Herrschaft – Fallbeispiel Isidor von Sevilla

Ausgangspunkt jeder Interpretation bildet die Quellenkritik, bei Sach- und Bildquellen ebenso wie bei Schriftquellen. Für die Interpretation der folgenden Begriffsbestimmung von „König" und „Königsherrschaft" bei Isidor von Sevilla (*Etymologiae*, l. IX, c. 3, 1–4) ist daher zunächst eine Reihe von Fragen zu klären: Wer war der Autor (Bischof von Sevilla, stammte aus einer wichtigen hispanorömischen Familie, lebte um 560–636), wann und zu welchem Zweck entstand das Werk, auf welchem Wissen und Vorlagen baute es auf (20 Bücher, entstanden etwa 621–636, Förderung des Lateinischen als Kommunikationssprache und Überblick über das bekannte Wissen), welche Rezeption und Wirkung hatte es (sehr breite mittelalterliche Überlieferung)?

Quellenkritik

> Die Königsherrschaft ist von den Königen her benannt. Denn wie die Könige vom Herrschen benannt sind, so die Königsherrschaft nach den Königen. Alle Nationen hatten zu allen ihren Zeiten eine Königsherrschaft, wie die Assyrer, die Meder, Perser, Ägypter, Griechen, deren Abfolge das Schicksal der Zeiten so drehte, dass das eine vom anderen abgelöst wurde. Unter allen Königreichen der Erde aber werden zwei Königreiche als ruhmvoller als die anderen überliefert: Zuerst das der Assyrer, dann das der Römer, so dass sie durch die Zeiten und Orte untereinander geordnet und unterschieden werden. Denn so wie jenes früher und dieses später war, so hatte sich

Definition „Königsherrschaft" und „König"

das eine im Osten und das andere im Westen erhoben. Schließlich war am Ende des einen sofort der Anfang des anderen. Die übrigen Königreiche und die übrigen Könige können als ihre Anhängsel angesehen werden. Die Könige sind vom ‚Herrschen her benannt. So wie nämlich der Priester von Opfern, so kommt der König von Herrschen. Es herrscht aber nicht, wer nicht korrigiert. Der Name des Königs wird daher durch richtiges Handeln erlangt, durch Sündigen wird er verloren. Daher gab es bei den Alten jenes Sprichwort: ‚Du wirst König sein, wenn du recht handelst; wenn du es nicht tust, wirst du es nicht sein'.

*Isidors Deutung und Vorlagen*

Isidor von Sevilla erklärte die lateinische Bezeichnung *rex* korrekt als Ableitung von *regere*: richten, lenken, beherrschen, regieren.[1] Der politische Vorrang ist nach Isidor kein Selbstzweck, an Königsherrschaft werden vielmehr konkrete Anforderungen gestellt: *Non autem regit, qui non corrigit. Recte igitur faciendo regis nomen tenetur, peccando amittitur.* Über den einzelnen Herrscher hinausgehend erscheint die Königsherrschaft (*regnum*) als universelles Ordnungsmodell, wobei bereits deutlich wird, dass nicht jeder Inhaber des Titels über die gleiche Macht verfügt.[2] Neben dieser inhaltlichen Ebene lassen die Ausführungen erkennen, wie mittelalterliche Autoren mit ihren Autoritäten und Vorlagen umgingen: Zentrale Elemente finden sich bereits beim spätantiken Kirchenvater Augustinus, das erwähnte Sprichwort (‚*Rex eris, si recte facias: si non facias, non eris.*') in ähnlicher Form bei Horaz. Isidor kam mit seinem Werk allerdings die Rolle eines Multiplikators zu, so dass sich spätere Autoren beispielsweise im Investiturstreit für entsprechende Aussagen direkt auf ihn bezogen.

---

1 Weniger klar ist hingegen die ursprüngliche Bedeutung von *kuni[n]g*, das sich erst nach einiger Zeit als Entsprechung zum lateinischen *rex* durchsetzte; Seebold 2001.
2 Der bei Isidor verwendete Begriff *regnum* ist in der Übersetzung je nach Kontext mit „Königsherrschaft" oder „Königreich" wiedergegeben. Dies zeigt bereits, wie sehr jede Übersetzung immer auch Interpretation ist, spiegelt sich hierin doch ein unterschiedlicher Grad an Transpersonalität und Institutionalisierung („Königtum"). So wurde beispielsweise in der Forschung für das 9. Jahrhundert diskutiert, ob das *regnum* der Quellen ein abstraktes (Teil- oder Gesamt-)„Königreich" oder sogar einen „Staat" oder eher das „Königshaus", also den Herrscher und sein unmittelbares Umfeld, bezeichnet; vgl. Goetz 2006.

## 2.2 Überlieferung und Interpretation

Für die Erforschung des Mittelalters gilt wie für jede andere Epoche, dass die auf uns gekommene Überlieferung nur einen Teil der vergangenen Wirklichkeit erkennen lässt: Das „Gewesene" und das „Überlieferte" sind nicht deckungsgleich. Wie eine Taschenlampe in einem dunklen Raum erhellen die Quellen nur bestimmte Stellen, während anderes im Halbschatten oder ganz im Dunkeln bleibt. Aufgrund der hohen Bedeutung des Königtums im gesellschaftlichen Zusammenleben steht dessen Erforschung auf einer vergleichsweise breiten Basis, die hohe Bühne monarchischer Politik stand oft in hellerem Licht als andere Lebensbereiche. Die Könige brachten einerseits selbst eine Vielzahl an Quellen (administratives Schriftgut, Gesetze, Briefe, Bauwerke etc.) hervor und waren andererseits ein wichtiger Referenzpunkt für ihre Zeitgenossen (Geschichtsschreibung, Dichtung, moralisch-philosophisch-politische Schriften etc.).

§ „Gewesenes" und „Überliefertes"

Neben der Entstehung von Quellen in Dichte und Umfang bestimmen deren „Überlieferungschance und Überlieferungszufall" (Esch 1985) das zur Verfügung stehende Material. So hatten die für geistliche Empfänger ausgestellten königlichen Urkunden aufgrund der besonderen Kontinuität kirchlicher Institutionen eine deutlich höhere Überlieferungschance als diejenigen adliger Empfänger. Würde man nun daraus schließen, der König habe in seinem herrschaftlichen Handeln fast ausschließlich Klöster und Bistümer bedacht, hieße dies, vorschnell die überlieferte mit der vergangenen Wirklichkeit gleichzusetzen. Ebenso muss die geringe Urkundendichte von letztlich nicht erfolgreichen Gegenkönigen nicht bedeuten, dass diese weniger Urkunden ausstellten, sondern vielmehr, dass solche Privilegien nach ihrem Tod deutlich an Wert und praktischem Nutzen verloren. Das Gleiche gilt für die Art der Urkunden: Dass heute vor allem königliche Privilegien, also die feierliche Verleihung bestimmter Rechte, überliefert sind, liegt an der besonderen Bedeutung, die diesen Dokumenten von den Empfängern beigemessen wurde. Die kurzen Anweisungen und Befehle eines königlichen Mandats wurden dagegen oft mit ihrer Ausfüh-

§ Überlieferungschance und Überlieferungszufall

rung gegenstandslos, so dass von ihnen nur vergleichsweise wenig erhalten geblieben sind.³

**Überlieferungsdichte**

Insgesamt führte die Zunahme der Schriftlichkeit im Laufe des Mittelalters zu einem Anwachsen des verfügbaren Quellenmaterials: Für die drei Jahrhunderte merowingischer Königsherrschaft (um 451–751) sind nur 196 Urkunden überliefert (von denen wiederum 129, also zwei Drittel, ganz oder teilweise gefälscht sind), während man für die etwa fünfzigjährige Regierungszeit Kaiser Friedrichs III. (1440–1493) von 30.000 bis 50.000 Stücken ausgeht.⁴ Natürlich ist die Wahrscheinlichkeit des Verlusts für merowingische Urkunden allein aufgrund der größeren Zeitspanne ungleich höher. So weiß man neben den im Original oder abschriftlich (kopial) überlieferten Urkunden von weiteren 400 heute verlorenen echten und gefälschten Urkunden (sogenannten „Deperdita"). Diese Urkundenedition ist damit der einzige Band der *Monumenta Germaniae Historica* (MGH), der „deutlich mehr Deperdita als Texte enthält" (MGH DD Mer. 2001, S. 489). Schätzungen zufolge sind für diese Zeit überhaupt nur weniger als 0,001 % der ausgestellten Königsurkunden erhalten geblieben. Hierbei handelt es sich sicher-

**Überlieferungsverluste**

---

**3** Einen interessanten Einblick in die einstmals ungleich breitere Überlieferung bieten beispielsweise für das Königreich Sizilien unter Friedrich II. das Bruchstück eines Registers für 1239/40 und die sogenannten „Marseiller Exzerpte" für 1230–1248; vgl. Sthamer 1920/1925/1930. Das Register selbst wurde im Zweiten Weltkrieg zusammen mit anderen Archivalien des Archivio di Stato di Napoli vernichtet – ein Schicksal, das es mit zahlreichen anderen Dokumenten teilt, die durch Krieg, Brand, Wasserschaden etc. unwiederbringlich verloren sind. Für seine Rekonstruktion und Erforschung ist man heute daher auf ältere Editionen und fotografische Reproduktionen angewiesen.

**4** Auch innerhalb derselben Epoche kann es große Unterschiede geben. In der Kanzlei Heinrichs III. von England wurden nach Schätzungen während der 1230er- und 1240er-Jahre etwa 8000 bis 10.000 Schriftstücke pro Jahr ausgefertigt. Dem stehen etwa 2500–3000 Urkunden aus der gesamten Regierungszeit Friedrichs II. gegenüber (1198–1250), also etwa 50–55 pro Jahr. Für das Königreich Ungarn ist um 1200 eine deutliche Ausweitung der allgemeinen Überlieferung zu konstatieren, was zum einen auf eine Steigerung der königlichen Urkundenausstellung und zu anderen auf eine Intensivierung der Kontakte zum Papsttum zurückgeht. Doch nicht nur Anzahl und Umfang, sondern auch die Art der Quellen können sich unterscheiden: So steht beispielsweise für das englische Königtum seit dem hohen Mittelalter umfangreiches Rechnungs- und Verwaltungsschriftgut zur Verfügung, während im Reich für vergleichbare Fragen vornehmlich Urkunden und Historiographie heranzuziehen sind.

lich um einen Extremfall, der jedoch das grundsätzliche Problem des Überlieferungsverlusts deutlich vor Augen führt.

Hinzu kommt, dass nicht alle der heute vornehmlich in Bibliotheken und Archiven erhaltenen Quellen der Öffentlichkeit und Forschung bekannt oder im Volltext zugänglich sind. Die Erschließung des Materials variiert nach Reich und Epoche sowie nach nationalen Forschungsschwerpunkten in Vergangenheit und Gegenwart. Insgesamt darf das Früh- und Hochmittelalter als weitgehend lückenlos erschlossen gelten, während für das spätere Mittelalter manches noch unbekannt und vieles noch unpubliziert ist.[5] Allerdings tauchen für alle Jahrhunderte immer wieder neue Quellen auf (Münzschätze, Gesetzestexte, Briefe, Urkunden etc.), wie auch bereits bekannte Quellen neu bewertet werden.[6]

*Erschließungsdichte*

Die zentrale Rolle schriftlicher Quellen begünstigt insgesamt diejenigen Personen und Gruppen, die aufgrund entsprechender Kenntnisse für deren Entstehung in Form von Urkunden, Briefen oder Chroniken verantwortlich waren. Hier ist zuerst das König-

*Herkunft der Quellen*

---

**5** Die Urkunden der merowingischen, karolingischen und römisch-deutschen Könige sind durch die Diplomatabände der MGH bis ins 13. Jahrhunderte fast lückenlos erschlossen. Wichtige Dokumente gerade für die spätere Zeit sind unter anderem in der MGH-Reihe „Constitutiones" sowie ab 1376 in den „Deutschen Reichstagsakten" ediert. Auch die Urkunden der hochmittelalterlichen französischen Könige sind weitgehend ediert (für die Jahre 840–987, 1060–1137 und 1180–1223), für das Spätmittelalter sind wichtige königliche Dokumente in den „Ordonnances des rois de France de la troisième race" abgedruckt. Für das jüngere Königreich Böhmen liegt eine durchgehende Edition für die Jahre bis 1283 vor (Codex diplomaticus et epistolaris regni Bohemiae), für die spätere Zeit ist die Regierung Wenzels IV. (reg. 1378–1419) durch ein umfassendes Regestenwerk erschlossen (Regesta Bohemiae et Moraviae aetatis Venceslai IV.). Die geringere Anzahl überlieferter Quellen ermöglicht natürlich eine bessere und intensivere Aufarbeitung. So liegen die Urkunden der Merowingerkönige bereits seit 1872 in einer kritischen Edition vor, die 2001 umfassend überarbeitet wurde. Die Überlieferung zu Friedrich III. ist dagegen zurzeit nur durch Regestenbände erschlossen, in denen nach Regionen und Archiven geordnet der wesentliche Inhalt der Urkunden zusammengefasst ist (RI XIII).
**6** So bietet die neue Edition der Merowingerurkunden nicht nur 26 zuvor nicht enthaltene Urkunden, sie kam auch – aufbauend auf den zahlreichen seitdem geleisteten Forschungen – für ein Drittel der nicht im Original überlieferten Urkunden zu einer neuen Einordnung: Zahlreiche vermeintlich echte Urkunden wurden als Fälschung, manche vermeintliche Fälschung hingegen als authentisch erwiesen (MGH DD Mer. 2001, S. XII).

tum selbst zu nennen: Quellen *für* die Erforschung königlicher Herrschaft sind oft auch Quellen *der* Königsherrschaft im Sinne von Herrschaftslegitimation. Selbstzeugnisse des Königs wie Autobiographien, historiographische Texte, Gedichte oder Minnelieder sind allerdings äußerst rar. Die eigenständige Abfassung ist außerdem nicht immer gesichert, wie auch Urkunden und Briefe zwar zu Beginn den Herrscher als Aussteller nennen, jedoch in der königlichen Kanzlei basierend auf Vorlagen und Konventionen entstanden. Personell waren es für viele Jahrhunderte vor allem Geistliche, die Ereignisse und Zusammenhänge schriftlich festhielten, während für die Sichtweisen anderer sozialer Gruppen meist keine unmittelbaren Quellen vorliegen: Was der weltliche Adel oder Bürger und Bauern über den König dachten, ist oft nur durch die Werke – und damit die Augen – der Mönche und Kleriker zugänglich.

*Repräsentativität der Quellen*

Außergewöhnliche Ereignisse und insbesondere Konflikte brachten mehr Quellen hervor als der reibungslose Normalbetrieb: Der Hoftag, auf dem über den anstehenden Kreuzzug verhandelt wurde oder zwei hohe Geistliche um den Platz in der Nähe des Herrschers stritten, hatte eine höhere Chance in den Quellen erwähnt zu werden als derjenige, auf dem nur lokale Belange zur Sprache kamen. Wir fassen daher in den Quellen oft eher außergewöhnliche Situationen, die nicht ohne weiteres verallgemeinert werden können. Dies führt zu der Frage, wie mit dem Schweigen oder nur leisen Flüstern der Quellen umzugehen ist: In welchem Maße kann, darf oder muss ein solches *argumentum e silentio* verwendet werden? Sein unüberlegter oder inflationärer Gebrauch kann fatale Folgen haben, ebenso jedoch, es überhaupt nicht in Betracht zu ziehen. Dies gilt beispielsweise für die Bedeutung der Königin: Oft war sie wohl wichtiger als es die Überlieferung – auf den ersten Blick oder auch bei mehrmaligem Hinsehen – erkennen lässt. Gleichzeitig darf sich eine Bewertung ihrer Rolle nicht zu weit von den Quellen entfernen oder diesen interpretative Gewalt antun, will sie nicht ihre wissenschaftliche Validität verlieren.

Entstehungswahrscheinlichkeit und -umstände sowie Überlieferungschance und -zufall der Quellen gilt es bei der Interpretation des auf uns gekommenen Materials stets mitzudenken. Die übliche, selbstverständlich nicht immer eindeutig zu treffende Unterscheidung in Tradition und Überrest verweist darauf, dass Quellen entweder bewusst zur Unterrichtung der Nachwelt verfasst sein können oder aus zeitgebundenen praktischen Anlässen ohne entsprechende Absicht entstanden. Grundvoraussetzung für die Analyse ist die äußere Quellenkritik, also die Prüfung der Echtheit und die Sicherung des Textes, wobei auch Fälschungen oft ebenso wirksam werden konnten und außerdem wichtige Einblicke in ihre Entstehungszeit ermöglichen. Bei der inneren Quellenkritik geht es um die Bewertung der inhaltlichen Informationen, wie die zeitliche und örtliche Nähe zum Geschehen, den Standpunkt des Autors (Horizont und Tendenz), Ziel und Zweck der Quelle sowie gattungsspezifische Besonderheiten.[7] Schließlich sind die Aussagen der Einzelquelle mit Parallel- und Gegenüberlieferung zu kontrastieren und die Ergebnisse im Hinblick auf die Fragestellung in den größeren Kontext einzuordnen.

*Quellenkritik*

Die in den folgenden Kapiteln behandelten Quellen möchten einen möglichst breiten Einblick in die Fülle des Materials geben, das für die Erforschung königlicher Herrschaft herangezogen werden kann. Gleichzeitig gilt es sich klar zu machen, dass die Überlieferung je nach Fragestellung hinsichtlich Quellengattungen, Anzahl und Umfang stark variieren kann und jede Quelle ihre ganz eigenen Vorzüge und Schwierigkeiten aufweist. Die Quellenlage prägt ebenso wie die Tendenzen und Paradigmen der Forschung unser Bild von Königsherrschaft, ja vielleicht – da weniger explizit – in noch größerem Maße.[8] Es ist die Herausforderung historischen Arbeitens, den Dreiklang von historischer Vergangenheit, Überlieferung in den Quellen und Deutung der Forschung

*Einfluss der Quellenlage auf die Interpretation*

---

**7** Auskünfte zu diesen Fragen geben die Einleitungen kritischer Editionen oder Spezialstudien in Form von Aufsätzen und Monographien. Ihre wesentlichen Ergebnisse sind in Quellenkunden und Lexika (z. B. „Die deutsche Literatur des Mittelalters. Verfasserlexikon") zusammengefasst. Das zentrales Werk für Eckdaten, Editionen (und gegebenenfalls Übersetzungen) sowie Forschungsliteratur ist das „Repertorium Fontium Historiae Medii Aevi", eine Auswahl steht als digitales Repertorium „Geschichtsquellen des deutschen Mittelalters" (ca. 750–1500) in aktualisierter Form zur Verfügung (www.geschichtsquellen.de).
**8** Beide Felder stehen dabei in einem direkten Zusammenhang, nicht zuletzt wenn es um die Erstellung von Editionen geht: Was wurde und wird vornehmlich ediert, welche Quellengattungen, Autoren, Königreiche, Jahrhunderte stehen im Fokus? Die für den Einsatz der begrenzten Ressourcen vorgenommene Priorisierung ergab und ergibt sich aus dem vergangenen und aktuellen Interesse der Forschung, formt gleichzeitig aber zukünftiges geschichtswissenschaftliches Arbeiten entscheidend mit.

immer wieder neu zu einem möglichst stimmigen Ganzen zusammenzufügen.

## 2.3 Quellen und Quellenkritik

Schriftquellen

W-Fragen

Für die Erforschung königlicher Herrschaft kommt (wie bei vielen anderen Themen) den schriftlichen Quellen eine zentrale Bedeutung zu. Bei der Historiographie stehen der Autor und sein Werk im Fokus: Was konnte er wissen und woher stammte dieses Wissen? Was wollte er berichten und wie wollte er es tun? Wen wollte er ansprechen und was wollte er damit erreichen? Wie ordnete er sein Material, welchen Vorlagen und Vorgaben war er verpflichtet? Mit welchen Verformungen in Wahrnehmung, Weitergabe und Darstellung ist zu rechnen? Diese Fragen werden umso wichtiger, je weniger Parallelquellen zur Verfügung stehen. So gibt es manche Könige, über deren Taten nur sehr wenige oder sogar nur ein einziges historiographisches Werk berichten, wie Bischof Gregor von Tours mit seinen „Zehn Bücher Geschichten" für gleich mehrere merowingische Herrscher des 5. und 6. Jahrhunderts: „Clovis is Gregory's Clovis, whether we like it or not." (Wallace-Hadrill 1962, S. 163, über Chlodwig I.).

Umgang mit den Vorlagen

Dabei ist auch nach dem Umgang der Autoren mit ihren eigenen Quellen zu fragen: Beruhen die Aussagen auf persönlichem Erleben, auf Berichten vertrauenswürdiger Gewährsmänner oder auf Gerüchten und Hörensagen? In welchem Maße wurden andere schriftliche Quellen verarbeitet, und wenn ja, wie: Unveränderte Übernahme, sinngemäße Paraphrase, Auswahl und Neudeutung? Dies gilt zum einen für einzelne Ausdrücke und Formulierungen, für die oft die Bibel oder antike Autoren Pate standen. So findet sich in der ausführlichen Schilderung von Aussehen, Kleidung und Verhalten Karls des Großen (768–814) bei Einhard eine Fülle von Ausdrücken oder Sätzen, die sich in ähnlicher Form in Suetons Sammlung antiker Kaiserbiographien finden (c. 22–27, S. 26–32). Die idealisierende Darstellung bei Einhard führte jedoch dazu, dass durch ein eingefügtes „non" die Statur Karls gerade nicht wie bei Kaiser Tiberius das rechte Maß überstieg (c. 22, S. 26, mit Anm. 2). Die von Caligula übernommene Beschreibung als von hoher Gestalt (*statura eminens*) wird um die Größenangaben der siebenfachen

Länge des eigenen Fußes präzisiert, was von den Untersuchungen der Gebeine gestützt wird, wonach Karl 1,84 m groß war.

Zum anderen kam es zu inhaltlichen Übernahmen aus anderen Geschichtswerken, Urkunden oder Briefen. Eine identische Darstellung in mehreren Werken spricht daher nicht per se für eine erhöhte Glaubwürdigkeit. In modernen kritischen Editionen werden daher textliche Anlehnungen und Entsprechungen im kritischen Apparat ausgewiesen und teilweise auch durch Petitdruck kenntlich gemacht. Solche Abhängigkeiten und Übernahmen machen Quellen jedoch nicht wertlos, sondern lassen die Wege der Informations- und Wissensverbreitung erkennen, wenn beispielsweise königliche Briefe oder Urkunden in Chroniken verarbeitet wurden, die wiederum den Sängern und Troubadouren Stoff für ihre Lieder boten. In einer längerfristigen diachronen Betrachtung können so divergierende Formen der Erinnerung und Deutung eines Ereignisses in den Blick genommen und in ihren zeitgenössischen Kontext verortet werden. *(Umgang mit Textübernahmen)*

Diese quellenkritischen Fragen sind nicht auf die Historiographie beschränkt, sondern betreffen die gesamte Überlieferung: Bei Verwaltungsschriftgut wie Güterverzeichnissen oder Steuerlisten ist beispielsweise die Genauigkeit und Vollständigkeit zu prüfen, bei Nachrichten aus der Hagiographie die zentrale Darstellungsabsicht, die Verherrlichung des jeweiligen Heiligen, in Rechnung zu stellen. Briefe können als Originalschreiben oder (häufiger) in Brief- und Formelbüchern überliefert sein, was die Nutzung als historische Quelle beeinflusst: Wurde dieser Brief tatsächlich in dieser Form verschickt, orientierte er sich (wie genau?) an realen Gegebenheiten oder handelt es sich schlicht um eine fiktive Stilübung? Rechtstexte, Gebote und Verbote wiederum sagen zunächst nur etwas über den gestalterischen Willen des Herrschers aus, ihre Verbindlichkeit und Durchsetzung bleibt anderweitig nachzuweisen. *(Bandbreite der Überlieferung)*

Dies gilt auch für weitere als normativ einzustufende Quellen: Krönungsordines machten Vorschläge und Vorgaben für den liturgischen Vollzug der Königsweihe, doch wurden sie tatsächlich befolgt, und wenn ja, wie genau? Fürstenspiegel als moralisch-theologische Abhandlungen sollten den Herrscher zu einer guten Regierung verpflichten, doch welchen Einfluss übten sie im Einzelfall auf den König und sein Umfeld aus? In welchem Maße und auf welche Art schließlich literarische Werke als Quelle herangezogen werden können, ist und wird kontrovers diskutiert (Neudeck 2003,

S. 15–54; als Fallstudie Dobozy 1985). Die Konventionen der jeweiligen Gattung können in diesen fiktionalen Texten besonders stark wirken. Andererseits blieb die außertextuelle Wirklichkeit stets präsent, so dass nach Anlehnungen an und Reflexionen der realen höfischen Gesellschaft im Allgemeinen und der Königsherrschaft im Besonderen gefragt werden kann.

*Bild- und Sachquellen*

Bild- und Sachquellen zur Königsherrschaft entstanden in Form verschiedener Medien und Kontexte, von Siegeln und Münzen über Miniaturen in Handschriften zu Insignien, Grabmälern und Bauwerken. Zur Untersuchung dieser Objekte und Kunstwerke bietet sich in Anlehnung an den Kunsthistoriker Erwin Panofsky ein Dreischritt an (vgl. Erdmann 2000): Ausgangspunkt ist eine sogenannte „vorikonographische Beschreibung", die sich ohne Vorannahmen dem Gegenstand widmet und diesen möglichst unbefangen zu erfassen sucht. Die darauffolgende „ikonographischen Analyse" vertieft dies mittels weitergehender Informationen über die dargestellten Personen, Themen und Vorstellungen der Zeit. In der „ikonologischen Interpretation" wird das Kunstwerk in den größeren politischen, sozialen, religiösen und kulturellen Kontext eingeordnet. Derart schrittweise vorzugehen kann dabei helfen, ein Objekt nicht vorschnell in eine Schublade zu stecken, sondern seine Aussagekraft als historische Quelle für möglichst viele Ebenen und Felder nutzbar zu machen. Durch die Verknüpfung mit außerbildlichen Elementen wird der Untersuchungsgegenstand in seiner Zeit verortet und sein Entstehungs-, Wirkungs- und Rezeptionskontext erarbeitet, wobei auch hier mit zunehmender Abstraktion die Anfälligkeit für Fehl- oder Überinterpretationen steigt.

## 2.4 Vielfalt der Interpretationsmöglichkeiten – Fallbeispiel Urkunde

Die Königsurkunde war ein wichtiges Herrschaftsinstrument und ist damit eine zentrale Quelle für die Erforschung von Königsherrschaft (Erben 1907). Sie ist ein formelhaft abgefasstes Schriftstück und diente der Dokumentation eines Rechtsaktes, der in der sogenannten „Dispositio" festgehalten wurde. Darüber hinaus können jedoch auch alle anderen der Bestandteile einer Königsurkunde auf verschiedene Art und Weise als Quelle dienen: Die Anrufung Gottes zu Beginn („Invocatio") verweist auf den christlichen Bezug

*Formaler Aufbau*

jedes herrscherlichen Handelns, die Nennung des Ausstellers samt Devotionsformel gewährt Einblicke in die Selbstdarstellung des Königs (z. B. vom *rex Francorum*, König der Franken, zum *rex Franciae*, König Frankreichs). Die Nennung des Empfängers mit Titel und Grußformel gibt gegebenenfalls Hinweise auf dessen Stellung zum König. Eine solche Ausdeutung der verschiedenen Elemente lässt sich nicht nur für den einleitenden Teil der Urkunde, das Protokoll, sondern auch für Hauptteil (Kontext) und Schluss (Eschatokoll) vornehmen.

Die äußerliche Gestaltung der Urkunde gibt außerdem Aufschluss darüber, mit welchen Mitteln die königliche Herrschaft visuell präsentiert wurde: Die Größe des Pergaments, die Verwendung einer Auszeichnungsschrift, das königliche Monogramm und Siegel als Zeichen der Beglaubigung waren von besonderer Bedeutung, zumal die Privilegienvergabe als performative Inszenierung der Herrschaft gedeutet werden kann. Datierung und Ortsangabe ermöglichen es, den Reiseweg des Herrschers (Itinerar) nachzuzeichnen, während Zeugenlisten Einblicke in das königliche Umfeld des Herrschers und dessen rangmäßige Abstufung gewähren. So lassen sich königsnahe und königsferne Landschaften, also Reichweiten und Schwerpunkte der Königsherrschaft ebenso identifizieren wie bevorzugte Aufenthaltsorte und wichtige Unterstützer.

*Äußere Gestaltung*

Die vielfältigen Verwendungs- und Interpretationsmöglichkeiten lassen sich exemplarisch an einer Urkunde Ottos I. vom 17. Oktober 936 aufzeigen (MGH D O I. 3, S. 92), mit der er zu Beginn seiner Herrschaft dem sächsischen Kloster Corvey dessen Freiheiten bestätigte.[9]

*Urkunde Ottos I. (17. Oktober 936)*

---

**9** Eine Zusammenfassung des Inhalts findet sich in den Regesta Imperii (RI II,1 Nr. 59), die Übernahmen aus der älteren Urkunde von Ottos Vater Heinrich I. (MGH D H I. 3) sind in der Edition der MGH als Petitdruck kenntlich gemacht. Eigenständige Formulierungen sind neben Protokoll und Eschatokoll die Narratio sowie der Beginn der Dispositio.

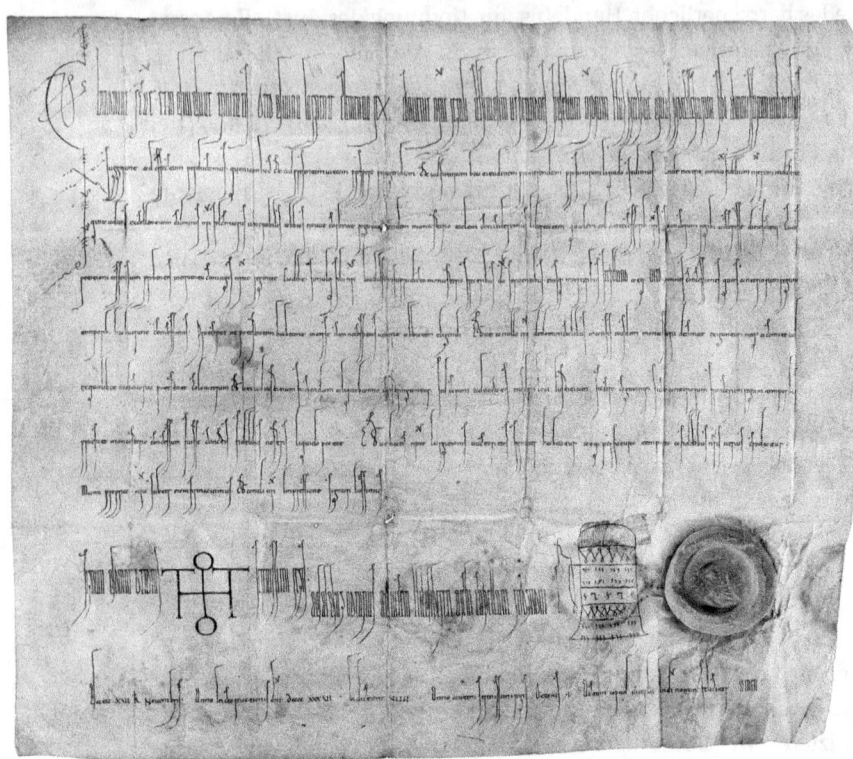

**Abb. 4:** Urkunde Ottos I. für das Kloster Corvey (17. Oktober 936)

Rechtsinhalt

[Protokoll] [Invocatio] Im Namen der heiligen und ungeteilten Dreieinigkeit. [Intitulatio] Otto, durch göttliche Milde König.
[Kontext] [Arenga] Es kommt unserer königlichen Hoheit zu, dass wir die Bitten unserer Getreuen – vor allem diejenigen, die sie zum Nutzen der ihnen anvertrauten Kirchen vorbringen – zur Ausführung bringen, da wir fest glauben, dass dies sowohl für das glückliche Durchlaufen des gegenwärtigen Lebens als auch für das Erlangen der zukünftigen Seligkeit nützlich ist. [Promulgatio] Daher soll der Diensteifer aller unserer Getreuen wissen, [Narratio] dass der ehrwürdige Folkmar, Abt von Corvey, die Erhabenheit unserer Würde aufsuchte und bat, dass wir diesem Kloster dieselbe Freiheit gewähren, die es von unseren Vorgängern, den Königen der Franken, bekanntlich empfangen hat. [Dispositio] Seiner Bitte gewährten wir auf Fürsprache unserer Gemahlin Königin Edith und unseres Sohns Liudolf Zustimmung und wir haben den Brüdern, die im genannten Kloster Gott und seinen Märtyrern Stephan und Vitus dienen, alle Vergünstigungen, die sie von früheren Könige hatten, erneuert: Vor allem, dass sie das Recht haben, wenn die Notwendigkeit entsteht aus ihren Reihen einen Abt zu wählen, und dass von keinem Bischof von den Herrenhufen dieses

## 2.4 Vielfalt der Interpretationsmöglichkeiten – Fallbeispiel Urkunde — 33

Klosters der Zehnte gefordert werden darf und ihre Hörigen und Halbfreien von keinem Grafen oder irgendeiner anderen rechtsprechenden Gewalt zur Herstellung der Gerechtigkeit durch irgendeinen Befehl gebunden werden, sondern sie sollen hierzu vor den Vögten dieses Ortes zusammenkommen, so wie es zu Zeiten der früheren Könige der Franken diesem Kloster nach fester Kenntnis aller unserer Getreuen gestattet worden war. *[Corroboratio]* Und damit diese Anordnung unserer Freigebigkeit fest gelte und in zukünftigen Zeiten von unseren Getreuen als wahrheitsgemäß geglaubt werde, haben wir sie unten durch unsere eigene Hand bekräftigt und befohlen, sie durch das Aufdrücken unseres Rings zu besiegeln.
*[Eschatokoll] [Signumzeile]* Zeichen des erlauchtesten Herrn Königs Otto. *[Rekognitionszeile]* Ich, Notar Adaltag, habe es in Vertretung des Erzkaplans Hildibert geprüft und unterschrieben. *[Datierung]* Gegeben am 17. Oktober im Jahr der Fleischwerdung des Herrn 936, in der 9. Indiktion, im ersten Jahr des erlauchtesten Königs Otto. Geschehen zu Werla. Selig im Namen Gottes. Amen.

Der Zusatz „durch göttliche Milde" (*divina largiente clementia*) zum absoluten Königstitel zeigt ebenso wie die vorangehende Anrufung der Dreieinigkeit die sakrale Verortung der Herrschaft (Kapitel 3). Die darauffolgende Arenga formuliert in allgemeiner Form Grundprinzipien des königlichen Handelns (Kapitel 4), bei denen auch die Sorge um das Seelenheil eine Rolle spielt (Kapitel 12). Die kurze Narratio verweist auf die persönliche Zusammenkunft von Herrscher und Untertanen (Kapitel 8). In der vorangehenden Promulgatio werden allgemein die Getreuen als Stützen der königlichen Herrschaft genannt, in der Dispositio wird die besondere Stellung der Königin und des Königssohns deutlich (Kapitel 6 und 11). Durch die Sicherung der klösterlichen Freiheiten und Rechte kam der König einer seiner zentralen Aufgaben als Wahrer des Friedens und des Rechts nach (Kapitel 4 und 5).

Gleichzeitig diente die Reichsabtei dem König bei seinen Reisen durch das Reich als Aufenthaltsort (Kapitel 8). Die Teilhabe an den königlichen Herrschaftsrechten (Regalien) in Form von Münzprägung und Zolleinnahmen erfolgte ein Jahrzehnt später in einer weiteren Urkunde (MGH D O I. 73; Kapitel 9). Die verschiedenen Beglaubigungsmittel zeigen ebenso wie die gesamte äußere Form eindrucksvoll, dass es bei der Urkunde um mehr ging als nur die schriftliche Fixierung des Rechtsinhalts. Verantwortlich hierfür war die königliche Kanzlei, die hier in Notar und Erzkaplan präsent ist (Kapitel 10). Die Datierungsformel des ersten Herrschaftsjahrs lässt erkennen, dass für Otto die Königserhebung in

*Interpretationsmöglichkeiten*

Aachen im August 936 und nicht die länger zurückliegende Designation im Rahmen der väterlichen „Hausordnung" entscheidend war (Kapitel 7). Die ersten Urkunden wurden jedoch erst nach der Rückkehr nach Sachsen ausgestellt (hier in der Königspfalz Werla), was dessen zentrale Stellung für die ottonische Königsherrschaft unterstreicht (Kapitel 8 und 9).

## 2.5 Lektüreempfehlungen

Quellensammlungen: Schriftquellen

Deutsche Geschichte in Quellen und Darstellungen. Bd. 1: Frühes und hohes Mittelalter. 750–1250, hg. von Wilfried Hartmann (Reclams Universal-Bibliothek 17001), Stuttgart 1995.

Deutsche Geschichte in Quellen und Darstellungen. Bd. 2: Spätmittelalter 1250–1495, hg. von Jean-Marie Moeglin/Rainer A. Müller (Reclams Universal-Bibliothek 17002), Stuttgart 2000.

Geschichte in Quellen. Bd. 2: Mittelalter, hg. von Wolfgang Lautemann, München 1970.

Quellen zur deutschen Verfassungs-, Wirtschafts- und Sozialgeschichte bis 1250, hg. von Lorenz Weinrich (Ausgewählte Quellen zur deutschen Geschichte des Mittelalters 32), Darmstadt 1977.

Quellen zur Verfassungsgeschichte des römisch-deutschen Reiches im Spätmittelalter, hg. von Lorenz Weinrich (Ausgewählte Quellen zur deutschen Geschichte des Mittelalters 33), Darmstadt 1983.

Quellensammlungen: Bildquellen

Schramm, Percy Ernst, Die deutschen Kaiser und Könige in Bildern ihrer Zeit. 751–1190, München 1983.

Schramm, Percy Ernst et al., Denkmale der deutschen Könige und Kaiser. Bd. 1: Ein Beitrag zur Herrschergeschichte von Karl dem Großen bis Friedrich II. 768–1250; Bd. 2: Ein Beitrag zur Herrschergeschichte von Rudolf I. bis Maximilian I. 1273–1519 (Veröffentlichungen des Zentralinstituts für Kunstgeschichte in München 2 und 7), München 1978–1983.

Die Siegel der deutschen Kaiser und Könige von 751 bis 1806, hg. von Otto Posse, 5 Bde., Dresden 1909–1913.

Literatur

Arnold, Klaus, Der wissenschaftliche Umgang mit Quellen, in: Geschichte. Ein Grundkurs, hg. von Hans-Jürgen Goertz (Rowohlts Enzyklopädie 55688), 3. Aufl. Reinbek bei Hamburg 2007, S. 48–65 (*Konzise Einführung in Quellenkritik und -interpretation, verbunden mit grundsätzlichen Überlegungen*).

Beumann, Helmut, Die Historiographie des Mittelalters als Quelle für die Ideengeschichte des Königtums, in: Historische Zeitschrift 180, 1955, S. 449–488 (*Grundlegende Studie, mit Fokus auf das Früh- und Hochmittelalter*).

Dunphy, Graeme (Hg.), The Encyclopedia of the Medieval Chronicle, 2 Bde., Leiden/Boston 2010 (*Stellt für eine Fülle an historiographischen Werken die wesentlichen Informationen zu Entstehung, Inhalt und Vorlagen inklusive Kurzbibliographie bereit*).
Esch, Arnold, Überlieferungs-Chance und Überlieferungs-Zufall als methodisches Problem des Historikers, in: Historische Zeitschrift 240, 1985, S. 529–570 (*Zentraler Aufsatz zu dieser grundsätzlichen Problematik historischen Arbeitens*).
Goetz, Hans-Werner, Proseminar Geschichte: Mittelalter (UTB 1719), 4. Aufl. Stuttgart 2014 (*Klassische Einführung in die Arbeitsweisen und Methoden der Mediävistik*).
Theuerkauf, Gerhard, Die Interpretation historischer Quellen. Schwerpunkt: Mittelalter (UTB 1554), Paderborn 1991 (*Verbindet grundsätzliche Ausführungen zur Überlieferung, Methodik und Deutung mit Beispielen der Interpretation für verschiedene Quellengattungen*).

# 3 Wurzeln und Deutungen des frühen Königtums

**Abb. 5:** Silbermünze Theoderichs des Großen (0,9 g, Ø 12 mm; 493–518)

Münzen waren nicht nur Zahlungsmittel, sondern stets auch ein Instrument der politischen Kommunikation, so dass ihrem Bild- und Schriftprogramm besondere Bedeutung zukommt. Die abgebildete 0,9 g schwere Silbermünze (Viertelsiliqua) zeigt auf der Vorderseite die drapierte Panzerbüste eines Mannes mit Diadem, den die Umschrift als den oströmischen Kaiser Anastasios I. (491–518) ausweist: D N ANASTA-SIVS PP AVC [Dominus Noster Anastasius Pater Patriae Augustus]. Der Münzherr, Theoderich der Große (470/74–526), stammte hingegen aus dem gotischen Königsgeschlecht der Amaler. Nach seiner Jugend als Geisel am Kaiserhof in Konstantinopel hatte er die Nachfolge seines Vaters als König der Ostgoten angetreten und war zeitweise römischer Heermeister sowie Konsul. Nach der Ermordung König Odoakers 493 wurde er König von Italien.

Der starke römische Einfluss auf die frühen Königreiche, die in Folge der sogenannten Völkerwanderungszeit entstanden waren, äußert sich im System (Gold, Silber, Kupfer) und in der äußeren Gestaltung der Münzen, die dem kaiserlichen Vorbild verpflichtet blieben. Neben dem Kreuz als Zeichen des Christentums ist auf der Rückseite als Umschrift INVICTA ROMA zu lesen, „das unbesiegte Rom", woran offenbar auch die wiederholten Plünderungen durch die Germanen und die Entmachtung des weströmischen Kaisers (476) nichts geändert hatten. Im Zentrum steht der Königsname in Form eines Monogramms, wie es sich auch auf den Bronze- und Silbermünzen anderer Königreiche findet.

*Münzen als Spiegelbild königlicher Herrschaft*

Die Goldmünzen der sogenannten pseudoimperialen Nachprägungen trugen dagegen allein den Kaisernamen. Erst der merowingische König Theudebert I. (533–547) brach mit dieser Tradition, wenn auch nicht mit der Gestaltung des Münzbildes selbst. Aus numismatischer Sicht erscheint das frühe Königtum daher zutiefst spätantik-römisch und an zweiter Stelle christlich geprägt, während germanische bzw. barbarische Elemente kaum eine Rolle spielten. Die Münzen stehen damit emblematisch für aktuelle Tendenzen der Forschung, die verschiedenen Einflussfaktoren auf die germanischen und insbesondere merowingischen Könige in neuem Licht zu sehen.

*Einflüsse auf die frühen Königreiche*

Im weiteren Verlauf des Mittelalters sollte die sakrale Stellung des Königs zunehmend christlich aufgeladen werden. So konnte um 1100 der sogenannte normannische Anonymus als Extremposition formulieren, dass die Schlüssel des Himmelreichs „allein dem König [gehören], da ja die Ehre des Königreichs (*regnum honor*) allein dem König gehört, der auch durch das Sakrament der Weihe ein Gesalbter des Herrn wird (*per benedictionis sacramentum efficitur christus Domini*), und weil er dem Herrn anhängt und mit diesem ein Geist ist" (Tractatus J 24 III, S. 145). Aus den im Schatten des römischen Kaiserreichs aufgestiegenen germanischen Königen war ein christusgleicher Herrscher geworden.

*Wandel zum Hochmittelalter: Sakralität*

## 3.1 Wurzeln und frühe Formen

Das Königtum als geschichtliche, einem Wandel unterworfene Größe aufzufassen und nach seiner Entstehung und Entwicklung zu fragen, ist nicht selbstverständlich. Im Mittelalter gab es vielmehr zahlreiche Stimmen, die die Herrschaft eines Königs als naturgegeben ansahen oder allein die unterschiedlichen Umstände der Etablierung thematisierten. Tatsächlich wirkten jedoch die frühen Formen königlicher Herrschaft lange nach, durch ihre konkreten Hinterlassenschaften wie durch ihre spätere Erinnerung. Zwar kann oder sollte nicht alles allein aus seinen Ursprüngen erklärt werden, doch fehlt ohne diese das Fundament für ein angemessenes Verständnis. Diese Wurzeln der mittelalterlichen Königsherrschaft stammten aus der griechisch-römischen Antike, den germanischen Verbänden der Völkerwanderungszeit sowie dem

*Prägende Ursprünge*

Juden- und frühen Christentum (zu den muslimischen Herrschern vgl. Al-Azmeh 2001).

„Die Stadt Rom beherrschten am Anfang Könige" (*Urbem Romam a principio reges habuere*), so eröffnet der römische Historiker Tacitus zu Beginn des 2. Jahrhunderts sein Geschichtswerk (Annalen, l. I, c. 1, S. 16). In der Erinnerung an diese Könige standen zu Beginn Mord (Romulus an seinem Bruder Remus) sowie Raub (der Sabinerinnen) und am Ende die Verbannung wegen Machtmissbrauch. Diese negative, von Legendenbildung geprägte Sichtweise der Königsherrschaft geht auf die Geschichtswerke der republikanischen Zeit Roms zurück. Schon die Vereinigung der Macht in einer Person machte diese zum *rex*, bei moralisch verwerflicher Ausübung gar zum *tyrannus*. In der Kaiserzeit (seit 27 v. Chr.) trugen die Herrscher daher nicht den Königs-, sondern den *imperator*-Titel (auch: *Caesar, Augustus*). Als Könige bezeichnete man die orientalischen und germanischen Herrscher, die sich anders als der Kaiser nicht durch ihre Tugend (*virtus*) auszeichneten, sondern sich nur auf ihre Abstammung oder gewaltsame Eroberung berufen konnten.

Römische Antike

Die Frühzeit der germanischen Könige liegt ebenfalls weitgehend im Dunkeln. Das Bild bestimmen schwer zu deutende archäologische Befunde, linguistische Quellen und römische Autoren. Letztere betreiben allerdings keine moderne anthropologische Feldforschung, sondern versuchten die fernen Barbaren mit Begriffen ihrer römischen Welt zu fassen und als Spiegel für ihre eigene politische Ordnung zu verwenden. Ähnlich verzerrend wirkte die Germanenideologie der älteren deutschen Forschung, die den germanischen Einfluss auf das Mittelalter sehr hoch veranschlagte und möglichst weit ins Altertum zurückverfolgen wollte. Man arbeitete dabei mit verschiedenen Konzepten des Königtums, um für den langen Zeitraum von der vorchristlichen Zeit bis ins fünfte nachchristliche Jahrhundert und die zahlreichen ethnischen Gruppen gemeinsame Elemente fassen zu können.

Germanen

Die lange vorherrschende Ansicht eines germanischen Sakralkönigtums wurde mittlerweile als „Trugbild der Forschung" (Erkens 2006, S. 80) dekonstruiert: Es stützte sich vor allem auf zeitlich wie räumlich weit verstreute Einzelnachrichten, die im Sinne eines über Jahrhunderte unveränderten Germanentums kombiniert wurden. Die Könige traten vielmehr vor allem als Anführer im militärischen Kontext in Erscheinung (Heerkönigtum), und zwar sowohl außerhalb als auch innerhalb des Römischen Reichs. Die römischen Kaiser hatten im Zuge ihrer Grenz- und Außenpolitik entscheidenden Einfluss auf die Formierung und Entwicklung eines germanischen Königtums: Zunächst durch Anerkennung und Einsetzung, dann durch Ansiedelung und Gewinnung als Bündnispartner. Dieser lange Weg führte „vom Heerkönigtum zum vizekaiserlichen königlichen Monarchen" (Wolfram 2005, S. 60), bis schließlich 476 der letzte weströmische *imperator* Romulus Augustus („Augustulus") vom *rex Italiae* Odoaker entmachtet und abgesetzt wurde.

*Römisches Kaisertum*

Das römische Kaisertum beeinflusste die frühen germanischen Königreiche vor allem durch seine Repräsentation und Selbstinszenierung (*imitatio imperii*) sowie seine Herrschaftsorganisation. Den zentralen Beitrag zur politischen Theorie lieferte hingegen das Christentum mit seinen zahlreichen Aussagen zu Königen und deren Herrschaft im Alten und Neuen Testament. Unter den Königen Israels stachen besonders Saul, David und Salomon heraus, deren Darstellung jedoch keineswegs nur positiv war (Untreue gegen Gott, Intrigen, Polygamie etc.). Gerade David als Vorfahre Jesu übte eine besondere Faszination auf mittelalterliche Herrscher aus, die sich wie Karl der Große als „neuer David" (*novus David*) präsentierten und bei ihrer Salbung in dessen Tradition gestellt wurden. Bei aller Machtfülle der irdischen Könige war es jedoch stets Gott, der „die Zeiten ändert und Königreiche überträgt und einrichtet" (Dan 2,21). Entsprechend heißt es auf der hochmittelalterlichen Reichskrone: „Durch mich herrschen die Könige" (*per me reges regnant*; Spr 8,15). „König der Könige" (*rex regum*) war Jesus Christus, der als Hohepriester „nach der Ordnung Melchisedeks" (Hebr 5,6) sowohl König (*rex*) als auch Priester (*sacerdos*) war.

*Christentum*

Der richtige Umgang mit der nichtchristlichen Obrigkeit war ein zentrales Thema des frühen Christentums: „Jeder sei der Obrigkeit untertan. Denn es gibt keine Gewalt außer von Gott; die Obrigkeiten aber sind von Gott verordnet." (*Omnis anima potestatibus sublimioribus subdita sit; non est enim potestas nisi a Deo; quae autem sunt, a Deo ordinatae sunt*; Röm 13,1). Dies kulminierte in dem Aufruf: „Fürchtet Gott, ehret den König!" (*Deum timete, regem honorificate*; 1 Petr 2,17). Mit dem Übertritt Kaiser Konstantins zum Christentum (312) und der Erhebung zur Staatsreligion unter Theodosius I. (380) endete das Spannungsverhältnis zwischen Religion und Obrigkeit.

*Von der Bibel zur Staatsreligion*

Die Kirchenväter Hieronymus, Augustinus und Ambrosius wirkten in dieser Zeit. Die neue Einheit wurde jedoch durch die Eroberung Roms durch die Westgoten (410) auf die Probe gestellt. In der Folge unterschied Augustinus zwischen irdischem Staat (*civitas terrena*) und Gottesstaat (*civitas Dei*) und stellte die treffende Frage: „Was sind Königreiche ohne Gerechtigkeit anderes als große Räuberbanden?" (*Remota itaque iustitia quid sunt regna nisi magna latrocinia?*; De civitate Dei, l. IV, c. 4, S. 101). Für den Herrscher bedeutete dies, dass er sein Leben ganz in den Dienst Gottes stellen musste, um im christlichen Sinne wahres Glück erlangen zu können. Durch die Annahme des Christentums traten die germanischen Könige in diese Gedankenwelt ein, es begann ein langer Prozess der Verchristlichung des Königtums.

*Verchristlichung des Königtums*

## 3.2 Die merowingischen Könige im Forschungsdiskurs

Die verschiedenen Elemente der spätantiken Königsherrschaft flossen im Königtum der fränkischen Merowinger zusammen. Das genaue Verhältnis von römischen, christlichen und germanischen Einflüssen ist in der Forschung allerdings umstritten. Die Deutung und Umdeutung einzelner Quellen betrifft dabei – nicht zuletzt aufgrund der spärlichen Überlieferung – immer auch die Deutung des Königtums insgesamt, wie die drei folgenden Beispiele zeigen.

### 3.2.1 Die Herkunftsgeschichte

Zur Herkunft der Merowinger bietet die sogenannte Fredegarchronik aus dem 7. Jahrhundert folgende Erzählung: „Man sagt, als Chlodio zur Sommerzeit mit seiner Frau am Meeresufer saß und die Frau am Mittag zum Meer ging, um sich zu waschen, habe ein Ungeheuer, einem Meeresminotaurus ähnlich, nach ihr gegriffen. Und nachdem sie gleich darauf entweder von dem Untier oder von ihrem Mann schwanger geworden war, gebar sie einen Sohn mit

*Das Meeresungeheuer in der Fedegarchronik*

dem Namen Meroveus, nach dem später die Könige der Franken Merowinger genannt wurden."[1]

Diese kurze und singuläre Nachricht wurde in der Forschung gemeinhin als paganer Glaube der merowingischen Könige an ihre göttliche Abstammung von einem Meeresungeheuer (*bistea Neptuni Quinotauri similis*) oder von einem mythischen Spitzenahn „Mero" gedeutet. Andere sahen die Sage als einen Beleg für durch Lieder vermittelte weit zurückreichende Nähe von Göttern und Königen und die kultische Verehrung einer Stiergottheit, oder als nur noch unzureichend verstandener Mythos und Reflex einer Kulthandlung in Form einer heiligen Hochzeit.

*Göttliche Abstammung oder heilige Hochzeit?*

Schon früh und wiederholt wurde die Überlieferung dagegen als später entstandene freie Erfindung abgetan, während die jüngere Forschung sie als bewusste Adaption einer römischen Minotauruslegende auffasst (Murray 1998). Aus der alten Tradition wurde so ein späterer Erklärungsversuch. Das einleitende „man sagt" (*fertur*) sei vor dem Hintergrund seiner sonstigen Verwendung im Gesamtwerk nicht notwendigerweise als lange zurückreichende mündliche Überlieferung zu verstehen. Stattdessen habe der Erzählung eine etymologische Erfindung zugrunde gelegen, um die Entstehung des Namens „Mero-vechus" zu erklären, sei es aus besonderem Interesse des damaligen merowingischen Königshauses, sei es mit kritischem Unterton. In der weiteren Rezeption dieses Ansatzes wurde vor allem die negative Lesart favorisiert und weiter ausgedeutet, beispielsweise als Verweis auf die Offenheit und Formbarkeit der merowingischen Königsfamilie anstelle einer sakralen, fest umrissenen und auf Reinheit des Blutes beruhenden Stellung (Wood 2003). Folgt man dieser neuen Deutung, so bleibt wenig bis gar nichts von der im Lexikon des Mittelalters präsentierten scheinbar eindeutigen Feststellung: „Der K[öni]gsmythos, der sich in der Vorstellung göttl[icher] Abstammung (Fredegar III, 9: wohl Spitzenahn Mero) und in der Verbindung mit dem Gott Frô

*Etymologische Erfindung als Lob oder Kritik?*

---

[1] Fredegar, Chronicae, l. III, c. 9, S. 95: *Fertur, super litore maris aestatis tempore Chlodeo cum uxore resedens, meridiae uxor ad mare labandum vadens, bistea Neptuni Quinotauri similis eam adpetisset. Cumque in continuo aut a bistea aut a viro fuisset concepta, peperit filium nomen Meroveum, per co regis Francorum post vocantur Merohingii.*

ausdrückte, weist auf ein archaisches Sakralk[öni]gt[u]m." (Anton 1993, S. 543).

### 3.2.2 Die Grabbeigaben Childerichs I.

Die aktuelle Tendenz der Forschung, zeitgenössische Einflüsse über mögliche archaisch-pagane Traditionen zu stellen, findet sich auch bei den Grabbeigaben König Childerichs I. (ca. 460–481/482). Viele der Stücke sind heute nicht mehr erhalten, aber durch ein kurz nach der Auffindung des Grabs in Tournai (1653) entstandenes Werk überliefert. Die ältere Forschung sah in ihnen vor allem heidnische Bezüge und stellte die zahlreichen goldenen Bienenanhänger, die mit dem König beigesetzten Pferde, den goldene Handgelenkring, den kostbaren Stierkopf-Anhänger und die verschiedenen Waffen als heidnische Form der Grabbeigaben ins Zentrum (dazu kritisch Murray 1998, S. 125: „The bull head of Childeric's grave tells us about art and fashion, not religion."). Heute wird dagegen die Doppelstellung Childerichs als fränkischer König und römischer Heermeister hervorgehoben. Daher werden der Siegelring, der Mantel eines hohen römischen Offiziers samt goldener Zwiebelknopffibel und die Münzen als römische Subsidienzahlungen aus der Fülle der Beigaben herausgegriffen. Strittig sind allerdings die genaue Zuweisung der einzelnen Elemente und die Deutung vergleichbarer Grabanlagen und -beigaben.

> Vom heidnischen König zum römischen Heermeister

Ein gänzlich anderer Ansatz leugnet dagegen alle bisherigen, auf Childerich selbst abzielenden Erklärungen und betont die Bemühungen seines Sohns Chlodwig I. um die Anerkennung als Nachfolger (vgl. Kaiser 2004, S. 18 und 85 f.). Neben solchen vornehmlich politischen Interpretationen zielen neuere Überlegungen wiederum stärker auf die religiöse Ebene ab: Indem die Grabbeigaben als eine Mischung aus heidnischen und christlichen Elementen gesehen werden, wird die Taufe Chlodwigs (497, 498 oder 499) in eine ältere Traditionslinie gestellt (Berndt 2012).[2]

> Weitere Deutungen

---

[2] Wie schwer nicht nur eine Gesamtdeutung des Grabs, sondern selbst einzelner Bestandteile ist, verdeutlicht der Siegelring. So wurde der vom König gehaltene Speer vom Mittelalterhistoriker Percy Ernst Schramm als germanisches, vom Althistoriker Andreas Alföldi hingegen als römisches Würdezeichen inter-

### 3.2.3 Die langen Haare (*reges criniti*)

Besondere Anziehungskraft auf die moderne Forschung übte das lange Haupthaar der Merowinger aus, das auf breiter Quellenbasis belegt ist. Die ältere Forschungsmeinung einer hiermit verbundenen übernatürlich-magischen Vorstellung findet sich noch in aktuellen Überblickswerken: Es sei „der Sphäre Wodans" zugehörig (Ewig 2012, S. 178), mit ihm seien „in magischer Weise das Charisma, das ‚Königsheil' der Merowinger verbunden" (H. Schulz 2011, S. 34; eine gewisse Skepsis dagegen schon bei Wallace-Hadrill 1962, S. 156 f.).

*Vom magischen Symbol zum Zeichen der Exklusivität*

Mehrere Aufsätze einer zumeist jüngeren Forschergeneration bieten jedoch neue Sichtweisen. So ist eine besondere Haartracht auch bei anderen Gruppen im Frankenreich belegt: die langen Haare als Zeichen der Exklusivität, nicht als magisches oder heilbringendes Symbol (Diesenberger 2003). Wenn sie nicht auf die Königsfamilie beschränkt waren, sondern den Adel insgesamt betrafen, könnten sie eine spezifische Form „barbarischen" Stils gewesen sein, der im Rahmen des spätrömischen Militärwesens eine gewisse Anziehungskraft ausübte. Die Erwähnung in den Quellen, insbesondere das Scheren der Haare, ließe sich vor allem aus Konflikten um die Macht erklären, woraus sich die Forderung ableitet: „the long hair as a sign of this charismatic – unidentifiable – power should be put to rest" (Fabbro 2012, S. 45).

*Christliche Bezüge*

Alternativ sah man statt des heidnischen Charakters auch alttestamentarische Bezüge: Die *reges criniti* erscheinen so als Konstruktion Gregors von Tours, der die langhaarigen fränkischen Könige bewusst in eine Tradition zu den „Königen des Alten Testaments" stellte (Le Jan 2003; Le Jan 2006, Zitat S. 84). Allerdings waren Joseph und Samson zwar von Gott erwählte Personen, jedoch keine Könige im engeren Sinne. Möglicherweise wurde die

---

pretiert (vgl. J. Ehlers 2000/2001, S. 53, Anm. 17). Das Aussehen ein und desselben Gegenstandes ändert sich also je nach fachlicher Brille. Beide Meinungen laufen in gewisser Weise in der Deutung zusammen, es handele sich um ein vom oströmischen Kaiser verliehenes Herrschaftszeichen mit den typischen Attributen eines germanischen Kriegers. Andere deuten den Ring mit seiner Aufschrift „CHILDIRICI REGIS" als Anzeichen für den Umgang des Königs mit lateinischem Schriftgut, der Ring wäre hier also eher ein Selbstzeugnis des Königs (vgl. Becher 2009, S. 171 f.).

Deutung auch von den Herrschern selbst angenommen, worauf die (jedoch singuläre) Namensgebung des 575 geborenen Königssohns Samson hindeuten könnte. Die heidnischen Wurzeln der langen Haare wären so in einen christlichen Kontext überführt worden (Goosmann 2012).

Offen bleiben muss bei diesen Neuinterpretationen allerdings, ob sie tatsächlich gänzlich überzeugen und ihrem Gegenstand gerecht(er) werden. Schießen sie nicht über das Ziel hinaus und konstruieren römischen oder christlichen Einfluss auch dort, wo ältere Vorstellungen noch länger nachwirkten?[3] Andererseits passt die veränderte Sichtweise zu den Ergebnissen der aktuellen Forschung in anderen Feldern wie Wirtschaft, Kultur oder Verwaltung, wo in der Frage nach Kontinuitäten und Brüchen im frühen Mittelalter ebenfalls das Fortbestehen antiker Strukturen betont wird.

*Größerer Kontext der Neuinterpretationen*

## 3.3 Ausblick: Königliche Sakralität im hohen und späten Mittelalter

Eine nachdrückliche Intensivierung der Herrschersakralität begann bereits mit der Christianisierung. Schon für die Taufe Chlodwigs I. um 500 sah der Bischof Avitus von Vienne das Glück (*felicitas*) um die Heiligkeit (*sanctitas*) ergänzt: Der bisherigen Haartracht wurde die heilige Salbung (*sacra unctio*) zur Seite gestellt und übergeordnet (Avitus von Vienne, Ep. 46, S. 75). In veränderter Form spielte die nach westgotischen und irischen Vorläufern, vor allem aber nach alttestamentarischen Vorbildern gestaltete Salbung beim Herrschaftsübergang von den Merowingern auf die Karolinger eine prominente Rolle. Mit der Königssalbung des fränkischen Hausmeiers Pippin 751/754 wurde die Königserhebung langfristig in einen christlichen Deutungskontext gestellt und dem Aufgabenbereich der Geistlichkeit zugeordnet. Man verstand das Königtum mehr und mehr als Amt (*ministerium*), den König als Diener (*famulus*) Gottes, jedoch auch als dessen Stellvertreter (*vicarius Christi*).

*Taufe Chlodwigs und Salbung Pippins*

---

**3** Die überwiegende Mehrzahl der Quellen stammt schließlich gerade aus einem spätantik-römischen bzw. christlichen Kontext. Vgl. beispielsweise auch die kritische Anmerkung bei Drews 2009, S. 49 f.

Sprechenden Ausdruck fand dieses Gottesgnadentum in der Aufnahme der *Dei gratia*-Formel in die Titulatur, die für das gesamte Mittelalter prägend bleiben sollte. Die sakrale Dimension und Legitimation der Herrschaft konnte im Verlauf des Mittelalters unterschiedliche Formen annehmen. Besonders ausgeprägt war sie in England und Frankreich, wo dem König die Fähigkeit zugeschrieben wurde, Kranke heilen zu können (Thaumaturgentum). Gerade in Frankreich wurde die Salbung weiter ausgestaltet und damit die beiden zentralen Momente des merowingischen und karolingischen Königtums vereint: Es entstand die Legende, bei der Taufe Chlodwigs habe der Heilige Geist in Form einer Taube das Salböl an Bischof Remigius von Reims überbracht. Dieses Tauföl wurde fortan bei der Königsweihe verwendet, woraus die französischen Könige ihre Vorrangstellung gegenüber den übrigen christlichen Königen ableiteten (Kapitel 7.3.2). Für die römisch-deutschen Könige hingegen bedeutete der Investiturstreit zwar keinen völligen Bruch mit früheren Vorstellungen und Modellen, er markierte aber doch einen deutlichen Einschnitt. In anderen Reichen war die sakrale Stellung des Königs ohnehin nicht von zentraler oder besonderer Bedeutung. So lässt sich das spätmittelalterliche Königreich Kastilien als „Unsacred Monarchy" charakterisieren (Ruiz 1985), und die Sakralität der Könige von Sizilien war wohl weit weniger stark ausgeprägt als oft angenommen (Vagnoni 2013).

Die Erforschung königlicher Sakralität sieht sich allerdings insgesamt der Schwierigkeit ausgesetzt, dass sie sich – abgesehen von Zeiten der Auseinandersetzung – zumeist nur auf verstreute Aussagen der gebildeten Elite stützen kann. Was abseits von solchen reflektierenden und theoretisierenden Höhenkamm-Texten das einfachere Volk oder gar der König selbst dachte, ist oft nur schwer zu eruieren und meist wiederum durch die Darstellung solcher Autoren gebrochen. Unterschwellige Vorstellungen fanden nur selten einen expliziten Ausdruck, gegenläufige Ansichten hatten eine deutlich geringere Aufzeichnungs- und Überlieferungschance. Andererseits lässt sich über die quellenmäßig fassbaren Äußerungen hinaus annehmen, dass Macht und Herrschaft ihren Träger mit einer besonderen Aura umgaben, auch wenn dahinter keine ausformulierte Ideologie oder der Glaube an besondere Fähigkeiten stand.

Die verschiedenen Autoritäten, insbesondere die Bibel, konnten außerdem auf neue Weise interpretiert werden. Die Geschichte der königlichen Sakralität ist daher nicht von einer linear fortschreitenden Säkularisierung gekennzeichnet, sondern von zahlreichen individuellen Verästelungen und kontinuierlichen Transformationen. So erklärte Jakob I. von England 1609 im Parlament, dass Könige zu Recht Götter genannt würden. Und noch 1825 nahm Karl X. von Frankreich nach seiner Salbung mit dem heiligen Öl Krankenheilungen vor, wenn auch unter dem Spott derjenigen Zeitgenossen, die sich den Ideen der Aufklärung verpflichtet sahen.

## 3.4 Quellen und Vertiefung

### 3.4.1 Der letzte Merowingerkönig auf dem Ochsenkarren

In seiner Lebensbeschreibung Karls des Großen, entstanden am Anfang des 9. Jahrhunderts, schildert Einhard zu Beginn die Absetzung des letzten Merowingerkönigs Childerich III. (743–751) und erwähnt dabei auch dessen regelmäßige Umfahrt auf einem Ochsenkarren (c. 1, S. 3 f.):

Quelle

> Außer dem nutzlosen Königsnamen (*inutile regis nomen*) und einem notdürftigen Lebensunterhalt, den ihm der Vorsteher des Hofs (*praefectus aulae*; Hausmeier) nach Gutdünken gewährte, besaß er nichts anderes an Eigentum als ein Hofgut (*villa*) mit sehr geringen Einkünften. Auf diesem hatte er ein Haus und wenige Diener, die ihn davon mit dem Notwendigen versorgten und ihm gehorchten. Wohin auch immer er gehen musste, fuhr er mit einem Wagen, der von vorgespannten Ochsen gezogen wurde, die ein Ochsentreiber nach ländlicher Art antrieb (*Quocumque eundum erat, carpento ibat, quod bubus iunctis et bubulco rustico more agente trahebatur*). So pflegte er sich zur Pfalz zu begeben, wie zur Versammlung des Volks, die jährlich zum Nutzen des Reichs feierlich durchgeführt wurde, und auch wieder nach Hause zurück. Aber die Verwaltung des Reichs und alles, was im Inneren oder nach außen zu tun oder anzuordnen war, besorgte der Vorsteher des Hofs.

Die Fahrt mit dem Ochsenkarren erfuhr in der Forschung vielfältige Deutungen[4], die auch auf die unterschiedliche Verortung des merowingischen Königtums insgesamt verweisen:

Deutungen der Forschung

---

4 Die ältere Forschung findet sich zusammengefasst bei Gauert 1984.

Wallace-Hadrill 1962, S. 3:
„They [die merowingischen Könige] were, after all, heirs in a small way to the Vicars and Governors of Roman Gaul. The point understandably escaped Einhard in his famous description of the last Merovingians trundling round their estates in their ox-waggons, for he could not see behind them to the Gallo-Roman Governors doing their rounds in the *angariae* of the *cursus clabularis*, the imperial slow-post."

Peyer 1964, S. 1 f.:
„Der seit der Jahrtausendwende übliche deutsche Königsumritt hatte in ottonischer und karolingischer Zeit keine direkten Vorbilder gehabt. Doch berichtet Einhard von der sagenhaften Umfahrt der merowingischen Könige auf dem Ochsenkarren durch das Land. Von Chlothachar, Chramn, Gundovald und Dagobert wissen wir, daß sie ihre Herrschaft mit eigentlichen ausgedehnten Umritten durch ihr Reich antraten."

Murray 1998, S. 132:
„Though we have not yet reached the absurdity of Le chevalier a la charette, Einhard has seized on the ox cart as a symbol of ignoble weakness demonstrating his contention that the Merovingians had ended up as do-nothing kings turned minor gentry, peacefully navigating the tracks' of country life."

J. Ehler 2000/2001, S. 78:
„Wenn Einhard im ersten Kapitel seiner Karlsvita die *gens Meroringorum* durch Hinweis auf langes Haupthaar des Königs und seinen ungeschorenen Bart, durch Schilderung seiner Umfahrt auf dem *rustico more* gelenkten Rinderwagen verspottete, so ironisierte er keineswegs das tatsächliche Verhalten der merowingischen Könige, denn es gibt weder archäologische noch historiographische Zeugnisse dafür, daß die Nachkommen Chlodwigs dergleichen praktiziert hätten, sondern er evozierte die Imaginationen der illitteraten Landbevölkerung, der *rustici*, um das Bild eines sozial und politisch deklassierten Königtums zu entwerfen, dessen Ablösung die fränkische Adelsgesellschaft geradezu verlangen mußte."

Becher 2009, S. 165:
„Ebenfalls als Beleg für eine sakrale Konnotation des Königtums galt die von Einhard kolportierte Benutzung von Ochsenwagen durch die Merowinger. Tatsächlich dürfte es sich um die Übernahme der spätrömischen Reisepraxis hoher Provinzialbeamter, des *cursus clabularis*, handeln, wie schon John Michael Wallace-Hadrill feststellte."

Ewig 2012, S. 78:
„Einhard ironisiert offenbar ein Ritual, das zum heidnischen Königsmythos gehörte, diesen aber ebenso überdauerte wie der Glaube an eine vom König ausgehende Heilkraft. Seine Schilderung erinnert an die von Tacitus beschriebene jährliche Umfahrt der ‚terra mater' Nerthus im Ochsenwagen

bei germanischen Seestämmen. Die von Ochsen gezogene Karosse der Merowinger war gewiß kein Reisegefährt, sondern ein Kultwagen. Ob der Brauch von den auf wenige Landpfalzen im Gebiet der Oise beschränkten späten Merowingern noch geübt wurde oder schon damals nur eine blasse Erinnerung war, sei dahingestellt."

Goosmann 2012, S. 237 f.:
„Nor is Einhard's vivid description of Childeric III being driven about by ox-cart still viewed as evidence for his involvement in a pagan fertility rite for the sole reason that the account resonates well with certain passages in Tacitus' *Germania*. Instead, Einhard, whom we have come to know as the Carolingian apologist par excellence, is currently believed to have wanted to defame the Merovingian king in a more mundane manner: transportation by ox-cart was not all that uncommon among the Frankish elite, or for that matter uncomfortable or impractical, but it may have lacked the display of virility Einhard's audience demanded of a Frankish king."

### 3.4.2 Fragen und Anregungen

- Beschreiben Sie die Art der Darstellung bei Einhard und deuten Sie die Fahrt mit dem Ochsenkarren aufgrund der Überlieferung der Nachricht und ihres unmittelbaren Kontexts.
- Überlegen Sie, wie sich die Fahrt mit dem Ochsenkarren im Hinblick auf ein germanisches, spätantik-römisches oder christliches Gesamtverständnis des merowingischen Königtums deuten ließe. Erläutern Sie die Probleme, die sich bei einer solchen Modellbindung ergeben.
- Vergleichen Sie Ihre Überlegungen mit den Deutungen der Forschung: Strukturieren Sie diese und ordnen Sie sie in die allgemeine Forschungstendenz ein.
- Bewerten Sie die Aussagen und wägen Sie sie gegeneinander ab.

### 3.4.3 Lektüreempfehlungen

Quellen zur Geschichte der Franken und der Merowinger. Vom 3. Jahrhundert bis 751, hg. von Reinhold Kaiser/Sebastian Scholz, Stuttgart 2012 (*31 Quellen in Übersetzung, davon etliche zur Frage der königlichen Sakralität*).     Quellen

Die christliche Legitimation von Herrschaft im Mittelalter, hg. von Arnd Reitemeier, Münster 2006 (*Inhaltliche Einführung und thematische Auswahl von Bild- und Textquellen in Original und Übersetzung zur Herrschaftslegitimation von den Merowingern bis zum Spätmittelalter*).

Literatur    Dick, Stefanie, Der Mythos vom „germanischen" Königtum. Studien zur Herrschaftsorganisation bei den germanischsprachigen Barbaren bis zum Beginn der Völkerwanderungszeit (Ergänzungsbände zum Reallexikon der Germanischen Altertumskunde 60), Berlin 2008 (*Aufarbeitung und Dekonstruktion eines Forschungsmythos, stellt dagegen den römischen Einfluss heraus*).

Ehlers, Joachim, Grundlagen der europäischen Monarchie in Spätantike und Mittelalter, in: Majestas 8/9, 2000/2001, S. 49–80 (*Betont gegen die starke germanische Prägung des ‚Wesen[s] des mittelalterlichen Königtums' in der älteren Forschung die spätantik-christlichen Einflüsse*).

Erkens, Franz-Reiner, Herrschersakralität im Mittelalter. Von den Anfängen bis zum Investiturstreit, Stuttgart 2006 (*Umfassende Darstellung für das Früh- und Hochmittelalter ...*).

Erkens, Franz-Reiner, Thronfolge und Herrschersakralität in England, Frankreich und im Reich während des späteren Mittelalters: Aspekte einer Korrelation, in: Die mittelalterliche Thronfolge im europäischen Vergleich, hg. von Matthias Becher (Vorträge und Forschungen 84), Ostfildern 2017, S. 359–448 (*... bzw. das Spätmittelalter*).

Erkens, Franz-Reiner (Hg.), Das frühmittelalterliche Königtum. Ideelle und religiöse Grundlagen (Ergänzungsbände zum Reallexikon der germanischen Altertumskunde 49), Berlin/New York 2005 (*Vielfältige Beiträge, von den Westgoten bis nach Skandinavien. Herwig Wolfram, S. 42–64, bietet einen konzisen Überblick über die römische Haltung zur Königsherrschaft sowie zu dem vermeintlichen germanischen Sakral-, Heer- und Volkskönigtum*).

Ewig, Eugen, Zum christlichen Königsgedanken im Frühmittelalter, in: Das Königtum. Seine geistigen und rechtlichen Grundlagen. Mainau-Vorträge 1954 (Vorträge und Forschungen 3), Lindau/Konstanz 1956, S. 7–73 (*Älterer, jedoch grundlegender Aufsatz, der von der Antike bis zu den Karolingern reicht und auch das christliche Kaisertum behandelt*).

Kaiser, Reinhold, Das römische Erbe und das Merowingerreich (Enzyklopädie deutscher Geschichte 26), 3. Aufl. München 2004 (*Die Merowingerzeit als Übergangszeit zwischen Antike und Mittelalter. Dem Überblick über Quellen und Forschung steht S. XI treffend der Ausspruch „Wo die Quellen versiegen, sprießen die Theorien!" voran*).

# 4 Herrscher- und Herrschaftsideal

**Abb. 6:** Herrscherdarstellung im Regensburger Evangeliar (Erste Hälfte 11. Jahrhundert)

Die herausgehobene Stellung, die der König im Mittelalter inne hatte, ging mit besonderen Anforderungen an dessen Person und Amt einher. Diese Tugenden sind im Regensburger Evangeliar aus Montecassino aus der ersten Hälfte des 11. Jahrhunderts überaus prachtvoll in Szene gesetzt. Im Zentrum steht der als *HEINRICUS* benannte Herrscher, der von der Forschung mehrheitlich als Heinrich II. (1002–1024) identifiziert wird. Diesem sind vier Rundmedaillons zugeordnet: Von oben senkt sich der „gütige Gott" (*almus Deus*) als mit einem Nimbus versehene Taube des Heiligen Geistes auf ihn herab, zu seiner Linken und Rechten wenden sich ihm die personifizierten Tugenden der Weisheit (*sapientia*) und Klugheit (*prudentia*) zu. Von unten blicken ein Angeklagter und Scharfrichter zum Herrscher empor, dessen finales Urteil erwartend. In den oberen Ecken des Bildes schauen die personifizierten Tugenden der Gerechtigkeit (*iustitia*, mit Waage) und der Frömmigkeit (*pietas*, mit flehender Handhaltung) zum Herrscher hinab, von unten Gesetz (*lex*, mit Buch) und Recht (*ius*, mit Schwert) zu ihm hinauf.

Die Verbindung der vier äußeren Rechtecke wird durch die untenstehende Inschrift hergestellt: „Mögen *pietas* und *iustitia* die Gesetze milde auslegen." Der Herrscher zeigt seine linke Hand in befehlender Geste. Die wichtigsten Tugenden, die das königliche Handeln prägen sollen, finden sich hier eindrucksvoll dargestellt, mit der Sorge um die Gerechtigkeit durch die Verbindung von Strafe und Milde als zentrale Thematik.

Bei aller Pracht und Finesse der Darstellung dürfte der Rezipientenkreis allerdings auf die am Gottesdienst beteiligten Mönche und eventuelle hochrangige Besucher des Klosters beschränkt gewesen sein. Eine ungleich größere Verbreitung erreichte dagegen das Schachzabelbuch („Schachspiel/-brett") des Dominikaners Jacobus de Cessolis vom Ende des 13. Jahrhunderts, das in mehr als zweihundert lateinischen Handschriften überliefert ist und in zahlreiche Volkssprachen übersetzt wurde. Es handelt sich hierbei um keine Spielanleitung im heutigen Sinne, sondern um eine umfassende Auslegung der einzelnen Spielfiguren für Didaktik und Predigt, unter Rückgriff auf Bibelstellen und antike Literatur. Das Schachspiel fungiert als Abbild der Gesellschaft. An ihrer Spitze steht der Herrscher, weshalb an König und Königin zahlreiche Forderungen erhoben werden (Jacobus de Cessolis, Liber de ludo scaccorum, Auszüge aus II, c. 1, Sp. 83–104; II, c. 2, Sp. 119–146; IV, c. 2, Sp. 757–760):

> II, c. 1: Vom Aussehen und den Sitten des Königs
> Und weil die Barmherzigkeit (*misericordia*) und die Wahrheit den König behüten und durch die Gerechtigkeit (*iusticia*) dessen Thron gefestigt wird, soll in ihm die Milde (*clementia*) und Barmherzigkeit leuchten.
> Er soll immer in Herzen und Mund auf die Wahrheit achten und falsche Lippen soll er verabscheuen, nach jenen Worten: ‚Denn mein Mund soll die Wahrheit reden, und meine Lippen sollen das Gottlose verabscheuen.'
> [Spr 8,7]

In ihm soll die Gerechtigkeit sein. Was nämlich sind die Königreiche (*regna*) ohne Gerechtigkeit, wenn nicht große Räuberbanden?

II, c. 2: Vom Aussehen der Königin und ihren Pflichten
Es ist notwendig, dass die Königin weise, keusch (*casta*) und gefügig ist, von ehrenhaften Eltern geboren, besorgt als Ernährerin der Kinder. Ihre Weisheit (*sapientia*) aber zeigt sich nicht nur in Taten, sondern auch in den Worten, besonders wenn sie gegen die weibliche Natur die Geheimnisse in ihrem Herzen bewahrt und anderen vorenthält.
Sie soll auch reife Sitten haben, damit in ihr Furcht (*timor*) und Scheu (*verecundia*) ist. Denn die Frau verliert mit dem Verlust der Scheu sogleich die Schamhaftigkeit (*pudicitia*).

IV, c. 2: Von der Bewegung und dem Fortschreiten des Königs
Wie jede Tugend, die in den Gliedern ist, vom Kopf kommt, und die Bewegung des Körpers wie auch der Anfang des Lebens vom Herzen kommt, so sollen auch alle, die der königlichen Würde unterworfen sind, wissen, dass sie alles, was sie haben, vom König haben. [...] Der Sieg der Soldaten nämlich und die Klugheit der Richter, die Autorität der Stellvertreter und Legaten, die Zurückhaltung der Königin, die Eintracht der Bevölkerung – sollte dies alles etwa nicht der Ehre und dem Ruhm des Königs zugeschrieben werden?

## 4.1 Einheit in Vielfalt

„With great power comes great responsibility" ist eine in den letzten beiden Jahrhunderten immer wieder gebrauchte Mahnung. Im Hinblick auf den König wurde sie schon im 9. Jahrhundert von Erzbischof Hinkmar von Reims formuliert: „Der Beweisgrund für große Macht ist ihre richtige Ausübung" (*Magnae potentiae argumentum est recta administratio*; De regis persona et regio ministerio, c. 3, S. 156). Als Zweck der Herrschaft bestimmte Thomas von Aquin vier Jahrhunderte später: „König ist, wer die Bewohner einer Stadt oder einer Provinz zum allgemeinen Guten regiert" (*rex est qui unus multitudinem civitatis vel provincie et propter bonum commune regit*; De regno ad regem Cypri, l. I, c. 1, S. 451). Hiermit brachte er zum Ausdruck, was schon Isidor von Sevilla im 7. Jahrhundert vermittelt hatte (vgl. Kapitel 2.1): Nur wer richtig handelt, verdient den Königstitel.

Zweck der Herrschaft

Worin dieses richtige Handeln bestand und welche Anforderungen erfüllt werden mussten, darüber war man sich im Mittelalter weitgehend einig. Grundlegenden Einfluss übten antike Autoren, die Bibel und die Kirchenväter aus. Von besonderer Bedeutung

*Gemeinsame Wurzeln*

waren die vier Haupttugenden (in wechselnder Reihenfolge): *fortitudo* (Tapferkeit), *temperantia* (Mäßigung), *prudentia/sapientia* (Klugheit/Weisheit) und *iustitia* (Gerechtigkeit). Weitere Tugenden konnten ergänzend oder als Unterarten hinzukommen, wie *liberalitas* (Freigebigkeit) oder *clementia* und *pietas* (Milde, Barmherzigkeit). Daneben dienten biblische Könige und Propheten, aber auch antike oder mittelalterliche Herrscher als Vorbilder idealer Herrschaft.

*Kontextabhängige Schwerpunkte*

Andererseits war das Herrscher- und Herrschaftsideal je nach Autor, Quellengattung, Königreich und Zeit unterschiedlich ausgeprägt. So wurde beispielsweise während der späteren Merowingerzeit in bischöflichen Briefen vornehmlich die königliche Gerechtigkeit, in liturgischen Quellen hingegen die kriegerische Tätigkeit betont. Die königliche Freigebigkeit und Tapferkeit als höfisch-ritterliche Tugenden wurden besonders in historiographischen und literarischen Texten thematisiert, die (fehlende) Bildung beispielsweise im hochmittelalterlichen Sprichwort „Der ungebildete König ist fast wie ein gekrönter Esel" (*Rex illiteratus est quasi asinus coronatus*). Um das Thema angemessen erfassen zu können, muss daher eine Vielzahl von Quellen herangezogen werden, deren gattungstypische und individuelle Besonderheiten ebenso zu beachten sind wie die historische Entwicklung.

## 4.2 Zwischen Selbst- und Fremdbild

*Königsurkunde: Arenga*

In königlichen Urkunden ist dem eigentlichen Rechtsinhalt oft eine allgemeine Begründung des herrscherlichen Handelns vorangestellt, die Arenga. Lange Zeit wurden sie als „öde Gemeinplätze" von der Forschung bestenfalls für Diktatuntersuchungen herangezogen, bis man sie als Mittel der monarchischen Propaganda erkannte (Forschungsüberblick bei Barret/Grévin 2014, S. 20–27): Welches Bild wollte der Herrscher von sich vermitteln, welche programmatischen Botschaften erreichten bei der Verlesung die anwesenden Zeugen und Zuhörern? Die Ausgestaltung der Arenga war in der Regel auf Anlass und Inhalt der Urkunde, aber auch auf das Herrscherideal selbst bezogen. „Weil wir durch die Gnade Gottes zur Königsherrschaft erhoben worden sind, damit wir den Kirchen Gottes und allen Menschen Gerechtigkeit verschaffen" heißt es beispielsweise in großen Worten über einen kleinen Weingarten, dessen Besitz im Jahr 1129 einem Kölner Kloster bestätigt wurde (MGH D Lo III. 16, S. 20: *Quia ad hoc dei gratia in regnum sublimati sumus, ut ęcclesiis dei et omni homini iusticiam faciamus*). Die abstrakte Herrschertugend der Gerechtigkeit (*iustitia*) erfuhr ihre Erfüllung durch die Rechtsprechung und die diesbezügliche Urkunde.¹

Gleich eine ganze Liste von Herrschertugenden bieten die spätmittelalterlichen Wahlanzeigen, mit denen die Wähler des römisch-deutschen Königs ihre Entscheidung bekannt machten. Die darin genannten Vorzüge des neuen Königs sind dabei nicht vornehmlich als individuelle Eigenschaften zu verstehen, sondern als allgemeine Anforderungen an das Königsamt als solches. Dementsprechend ähnelten sich diese Charakterisierungen stark: Der König war beispielsweise „wirklich katholisch, ein glühender Eiferer für den rechten Glauben, ein seit den ersten Lebensjahren [...] frommer und demütiger Verehrer der heiligen Kirchen, ihrer Diener und des heiligen Friedens, entschlossen, aus hohem und edlem Geschlecht stammend, in aller Ehrenhaftigkeit des Charakters deutlich und klar, freundlich, gütig und mild sowie in den sonstigen Tätigkeiten zur Leitung des Gemeinwesens überaus umsichtig" (MGH Const. 4, Nr. 262, S. 229, § 3, zu Heinrich VII., gewählt 1308). Neben charakterlichen Eigenschaften waren also auch die Abstammung und die Fähigkeiten des Gewählten von Bedeutung. Prominent am Anfang der Beschreibung stehen Rechtgläubigkeit und die Förderung der Kirche, was auf die religiöse Dimension königlicher Herrschaft verweist. Dies ist jedoch auch dem Zweck des Schreibens geschuldet, schließlich war der Adressat der Papst, der den König später zum Kaiser krönen sollte. In den Wahlanzeigen flossen somit königliches Selbstbild, fürstliche Zuschreibung und päpstliche Erwartungshaltung in einem Schriftstück zusammen.

Wahlanzeigen

In Chroniken kommt das Ideal königlicher Herrschaft neben expliziten Charakterisierungen einzelner Könige zum Ausdruck, indem bestimmte königliche Handlungen in diesem Sinne prä-

Chroniken

---

1 Eine solche Selbststilisierung konnte jedoch auch dazu dienen, die tatsächlichen politischen Hintergründe zu verschleiern, wenn diese vom üblichen Machtgefälle zwischen König und Untergebenen abwichen: Was sich als freigebiger Akt der königlichen *liberalitas* präsentiert, mag in Wirklichkeit ein abgerungenes oder sogar aufgezwungenes Versprechen gewesen sein (vgl. auch Kapitel 5.2).

sentiert und gedeutet wurden.² Eine besondere Rolle spielte dabei der Herrschaftsantritt, bei dem sich programmatische Botschaften besonders gut platzieren ließen. So berichtet Wipo in seinen „Taten Kaiser Konrads" (*Gesta Chuonradi imperatoris*) über die Weihe Konrads II. (1024), auf dem Weg zur Kirche seien ein Bauer, ein Waisenknabe und eine Witwe an diesen herangetreten und hätten ihn um Hilfe gebeten. Die Fürsten drängten den König zur Eile, doch dieser widmete sich als *vicarius Christi* zuerst den Belangen der Schutzsuchenden. Auch einen weiteren Bittenden zog er zu seinem Thron heran und verwies dessen Anliegen an einen seiner Fürsten. Dies veranlasste den Chronisten zu ausführlichen Lobesworten: „Man sah, dass der Beginn der Regierung glücklich war, als mehr zur Rechtsprechung geeilt wurde als zur Königsweihe. Größer war im König das Streben nach Barmherzigkeit als das Verlangen nach der Weihe." (c. 5, S. 27).

*Wipo über die Weihe Konrads II. (1024)*

Was sich hier wie eine Tatsachenbeschreibung präsentiert und von der Forschung oft in diesem Sinne herangezogen wurde, steht in einem Werk, das über zwei Jahrzehnte nach den Ereignissen verfasst und dem Sohn und Nachfolger Konrads II., Heinrich III., gewidmet ist. Die Botschaft hierbei war klar, hatten doch die „scheinbar unbedeutenden Taten", wie Wipo es selbst einleitend formulierte, „durch geheimen Sinn" tatsächlich eine „herrliche Bedeutung": Die Gerechtigkeit ist oberste Tugend des Königs, die Anliegen der Armen sind wichtiger als das herrschaftsbegründende Ritual der Weihe. Das Herrscherideal mit der Hochschätzung des Rechts, das Wipo dem König bereits zuvor in zwei kleineren Schriften nahegebracht hatte, wurde so auch in den Taten des Vaters deutlich und durch diese verdeutlicht.

---

2 So zeigt Weiler 2015 für das 11. und 12. Jahrhundert am Beispiel der neu entstandenen Königreiche auf, dass auch in dieser Zeit über den idealen Herrscher nachgedacht wurde. Dies geschah allerdings nicht in theoretischen Abhandlungen in Form von Fürstenspiegeln, sondern in der Historiographie durch eine besondere narrative Darstellung der ersten Könige dieser Reiche.

## 4.3 Vermittlung: Fürstenspiegel im Wandel

Moralisch-didaktische Texte, die sich direkt an den Herrscher wandten, waren im Mittelalter weit verbreitet und bieten interessante Einblicke in das mittelalterliche Herrscher- und Herrschaftsideal. Diese Fürstenspiegel dienten der Erziehung oder Ermahnung des Königs in Form direkter ethischer Anleitung oder mittels allgemeinerer staatsrechtlicher und gesellschaftlicher Erörterungen. So konnten Forderungen und sogar Kritik vorgebracht, aber auch königliche Sichtweisen legitimiert und propagiert werden. Aus den antiken, biblischen und patristischen Grundlagen erwuchsen neue Konzeptionen, Schwerpunkte und Problemstellungen, die einen allgemeineren Wandel der Königsherrschaft offenbaren.

Schon im 9. Jahrhundert behandelten die Fürstenspiegel im Karolingerreich eine ganze Fülle von Themen, von den königlichen Tugenden über Ratschläge zu Ratgebern, Hof und Verwaltung bis zu Überlegungen zur Kriegsethik, der Natur der Gerechtigkeit und der Gesetzgebung. Es ging dabei weniger um Detailfragen als vielmehr um das große Ganze, um grundsätzliche moralisch-ethische Normen des Herrscheramts statt um verwaltungspraktische Einzelheiten. Hierfür griff man auf zahlreiche ältere Quellen zurück, so dass die Texte oft als thematisch gruppierte Reihungen von Zitaten erscheinen und auf den ersten Blick eine hohe Übereinstimmung aufweisen. [Themenvielfalt karolingischer Fürstenspiegel]

So lässt beispielsweise Hinkmar, Erzbischof von Reims, in einem seiner Fürstenspiegel auf die einleitenden Worte „Wie der König beschaffen sein muss" (Admonitio, c. 7, S. 198) wortwörtlich die Ausführungen eines irischen Texts aus dem 7. Jahrhundert folgen (Pseudo-Cyprianus; Kapitel 4.4.1). Neben Bibelstellen, Kirchenvätern, Konzilsbeschlüssen und Gesetzestexten zitiert Hinkmar auch Isidor von Sevilla, von dem er die abschließenden Ausführungen über die Königstugenden fast wortwörtlich übernahm: „Königstugenden gibt es vornehmlich zwei: Gerechtigkeit und Frömmigkeit. Bei den Königen wird davon die Frömmigkeit mehr geschätzt, denn die Gerechtigkeit für sich ist ohne Frömmigkeit zu streng." (c. 17, S. 204). In ähnlicher Weise beschloss Jonas, Bischof von Orléans, sein Werk mit einem ausführlichen Augustinuszitat aus *De civitate Dei* über die glücklich zu nennenden Kaiser (l. V, c. 24, S. 160), denen er in der einleitend die „Könige" zur Seite stellte (Admonitio, c. 17, S. 96/98). Thomas von Aquin wiederum bezog die Ausführun- [Arbeitsweise: Textcollage] gen Augustinus' auf „christliche Herrscher" (*christiani principes*; De regno ad regem Cypri, l. I, c. 8, S. 459), womit sich eine erneute Erweiterung andeutet.

Eine grundlegende Überzeugung der Mahnschriften ist es, dass der König zunächst sich selbst und sein Haus lenken muss, um seine Untertanen in rechter Weise regieren zu können. Aus dem Volk wurden besonders die Kirchen und Geistlichen sowie die Schutzbedürftigen und Notleidenden hervorgehoben. So finden die Taten Konrads II. bei seiner Weihe eine Entsprechung in der zwei Jahrhunderte zuvor von Jonas von Orléans ausgesprochenen Mahnung, der König solle „die Sache der Armen zu sich gelangen lassen" (Admonitio, c. 5, S. 80). Der Schutz der Kirche und des Glaubens gehörte zu den zentralen Aufgaben eines Königs, dessen Herrschaft von Gott verliehen war.

**Christliches Herrscherideal**

Ein solches genuin christliches Herrscherideal deckte sich in der Regel mit dem königlichen Selbstverständnis, reflektiert jedoch auch die Sichtweise der ausschließlich geistlichen Autoren. Die von ihnen vertretenen Forderungen und Ansprüche erstreckten sich auf alle Mitglieder der christlichen Gemeinschaft, auf die der König durch seine Vorbildfunktion einwirken sollte. Die Mahnungen an ihn waren Ausdruck und Teil eines umfassenderen Strebens nach Erziehung und Besserung. Dem lag der Gedanke einer untrennbaren Verbindung von politischem Handeln und moralisch-ethischen Grundsätzen zugrunde; die Voranstellung des Staatsinteresses lag noch in weiter Ferne (Kapitel 14.2).

**Johannes von Salisbury, Policraticus: Körpermetapher**

Überhaupt sollte es einige Jahrhunderte dauern, bis die Fürstenspiegel ab dem 13. Jahrhundert wieder besonders in Erscheinung traten.[3] Einen entscheidenden Impuls erfuhren die späteren Fürstenspiegel durch die Staats- und Gesellschaftslehre Johannes' von Salisbury, den *Policraticus* (1159). Die neuartige Einbettung des Königs in das politisch-gesellschaftliche Gesamtgefüge kam in der Körpermetapher zum Ausdruck (Kapitel 10): Der König ist der

---

**3** Für die dazwischenliegenden Jahrhunderte dienen daher eher liturgische, historiographische und literarische Texte als Quellen. Das Nachwirken der karolingischen Fürstenspiegel wurde in der Forschung unterschiedlich bewertet. Gegen das lange nachklingende Urteil von Berges 1938, S. 3, betont Anton 1989, Sp. 1044: „die Verbindung der neuen, zur Staatstheorie hin ausgeweiteten F[ürstenspiegel] mit den karol[ingischen] ist stärker als bisher angenommen".

Kopf des Gemeinwesens, der allerdings des Mitwirkens der übrigen Körperglieder bedarf. Er vereint die vier Kardinaltugenden in sich, doch sind diese nun auch den einzelnen Teilen zugeordnet: Weisheit/*prudentia* dem Rat, Gerechtigkeit/*iustitia* den Richtern und Provinzvorstehern, Tapferkeit/*fortitudo* den Soldaten, Mäßigung/*temperantia* den Bauern und Handwerkern. Als „Abbild Gottes auf Erden" (l. IV, c. 1, S. 236: *in terris quaedam divinae maiestatis imago*) sind die Untertanen dem Herrscher zu Gehorsam verpflichtet, gleichzeitig ist er Gott und der Kirche (als Seele des Körpers) untergeordnet. Das Verhältnis der einzelnen Glieder ist von Harmonie geprägt, wofür der Herrscher als Haupt die Verantwortung trägt. Wird er dagegen selbst zum Unterdrücker des Volks, ist unter gewissen Bedingungen auch Widerstand bis hin zum Tyrannenmord zulässig.

Die Frage des Gemeinwohls lag besonders späteren Fürstenspiegeln zugrunde, die sich seit der Übersetzung der *Politik* des Aristoteles ins Lateinische (1260) vor allem mit den Gedanken des griechischen Philosophen auseinandersetzten. Eine kontrastierende Darstellung der drei Staatsformen (die Herrschaft eines einzelnen, einiger oder aller) in ihrer richtigen und entarteten Version findet sich in einer französischen Übersetzung von Nikolaus von Oresme vom Ende des 14. Jahrhunderts: In der mittelalterlichen Interpretation des antiken Philosophen stand die Monarchie an oberster und erster Stelle, auch ikonographisch setzt sie sich deutlich von den fast identisch dargestellten anderen beiden Staatsformen ab. Entscheidendes Thema war in diesen Schriften nun die Organisation des Gemeinwesens als natürlicher Organismus eines als gesellschaftliches und politisches Lebewesen verstandenen Menschen (*animal sociale et politicum*). Hiermit hing die Frage zusammen, wie die ungerechte, also nicht am Gemeinwohl orientierte Herrschaft eines *rex tyrannus* verhindert werden könne bzw. wie mit einem solchen Tyrannen umzugehen sei.

Der Einfluss Aristoteles'

Eine besonders breite Rezeption des aristotelischen Gedankenguts findet sich im Fürstenspiegel *De regimine principum*, den Aegidus Romanus, ein Schüler des Thomas von Aquin, Ende der 1270er-Jahre für den französischen Thronfolger verfasste. Seine Erziehungs- und Regierungslehre präsentiert sich als eine schon aufgrund ihres Umfangs von etwa 155.000 Wörtern äußerst umfassende Abhandlung. Sie widmet sich neben dem König (Buch I) auch dessen Familie, Erziehung und Hofhaltung (Buch II) sowie

Aegidus Romanus, *De regimine principum*

dem Staat als Ganzem in Frieden und Krieg (Buch III). Das individuelle Verhalten des Königs und seine Tugenden wurden so in einen größeren Kontext gestellt, mit dem Herrscher als zentralem Organ, das das Gemeinwesen im Einklang mit den weiteren Gliedern lenkte. Auch der Königin wurde so eine ausführliche theoretische Behandlung zu teil. Sie konzentrierte sich jedoch auf ihre Rolle als königliche Ehefrau, da ihr in Anlehnung an Aristoteles nur eine eingeschränkte Befähigung zu Rat und Urteil eingeräumt wurde. Ein anderes Bild ergibt sich dagegen bei Christine de Pisan, die zu Beginn des 15. Jahrhunderts als Schriftstellerin im Umfeld des französischen Königshofs wirkte und sich in ihren Werken auch direkt an Königinnen und Fürstinnen wandte. Neben den klassischen Anforderungen an die treue und umsichtige Erzieherin und Ehefrau wurde der Königin hier eine aktive Rolle zugesprochen, die sich beispielsweise – nicht zuletzt angesichts der zahlreichen Kriege der Zeit – auf die Herstellung und Sicherung des Friedens erstreckte.

*Die Königin bei Christine de Pisan*

Die Fürstenspiegel deckten im Verlauf des Mittelalters ein immer breiteres Themenspektrum ab. Sie boten Diskussionen und Lösungsansätze, die in der Regel auf älteren Vorlagen basierten, aber stets individuelle Antworten auf die Fragen ihrer Zeit suchten. Ihre Bedeutung für die politische Theorie und Praxis zeigt gerade Aegidus Romanus' Werk, das als eine Art „politisches Handbuch" eine sehr weite Verbreitung mit 24 Übersetzungen und Adaptionen in neun Volkssprachen erfuhr und als eines der am meisten gelesenen profanen Bücher des späteren Mittelalters gelten darf. Gerichtet an den Herrscher, erreichte die Botschaft dieser Werke einen deutlich größeren Personenkreis, von Erziehern und Beratern über Klerus, Adel und Gelehrte bis hin zu Bürgern. Die in den Fürstenspiegeln vertretenen Ideen und Ideale beeinflussten so das Nachdenken über Könige vielleicht nachhaltiger, als sie unmittelbar deren Erziehung und konkretes politisches Handeln prägten.

*Rezeption und Einfluss der Fürstenspiegel*

## 4.4 Quellen und Vertiefung

### 4.4.1 Der Traktat *De duodecim abusivis saeculi* („Über die zwölf Missbräuche in der Welt")

Der Traktat wurde im Mittelalter dem heiligen Cyprian (gest. 258) zugeschrieben, tatsächlich entstand er im 7. Jahrhundert wohl im südlichen Irland. Die Ausführungen über den ungerechten König erfuhren im Mittelalter durch Abschriften und Übernahmen in andere Werke eine weite Verbreitung (Pseudo-Cyprianus, De duodecim abusivis saeculi, c. 9, S. 51–53):

> Die neunte Stufe des Missbrauchs ist der ungerechte König. Dieser bewahrt nicht in sich selbst die Würde seines Namens, obwohl er ein Berichtiger der Ungerechten (*iniquorum corrector*) sein sollte. Der Name des Königs schließt nämlich dem Verstand gemäß ein, dass er für alle Untertanen das Amt des Lenkers (*rectoris officium*) besorgt. Doch wie kann der andere bessern, der nicht seine eigenen Sitten bessert, damit sie nicht schlecht sind? Durch Gerechtigkeit des Königs nämlich wird sein Thron erhöht und durch Wahrhaftigkeit wird die Lenkung der Völker gefestigt.
> Die Gerechtigkeit des Königs bedeutet nämlich: Niemanden ungerecht durch Macht zu unterdrücken, ohne Ansehen der Person zwischen einem Mann und seinem Nächsten zu urteilen, den Fremden, Waisen und Witwen Verteidiger zu sein, Diebstahl zu verhindern, Ehebruch zu bestrafen, Ungerechte nicht zu erhöhen, Unzüchtige und Gaukler nicht zu ernähren, Gottlose von der Erde zu tilgen, Mörder und Eidbrecher nicht leben zu lassen, die Kirchen zu verteidigen, Arme mit Almosen zu ernähren, Gerechte mit den Belangen des Reichs zu betrauen, alte, weise und besonnene Männer als Ratgeber zu haben, sich nicht mit dem Aberglauben der Zauberer und Wahrsager zu beschäftigen, den Zorn zu zerstreuen, das Vaterland kraftvoll und gerecht gegen Feinde zu verteidigen, in allen Dingen Gott zu vertrauen, im Erfolg den Geist nicht zu erheben, gegen Widerstände standhaft zu bleiben, den wahren Glauben an Gott zu haben, seinen Söhnen nicht gottloses Handeln zu gestatten, zu bestimmten Stunden auf die Gebete zu beharren, vor der richtigen Zeit nicht Speisen zu sich zu nehmen: ‚Wehe nämlich dem Land, dessen König ein Kind ist und dessen Fürsten früh am Morgen speisen' [Pred 10,16]. Alle diese Dinge sorgen für das Gedeihen des Königreichs in dieser Welt und geleiten den König zu den besseren himmlischen Reichen.
> Wer aber die Königsherrschaft (*regnum*) nicht nach diesem Gesetz einrichtet, erleidet ohne Zweifel viele Unglücksfälle der Herrschaft (*imperium*). Deshalb wird nämlich oft der Frieden der Völker zerstört und auch im Reich (*regnum*) gibt es Steine des Anstoßes, ebenso werden die Früchte der Erde vermindert und die Dienste der Völker werden gehemmt. Viele und mannigfaltige Leiden befallen das Gedeihen des Reichs, Todesfälle von

> Geliebten und Kindern verbreiten Trauer, Angriffe der Feinde verwüsten überall die Provinzen, wilde Tiere zerreißen die Rinder- und Viehherden, Stürme der Luft und die gestörten Hemisphären verhindern die Fruchtbarkeit der Erde und die Dienste des Meeres, und Blitzschläge verbrennen die Saat, die Baumblüten und die Weintriebe.
> Vor allem aber verdunkelt die Ungerechtigkeit des Königs nicht nur das Angesicht der gegenwärtigen Herrschaft (*imperium*), sondern sie wirft ihren Schatten auch auf seine Söhne und Enkel, so dass sie nicht nach ihm das Erbe der Königsherrschaft (*regni hereditas*) antreten. Wegen der Sünde Salomons nämlich entzog der Herr die Herrschaft des Hauses Israel den Händen seiner Söhne, und wegen der Gerechtigkeit König Davids verblieb das Licht seines Samens immer in Jerusalem.
> Siehe, wie viel die Gerechtigkeit des Königs für die Welt bedeutet, was dem aufmerksamen Betrachter deutlich sichtbar ist. Sie ist Frieden der Völker, Schutz des Vaterlandes, Befestigung der Armen, Bollwerk des Volks, Heilung der Entkräftung, Freude der Menschen, Milde der Luft, Ruhe des Meeres, Fruchtbarkeit der Erde, Trost der Armen, Erbe der Nachkommenschaft und für den König selbst die Hoffnung auf zukünftige Seligkeit. Doch muss dieser wissen, dass so wie er als Erster der Menschen auf den Thron erhoben wurde, er auch bei den Strafen den Vorrang haben wird, wenn er keine Gerechtigkeit walten ließ. In der Gegenwart nämlich hatte er alle und jeden einzelnen Sünder unter sich, bei jener zukünftigen Strafe wird er sie als Maß der Strafe über sich haben.

### 4.4.2 Der Herrschaftsantritt Friedrich I.

Bischof Otto von Freising, ein Onkel König Friedrichs I., schildert in seinen *Gesta Friderici I. imperatoris*, die er 1157/58 für diesen verfasste, ein Ereignis bei dessen Königskrönung in Aachen 1152 (l. II, c. 3, S. 104 f.):

> Ich glaube auch nicht übergehen zu dürfen, dass als ihm nach Beendigung des Sakraments der Salbung die Krone aufgesetzt wurde, sich ihm einer seiner Dienstmannen, der bisher wegen einiger schwerwiegender Vergehen von seiner Gnade abgesondert gewesen war, in der Mitte der Kirche zu Füßen warf, in der Hoffnung, wegen der heiteren Stimmung dieses Tages seinen Geist erweichen und von der Härte der Gerechtigkeit (*rigor iusticiae*) abbringen zu können. Dieser aber hielt seinen Geist in der früheren Strenge (*severitas*), und so fest wie er blieb gab er uns allen keinen geringen Beweis seiner Beständigkeit, indem er erklärte, jener sei nicht aus Hass, sondern um der Gerechtigkeit willen (*non ex odio, sed iusticiae intuitu*) von seiner Gnade ausgeschlossen worden. Und dies geschah auch nicht ohne Bewunderung (*admiratio*) der meisten, dass ein so großer Ruhm einen jungen Mann, gleichsam mit dem Geist eines reifen Mannes bekleidet, nicht von

der Tugend der Strenge (*rigoris virtus*) zum Laster der Vergebung (*remissionis vicium*) abwenden konnte. Was weiter? Nicht die Fürsprache der Fürsten, nicht die Liebkosung des lächelnden Glücks, nicht die bevorstehende Freude der so großen Festlichkeit konnten jenem Unglückseligen beistehen. Von dem Unerbittlichen nicht erhört ging er fort.

### 4.4.3 Fragen und Anregungen

- Identifizieren Sie die Vorstellungen eines idealen Herrschers im Traktat *De duodecim abusivis saeculi*, die sich auch in anderen Quellen wiederfinden. Erarbeiten Sie die Schwerpunktsetzungen und Besonderheiten des Traktats.    Zu 4.4.1
- Erläutern Sie, welche Folgen das königliche (Fehl-)Verhalten nach sich zieht und grenzen Sie diese Ansicht von späteren Fürstenspiegeln ab.
- Erläutern Sie, welches Herrscherideal durch die bei Otto von Freising geschilderte Episode vermittelt werden soll und wie dies geschieht.    Zu 4.4.2
- Ordnen Sie das Ergebnis in die allgemeine Entwicklung des Herrscherideals ein, indem Sie insbesondere auf die ähnliche Episode bei Wipo eingehen.
- Diskutieren Sie Ihre Deutung der Quellenstelle anhand der Interpretation von Heinz Krieg (Krieg 2003, S. 207): „Dabei stellt sich die Frage, ob Otto gegenüber den Gesta Chuonradi in erster Linie ein neues Herrscherideal propagieren wollte oder inwiefern seine Darstellung als Widerspiegelung eines realen Ereignisses oder eines bestimmten herrscherlichen Verhaltens zu verstehen ist. Die erwähnte *admiratio* unter der Mehrzahl der Anwesenden und noch deutlicher die rechtfertigende Erklärung, mit der Otto den Herrscher selbst sein Handeln kommentieren läßt, weisen m. E. darauf hin, daß Ottos Darstellung eher als Reaktion auf ein Verhalten Barbarossas zu deuten ist, das tatsächlich als außergewöhnlich unbarmherzig wahrgenommen, daher auch als erklärungsbedürftig angesehen wurde und möglicherweise auch Kritik hervorrief."

### 4.4.4 Lektüreempfehlungen

Quellen	Fürstenspiegel des frühen und hohen Mittelalters, hg. von Hans-Hubert Anton (Ausgewählte Quellen zur deutschen Geschichte des Mittelalters 45), Darmstadt 2006 (*Auswahl zentraler Texte samt Kommentar und Übersetzung*).

Literatur	Anton, Hans Hubert, Fürstenspiegel und Herrscherethos in der Karolingerzeit (Bonner historische Forschungen 32), Bonn 1968 (*Grundlegendes Werk, das die von Wilhelm Berges ausgesparte Zeit in den Blick nimmt*).
Bejczy, István/Nederman, Cary J. (Hg.), Princely Virtues in the Middle Ages, 1200–1500 (Disputatio 9), Turnhout 2007 (*Die Beiträge dieses Sammelbandes zeigen anhand bekannterer und unbekannterer Fallbeispiele die Vielschichtigkeit der spätmittelalterlichen Fürstenspiegel auf, deren Erforschung keineswegs abgeschlossen ist*).
Berges, Wilhelm, Die Fürstenspiegel des hohen und späten Mittelalters (Schriften der Monumenta Germaniae Historica 2), Leipzig 1938 (*Lange Zeit das Standardwerk zum Thema, das auch heute noch konsultiert werden kann*).
Kosuch, Andreas, Abbild und Stellvertreter Gottes. Der König in herrschaftstheoretischen Schriften des späten Mittelalters (Passauer historische Forschungen 17), Köln/Weimar/Wien 2011 (*Behandelt entgegen des Titels auch die früh- und hochmittelalterlichen Anschauungen*).
Koziol, Geoffrey, Leadership. Why we have mirrors for princes but none for presidents, in: Why the Middle Ages Matter: Medieval Light on Modern Injustice, hg. von Celia Chazelle et al., London/New York 2012, S. 183–198 (*Prägnanter Überblick mit einem Schwerpunkt auf der Karolingerzeit, verbunden mit Überlegungen zur Relevanz für die Gegenwart*).
Struve, Tilman, Die Entwicklung der organologischen Staatsauffassung im Mittelalter (Monographien zur Geschichte des Mittelalters 16), Stuttgart 1978 (*Umfassende Behandlung eines für die politische Theorie prägenden Konzepts. Der Fokus liegt auf Traktaten und Fürstenspiegeln, die Rechtslehre wird weitgehend ausgeklammert*).
Suchan, Monika, Gerechtigkeit in christlicher Verantwortung. Neue Blicke in die Fürstenspiegel des Frühmittelalters, in: Francia. Forschungen zur westeuropäischen Geschichte 41, 2014, S. 1–23 (*Aktueller Überblick über Quellen und Forschungen zur Karolingerzeit*).

# 5 Herrschaft als Aushandlungsprozess

Im Jahr 1130 plagten den englischen König Heinrich I. eines Nachts mehrere Alpträume, von denen der Chronist Johann von Worcester berichtet. In ihnen treten die Untertanen dem König nicht als einheitliche Gruppe, sondern gemäß der üblichen Dreigliederung der Gesellschaft als Stände gegenüber: Arbeitende (*laboratores/agricultores*), Kämpfende (*pugnatores/bellatores*) und Betende (*oratores*) richten jeweils für sich ihre Beschwerden und Forderungen an den Herrscher. Schließlich wendet sich die Natur selbst gegen Heinrich: Während eines Sturms auf hoher See legt er daher in Todesangst den Eid ab, eine bestimmte Steuer (das *Danegeld*) abzuschaffen, zum Grab des heiligen Königs Edmund zu pilgern und dem Recht wieder Geltung zu verschaffen. Die Darstellung weist damit eine klare Steigerung auf: Erst niedere Bauern und Ritter, dann der Klerus und schließlich die Elemente und damit Gott selbst bedrohen den König. Letztlich bringt erst die nackte Angst um das eigene Leben den Herrscher dazu, auf die Klagen einzugehen. Dies spiegelt die Schwierigkeiten wider, den von Gott eingesetzten König mit weltlichen Mitteln zur Befolgung des Herrscherideals einer gerechten Regierung (Kapitel 4) anzuhalten.

<small>Der Traum Heinrichs I. von England</small>

Ein König, der aufgrund der Bürde seines Amtes keinen Schlaf finden kann, tritt auch viereinhalb Jahrhunderte später in Shakespeares *Henry IV* auf: „Uneasy lies the head that wears a crown" (2. Teil, 3. Aufzug, 1. Szene). Angesichts der hohen Erwartungen, die an einen König gestellt wurden, ist es nicht verwunderlich, dass in der politischen Praxis oft Kritik am Herrscher geäußert wurde, die im Extremfall bis zu dessen Absetzung oder sogar Ermordung gehen konnte. Die Durchführung wie die Rechtfertigung eines solchen Vorgehens waren jedoch problematisch. Daher versuchte man zunächst anderweitig, den König zu einer gerechten Regierung im Sinne des Herrscherideals zu verpflichten oder ihn bei Fehlverhalten zur Umkehr zu bewegen: Zu Beginn der Herrschaft durch einen Krönungseid, in Folge von immer wieder ausbrechenden Konflikten durch Zugeständnisse, die die Form eines Herrschaftsvertrags annehmen konnten. Die entscheidende Rolle hierbei kam dem hohen Adel und Klerus zu, wie beispielsweise in der Goldenen Bulle des ungarischen Königs Andreas II. (1222). Den zahlreichen konkreten Bestimmungen sind hier allgemeine Ausführungen über die Rolle des Adels vorangestellt. Diesem räumt der König

<small>Herrschaftsideal in der Praxis</small>

abschließend im Falle seines Zuwiderhandelns sogar explizit ein Widerstandsrecht ein (Decreta Regni Mediaevalis Hungariae, Bd. 1, S. 34–37, hier S. 34 und 37).

*Die Goldene Bulle Andreas' II. von Ungarn*

Da die vom heiligen König Stephan eingerichtete Freiheit der Adeligen unseres Königreichs und anderer Leute durch die Macht (*potentia*) einiger Könige, die bald aus persönlichem Zorn Rache nahmen, bald auf falschen Rat ungerechter Menschen hörten oder nach eigenem Reichtum trachteten, in vielen Aspekten geschmälert war, haben diese unsere Adeligen oft unsere Hoheit (*serenitas nostra*) und die unserer königlichen Vorgänger mit ihren Bitten und mit großer Beharrlichkeit bezüglich der Reform unseres Königreichs (*reformatio regni nostri*) bedrängt.

Wir wollen daher ihr Verlangen in allem zufrieden stellen (*satisfacere*), wie wir es schuldig sind, besonders weil es aus diesem Anlass schon oft zwischen uns und ihnen zu nicht geringen Erbitterungen gekommen ist, was vermieden werden sollte, damit die königliche Ehre vollkommener bewahrt werde, was nämlich durch niemand anderen besser geschehen kann als durch sie. Daher gewähren wir ihnen und allen andern Leuten unseres Reiches die vom heiligen König gewährte Freiheit, und wir ordnen zuträglich auf folgende Weise an, was außerdem zur Wiederherstellung des Zustands unseres Königreichs (*ad statum regni nostri reformandum*) gehört: [...]

Wir beschließen außerdem, dass, falls wir oder irgendeiner unserer Nachfolger jemals dieser Anordnung zuwiderhandeln wollte, sollen sowohl die Bischöfe als auch die andern Barone und Adeligen unseres Königreichs (*tam episcopi quam alii iobagiones ac nobiles regni nostri*), gemeinsam und einzeln, gegenwärtige wie zukünftige, durch diese Urkunde auf ewig das freie Recht haben, sich uns und unseren Nachfolgern ohne Schuld der Untreue (*sine nota infidelitatis*) zu widersetzen und zu widersprechen (*libera facultas resistendi et contradicendi*).

## 5.1 Krönungseid

Schon die karolingischen Könige leisteten bei ihrer Weihe das Versprechen, die Rechte der Bischöfe und ihrer Kirchen zu wahren. Diese *promissio regis* war noch kein Eid, wohl aber die öffentlich abgegebene Erklärung zukünftigen Verhaltens. Im Laufe des 10. Jahrhunderts nahm sie die Form mehrerer Fragen an, die der König mit *Volo* („Ich will") zu beantworten hatte. Er versprach dadurch, dem rechten Glauben zu folgen, ein Beschützer der Kirchen zu sein und das ihm von Gott übertragene Reich nach der Gerechtigkeit seiner Väter zu regieren. Im 11. Jahrhundert trat sowohl in Frankreich als auch im römisch-deutschen Reich ein eigenständiges Gelübde des

*Wandel im Früh- und Hochmittelalter*

Königs hinzu, das weiterhin den Schutz der Kirchen betonte, nun aber auch die Rechte des Volks (*populus*) miteinschloss. In England hatten bereits die angelsächsischen Könige des 10. Jahrhunderts versprochen, der Kirche und dem Volk den Frieden zu bewahren, Raub und Unrecht zu verhindern und in allen Urteilen Gerechtigkeit und Barmherzigkeit (*equitas et misericordia*) walten zu lassen.

Diese allgemeinen Grundsätze waren in so gut wie allen Königreichen Bestandteil der Königserhebung, zumal es zu zahlreichen Übernahmen und Entlehnungen kam. Die Vorgaben fielen deutlich kürzer und unpräziser aus als die in den Fürstenspiegeln niedergelegten Pflichten (Kapitel 4.3). In ihrer prägnanten Form und prominenten Stellung innerhalb der Herrscherweihe stellen sie jedoch ein Kondensat der Anforderungen an einen neuen König dar.

Eine Erweiterung dieser Versprechen und Eide konnte in begrenztem Umfang innerhalb des Rituals geschehen. So wurde beispielsweise im 13. Jahrhundert in Frankreich die Pflicht zur Ketzerbekämpfung oder im spätmittelalterlichen römisch-deutschen Reich die Wiedergewinnung des Reichsguts, der Schutz von Armen, Witwen und Waisen sowie die Ehrerbietung gegenüber dem Papst hinzugefügt. In England erfuhr der Eid anlässlich der Krönung Edwards II. 1308 eine formale wie inhaltliche Umgestaltung, die wiederum bis zum 17. Jahrhunderts fast unverändert fortbestand. Der König wurde nun nicht nur zur Wahrung der Gesetze und Gewohnheiten seiner königlichen Vorgänger verpflichtet, sondern auch zur Befolgung der künftig vom Volk (*vulgus*; *la communaute de vostre roialme*) erlassenen Gesetze (zum Verhältnis von lateinischer und volkssprachlicher Fassung vgl. Richardson/Sayles 1935, S. 139–145). Umfassendere Präzisierungen und Ergänzungen erfolgten in den verschiedenen Königreichen situativ durch separate Eide oder Wahlversprechen. Diese erlangten gerade bei umstrittenen Herrscherwechseln besondere Relevanz, wie etwa die *Coronation Charta* Heinrichs I. von England (1100), der Pariser Vertrag Alfons' III. von Portugal (1245) oder der Eid Theobalds II. von Navarra (1253).

Wandel im späteren Mittelalter

Ein wichtiger Bestandteil der königlichen Eide wurde in zahlreichen europäischen Reichen vom 13. Jahrhundert an die Unveräußerlichkeit der königlichen Rechte und Besitzungen (Alienationsverbot): Bereits seit längerem präsente Vorstellungen fanden nun auch Eingang in das Ritual der Herrschererhebung. Das Unveräußerlichkeitsprinzip stellte dem Wirken des einzelnen Amtsinhabers

Alienationsverbot

die Dauerhaftigkeit der überpersönlichen Institution gegenüber und verpflichtete ihn zum Schutz des durch die Krone symbolisierten Reichs (*corona regni*). Das Alienationsverbot konnte eine Einschränkung der Königsherrschaft bedeuten, oft diente es jedoch gerade dem Gegenteil: Mit der Wahrung und Ausweitung der Reichsrechte (*iura regni*) ließen sich kirchliche und adelige Ansprüche abwehren, Kriege rechtfertigen und die Ausweitung der königlichen Macht im Inneren begründen. Zwar verschwand in manchen Reichen das Alienationsverbot wieder aus dem Krönungsritual, das Prinzip prägte aber weiterhin die politischen Auseinandersetzungen.

## 5.2 Herrschaftsvertrag

Das 13. Jahrhundert als Jahrhundert der Herrschaftsverträge

Die Verpflichtungen des Königs beim Herrschaftsantritt konnten spätere Konflikte meist nicht völlig verhindern, so dass eine genauere Bestimmung des Verhältnisses zwischen Herrscher und Untertanen nötig wurde. Dies war besonders im 13. Jahrhundert der Fall, als in zahlreichen Königreichen Herrschaftsverträge geschlossen wurden, von denen manche die politische Ordnung der folgenden Jahrhunderte nachdrücklich prägten: Die Cortes von León (1188), die Magna Carta (libertatum) in England (1215), die Goldene Bulle in Ungarn (1222), die Fürstenprivilegien Friedrichs II. im Reich (1220, 1232), die Wahlkapitulation König Erichs V. in Dänemark (1282) und das Freiheits- bzw. Unionsprivileg in Aragón (1283, 1287).

England und Ungarn im Vergleich: Magna Carta (1215) und Goldene Bulle (1222)

Trotz der zeitlichen Nähe mancher Dokumente lassen sich keine direkten Einflüsse feststellen, vielmehr handelt es sich um individuelle Antworten auf spezifische Konflikte. Gewisse Gemeinsamkeiten sind dennoch unverkennbar, wie der Vergleich von England und Ungarn im Hinblick auf Inhalt, Entstehung, Überlieferung und Nachwirkung zeigt.

Gemeinsamkeiten ...

Der Ausgleich zwischen König und Untertanen geschah in beiden Reichen durch ein königliches Privileg. Die Auseinandersetzungen, die zu seiner Entstehung geführt hatten, wurden dabei nicht verschwiegen, was den faktischen Vertragscharakter offenbart. Die Unzufriedenheit mit dem Herrscher entstand aus ähnlichen Gründen: in England durch die auswärtigen Kriege König Johanns und die damit verbundenen finanziellen Belastungen, in Ungarn durch die verstärkte Vergabe königlichen Landbesitzes als

Grundlage und Belohnung für das kriegerische Engagement des Adels sowie die Intensivierung der Besteuerung. In beiden Privilegien ging es daher um den Schutz der Rechte der Untergebenen, beispielsweise bei Steuern und Abgaben, Heerdienst, Besitz und Strafverfolgung.

Die betroffenen Gruppen unterschieden sich jedoch stark: Die Magna Carta beginnt mit dem allgemeinen Schutz der kirchlichen Rechte und Freiheiten, um dann „allen freien Menschen" des Königreichs (*omnes liberi homines*) die nachfolgenden Freiheiten zu gewähren. Die Einzelartikel betrafen vor allem den hohen Adel, jedoch auch Kaufleute sowie die Bevölkerung insgesamt. In der Goldenen Bulle wurden hingegen vornehmlich die Rechte der sogenannten „Diener des Königs" (*servientes regis*) und „Burgministerialen" (*iobagiones castri*) gesichert, also jener Gruppe unterhalb des hohen Adels, die von der Politik des Königs besonders betroffen gewesen war. Dementsprechend ist die Goldene Bulle deutlich kürzer als die Magna Carta (etwa 1000 gegenüber 3500 Wörter), deren detaillierten rechtlichen und finanziellen Bestimmungen die ausgeprägte Struktur der englischen Verwaltung widerspiegeln. Beide Dokumente unterscheiden sich auch in den Vorkehrungen, die für ihre Einhaltung getroffen wurden: Der allgemeinen Erklärung der Goldenen Bulle steht in der Magna Carta eine Kontrollkommission aus 25 Vertretern der englischen Barone gegenüber, die – zusammen mit der „Gemeinschaft des ganzen Landes" (*cum communia tocius terre*; c. 61, S. 37) – bei Zuwiderhandeln sogar die Besitzungen des Königs beschlagnahmen durfte.

... und Unterschiede

Dieser Unterschied mag auch auf die jeweilige Stellung der beiden Dokumente im Konflikt zwischen König und Untertanen zurückgehen, was die Frage nach der konkreten Entstehung und der beabsichtigen Verwendung aufwirft. Es ist wahrscheinlich, dass die englischen Barone bei ihrem Zusammentreffen mit dem englischen König nicht das fertige Dokument ausgehändigt bekamen, sondern entsprechende Zusagen und Garantien erhielten, die kurz darauf in Textform gegossen wurden (vgl. Kaufhold 2008, S. 69–87). Die weitreichende Sicherheitsklausel erwuchs aus dieser offenen und von Misstrauen geprägten Situation und geht auf den Druck der aufständischen Barone zurück.

Zweck der Herrschaftsverträge

Im Gegensatz dazu ist bei der Goldenen Bulle auffällig, dass die zu Beginn und am Ende der Urkunde hervortretende Gruppe des hohen Adels und der Geistlichkeit nicht mit den *servientes regis* identisch ist, denen die im eigentlichen Rechtsteil der Urkunde gemachten Zusagen zugutekommen. Man hat dies mit dem Mitwirken einer „konservativen adeligen Gruppe in der Umgebung des Königs" zu erklären versucht (Deér 1952, S. 134). Denkbar ist jedoch auch, dass es sich bei der Urkunde um die eingereichten Forderungen der *servientes regis* handelte, die anschließend in der königlichen Kanzlei überarbeitet und um Einleitung (Protokoll), Narratio und Schluss (Eschatokoll) ergänzt wurden. Die Widerstandsklausel am Ende des Textes wäre dann nicht Ausweis der besonderen Kontrolle des Königs, sondern der Versuch, die ansonsten übliche Androhung der Exkommunikation durch einen unverfänglicheren Passus zu ersetzen. Dieser markierte keine Aufforderungen zu Aufstand und Untreue, sondern sicherte den Adeligen gerade zu, dass sie auch bei Widerspruch noch ihre dem König schuldige Treue wahrten (Rady 2014).

Überlieferung

Ausgehend von diesen Überlegungen kann mittels der Überlieferung der beiden Dokumente nach ihrer Wirkung gefragt werden. Die Goldene Bulle sollte laut Ausweis des Eschatokolls in siebenfacher Ausfertigung und mit einem Goldsiegel versehen an verschiedene Empfänger zur Verwahrung ausgehändigt werden (Papst, Johanniter, Templer, König, Kapitel von Esztergom und Kalocsa, Palatin). Allerdings ist keine dieser Ausfertigungen erhalten, und auch in den päpstlichen Registern oder anderen zeitgenössischen Quellen finden sich keine Spuren, so dass sich der Text allein aus späteren Kopien (1318, 1351) erschließt. Die Magna Carta ist in ihrer ursprünglichen Fassung heute in vier Exemplaren erhalten. Direkt nach den Ereignissen waren zunächst 13 Abschriften angefertigt worden, von denen zehn an den federführenden Erzbischof von Canterbury, Stephen Langton, und drei an weitere Bischöfe gingen. Ein besonderes Interesse der rebellierenden Barone am genauen Wortlaut des Textes ist folglich nicht erkennbar, die Aufsicht hierüber wurde der Geistlichkeit überlassen.

Wirkung: Unmittelbar ...

So wichtig beide Dokumente für die weitere Entwicklung im jeweiligen Königreich waren, so begrenzt war offenbar ihre unmittelbare Wirkung. Diese bestand eher in einem grundsätzlichen Einverständnis des Königs zum Dialog, dessen erfolgreicher Ausgang jedoch von beiden Seiten kritisch gesehen wurde. Und zwar nicht zu Unrecht: König Johann ließ die Magna Carta sogleich von Papst Innozenz III. für nichtig erklärten, worauf die Barone den Kampf wieder aufnahmen und dem französischen Königssohn

Ludwig (VIII.) die Krone anboten. Andreas II. von Ungarn setzte sich ebenfalls immer wieder über seine Zugeständnisse hinweg, wenn auch weniger direkt und grundsätzlich. Dies brachte ihn erneut in Konflikt mit Adel und Geistlichkeit, so dass er die Goldene Bulle 1231 in modifizierter Form erneuern musste. In England bestätigte Johanns Sohn und Nachfolger Heinrich III. in den Jahren 1216, 1217 und – nach seiner Volljährigkeit – 1225 die Versprechungen seines verstorbenen Vaters. Dieser deutlich kürzeren Fassung fehlte unter anderem der Widerstandsartikel, der – wie 1231 in Ungarn – durch die Androhung der Exkommunikation ersetzt wurde.

Mit der Bestätigung von 1225 hatte die Magna Carta ihre definitive Ausgestaltung erhalten, die in den folgenden Jahrzehnten und Jahrhunderten immer wieder bestätigt und erneuert wurde. Nach einem Bedeutungsrückgang im 16. erfuhr sie im 17. Jahrhundert im Zuge der verschärften Konflikte zwischen König und Untertanen erneut besonderes Interesse, und noch auf die Verfassung der USA (1787) übte sie einen wichtigen Einfluss aus. In Ungarn erfolgten die Bestätigungen der Goldenen Bulle bis zum Ende des 13. Jahrhunderts in abgewandelter Form, jedoch unter inhaltlicher Bezugnahme auf die ursprüngliche Urkunde von 1222. Im Jahr 1318 wurde König Karl Robert eine Kopie des ursprünglichen Textes präsentiert, doch erst sein Sohn Ludwig bestätigte sie 1351. Bis in die Neuzeit hinein wurde die Goldene Bulle von den neugekrönten Königen bekräftigt und in politischen Auseinandersetzungen herangezogen, wobei die Widerstandsklausel 1687 endgültig außer Kraft gesetzt wurde. Wie in England wandelte sich in Ungarn die Goldene Bulle im Laufe der Jahrhunderte von einem umkämpften Teil des Rechtslebens zu einem abstrakten Symbol der Freiheitsrechte. Im Zuge der rezeptionsgeschichtlichen demokratischen Vereinnahmung wurde gerade die Magna Carta oft überhöht und ihr eine von Beginn an auf die gesamte Bevölkerung gerichtete Stoßrichtung attestiert, wo doch die Rechte des Adels im Zentrum standen.

*... und langfristig*

## 5.3 Entmachtung

Es gab viele Wege einen König zu entmachten. Der Extremfall war die Ermordung, wie bei Dagobert II. 679 oder Wenzel III. von Böhmen 1306. Auch in der Schlacht gegen ihren Konkurrenten fanden manche Könige den Tod (wie Manfred von Sizilien 1266

*Wege zur Entmachtung*

oder der römisch-deutsche König Adolf 1298), andere wurden von ihren adeligen Unterstützern verlassen (Karl II. 854, 858 und 877; Karl III. 887) oder von äußeren Gegnern zur Abdankung gezwungen (John Balliol von Schottland 1296).

**Absetzungen**

Besondere Aufmerksamkeit wandte die Forschung stets den zahlreichen Absetzungen zu[1], die über das gesamte Mittelalter in ganz Europa immer wieder vorkamen, wie Childerich III. 751, Ludwig der Fromme 830/833, Heinrich IV. 1076/1077/1105, Sancho II. von Portugal 1245, Friedrich II. 1245, Christoph II. von Dänemark 1326, Magnus Eriksson von Schweden 1364, Richard II. von England 1399, Wenzel 1400, Heinrich IV. von Kastilien 1465. Die gegen den Herrscher erhobenen Vorwürfe wiesen naturgemäß eine große Bandbreite auf, die sich aus dem jeweiligen historischen Kontext ergaben. Die entscheidenden Elemente stellten dabei die Unfähigkeit erfolgreichen Regierens und die Schädigung des Reichs (*rex inutilis*) sowie die Bedrückung von Kirche und Untertanen (*tyrannus*) dar. Die Außergewöhnlichkeit des Vorgangs führte in der Regel zu einer guten Überlieferung, die aus demselben Grund allerdings eines besonders sorgfältigen Umgangs bedarf.

**Vorgehensweise**

Ähnlich vielfältig wie die Gründe und Begründungen der Absetzung war die hierfür gewählte Vorgehensweise: Als „Verlaufsformen" lassen sich „Verlassung, Verurteilung, Anfechtung und Abkehr" unterscheiden (Schubert 2005, S. 21 f.). Die Übergänge zwischen einem förmlichen Verfahren der Absetzung oder der erzwungenen Abdankung einerseits und der Aufkündigung des Gehorsams andererseits waren im Einzelfall fließend, wobei gewaltsamer Widerstand und gegebenenfalls die Erhebung eines Gegenkönigs in beiden Fällen vorkamen. In groben Zügen können die sehr zahlreichen[2] und offen ausgetragenen Konflikte des frühen Mittelalters

---

[1] Lange Zeit herrschte hierbei eine nationale Perspektive vor, wurden die Absetzungen doch als zentrale Wegmarken der Verfassungsgeschichte gesehen. Daneben finden sich vergleichende Betrachtungen auf europäischer Ebene, die eher programmatischen als erschöpfenden Charakter haben und zumeist England und das römisch-deutsche Reich ins Zentrum stellten. Diesem komparatistischen Ansatz steht die Konzentration auf die rituelle Inszenierung der Vorgänge zur Seite, vgl. beispielsweise Rexroth 2004.

[2] Vgl. die umfassende Studie von Bund 1979, der in der Einleitung „von weit über 400 versuchten und vollendeten Thronstürzen" spricht, wie eine „erste Zusammenstellung des Quellenmaterials" ergeben habe (S. 7). Diese Angabe

den formalen Absetzungen des Spätmittelalters gegenübergestellt werden, die im Zuge einer zunehmenden Verrechtlichung von Herrschaft nun die Regel bildeten.

In den unterschiedlichen Verfahren spiegelt sich auch ein Wandel von Königsherrschaft und deren Verortung wider: Kaiser Ludwig der Fromme musste sich 833 einer öffentlichen Kirchenbuße unter Leitung der Bischöfe unterziehen, Thronverzicht und Absetzungsurteil des englischen Königs Richard II. wurden 1399 vor einer parlamentsähnlichen Versammlung bekannt gemacht. Beide Absetzungen waren der Abschluss eines staatsstreichartigen Herrscherwechsels, da sich die Könige bereits in der Gewalt ihrer Gegner befanden. In anderen Fällen stellte die Absetzung eher den Auftakt der beabsichtigten Entmachtung dar, die entweder wie beim Schlachtentod König Adolfs (1298) bald abgeschlossen wurde oder auch jahrelang unvollendet blieb, wie bei dem im Jahr 1400 abgesetzten Wenzel, dessen Nachfolger Ruprecht ihm die Herrschaft nur teilweise entreißen konnte.

## 5.4 Quellen und Vertiefung

### 5.4.1 Christoph II. von Dänemark (1326)

In einer Urkunde vom 16. August 1326 bestätigte der dänische Reichsrat die Belehnung des Grafen von Holstein mit Jütland durch König Waldemar III., die als Belohnung für die Unterstützung gegen dessen abgesetzten Vorgänger Christoph II. erfolgt war. Einleitend wird dabei auch auf Christophs Vergehen Bezug genommen (Diplomatarium Danicum, Band 2,9: 1323–1327, Nr. 303, S. 266–268, hier S. 267; ebenso Nr. 304, S. 268–271, hier 269 f.):

> *Cristoforus Danorum quondam rex proprie sue salutis inmemor contra iuramentum suum pro legibus et iuribus regni Datie conservandis prestitum veniens, in profundum malum descendens, adeo, ut non regni nobiles solum, verum etiam personas humiles et miserabiles utriusque sexus exactionibus, angariis, perangariis, ceterisque variis et innumeris castigationibus afflige-*

---

dürfte sich auf das gesamte Mittelalter beziehen, in der Arbeit selbst werden für die Zeit bis zum 10. Jahrhundert etwa 300 Fälle behandelt.

> *ret, et quod magis horrendum est, ecclesias et ecclesiasticas personas suis redditibus spoliaret.*

Christoph, einstmals König der Dänen, der sein Heil vergessend gegen seinen geleisteten Eid, die Gesetze und Rechte des Reichs Dänemark zu bewahren, handelte und in das tiefe Übel hinabstieg, so sehr dass er nicht nur die Adeligen des Reichs, sondern sogar die niederen und beklagenswerten Personen beiderlei Geschlechts durch Eintreibungen, Zwangsdienste sowie weitere mannigfache und unzählige Züchtigungen hinabstürzte, und, was noch entsetzlicher ist, die Kirchen und kirchlichen Personen ihrer Einkünfte beraubte.

### 5.4.2 Richard II. von England (1399)

Adam Usk war im Gefolge des Erzbischofs von Canterbury Augenzeuge der Absetzung Richards II., die er in seiner um 1401 begonnenen Chronik beschreibt (The Chronicle of Adam Usk 1377–1421, S. 62):

> *Item, per sertos [sic] doctores, episcopos et alios, quorum presencium notator unus extiterat, deponendi regem Ricardum et Henricum Lancastrie ducem subrogandi in regem materia, et qualiter et ex quibus causis iuridice committebatur disputanda. Per quos determinatum fuit quod periuria, sacrilegia, sodomidica, subditorum exinnanitio, populi in servitutem redactio, vecordia, et ad regendum inutilitas, quibus rex Ricardus notorie fuit infectus, per capitulum ‚Ad apostolice', extractus ‚De re iudicata' in Sexto³, cum ibi notatis, deponendi Ricardum cause fuerant sufficientes. Et licet cedere paratus fuerat, tamen ob causas premissas ipsum fore deponendum cleri et populi autoritate, ob quam causam tunc vocabantur, pro maiori securritate fuit determinatum.*

Die Angelegenheit der Absetzung König Richards und der Königserhebung Herzog Heinrichs von Lancaster an seiner Stelle sollte hinsichtlich des Ablaufs und der Gründe von gewissen Doktoren, Bischöfen und anderen, von denen einer dieser Schreiber hier war, rechtlich erörtert werden. Sie beschlossen, dass die Meineide, Sakrilegien, widernatürliche Praktiken, Enteignung der Untergebenen, Erniedrigung des Volks in Knechtschaft, Wahnsinn und Regierungsunfähigkeit, mit denen König Richard offenkundig infiziert war, ausreichende Gründe für die Absetzung Richards

---

3 Der Liber Sextus war eine von Papst Bonifaz VIII. 1298 promulgierte Kirchenrechtssammlung. Bei der angeführten Stelle (l. II, tit. XIV, c. 2) handelt es sich um die Dekretale zur Absetzung Friedrichs II. aus dem Jahr 1245.

waren, gemäß den Ausführungen im Kapitel ‚Ad apostolicae [dignitatis]' unter dem Titel ‚De [sententiis et] re iudicata' im Liber Sextus. Und obwohl er bereit war abzutreten, wurde dennoch beschlossen, dass er zur größeren Sicherheit aufgrund der vorgenannten Gründe durch die Autorität des Klerus und des Volks abgesetzt werden sollte, welche deswegen dann zusammengerufen wurden.

### 5.4.3 Wenzel (1400)

Begründung der Absetzung in der offiziellen Verkündigung des Urteils durch die vier rheinischen Kurfürsten (20. August 1400) (RTA 3, Nr. 204, S. 254–260, Auszüge, hier S. 255 f.):

*[1] nemelich daz er der heiligen kirchen ny zu fridden gehulffen hait, daz der cristenheit eyne große notdurfft gewesen und noch were, daz yme als eynem voygde und schirmer der kirchen zubehorte, und vor yn dicke und vil darumbe gebeden ermanet und ersucht han;*
*[2] so hait er auch daz heilige Romische rich swerlich und schedelichen entgledet und entgleden laßen, nemelich Meylan und daz land in Lamparten, daz deme heiligen riche zugehoret und daz riche großen nucz und urber davon gehabt hait [...];*
*[3] er hait auch vil stede und lande in Dutschen und Welschen landen deme riche zugehorende, und der ein teyl vorfallen sint deme heiligen riche, ubergeben und der nit geachtet noch an deme heiligen riche behalden;*
*[4] so hait er auch umbe geldes willen dicke und vil syne frunde gesand mit ungeschriben brieven, dy man nennet membranen, dy doch mit syner majestat ingesigel besigelt waren, und mochten die frunde, oder den die menbranen wurden, under dem koniglichen sigel schriben waz sy wolden, davon eyne große sorge ist daz das heilige riche an synen wirden und nůczen schedelichen beraubet und entgledet sy wurden;*
*[5] so hait er auch ny keyne achte gehabt aller der mishel und kriege, dy leider manche czijt in Dutschen und in andern landen des heiligen richs swerlich und vorterplich gewesen und noch werende sint, deshalben groß raub brant und mort ufferstanden sint und tegelichen schedelicher ufferstehen [...];*
*[6] er hait auch, das erschreglich und ummenslich ludet, mit syns selbes hand und auch ubermicz ander ubelteder die er by yme hait erwirdige und bidderbe prelaten paffen und geistliche lude und auch vil andere erbar lude ermordet erdrenket verbrand mit fackelen und sy jemerlichen und unmenßlichen widder recht getodet, daz eyme Romischen konige unczemelichen stehet und ludet.*

### 5.4.4 Fragen und Anregungen

- Identifizieren Sie die Schlagworte, mit denen die Absetzung begründet wird und vergleichen Sie die in den Quellen verwendeten Begriffe.
- Erläutern Sie die jeweilige Argumentationsstruktur der Anschuldigungen, insbesondere im Hinblick auf die Grenzen königlicher Herrschaft. Setzen Sie dies mit den mittelalterlichen Krönungseiden und Herrschaftsverträgen in Beziehung.
- Beschreiben Sie, welche Gemeinsamkeiten und Unterschiede die Vorwürfe aufweisen, die den abgesetzten Königen zur Last gelegt werden. Überlegen Sie, welche quellenkritischen Fragen bezüglich der jeweiligen Überlieferungssituation zu stellen sind.

### 5.4.5 Lektüreempfehlungen

Quellen — Herrschaftsverträge des Spätmittelalters. Die Goldene Bulle Andreas' II. von Ungarn 1222. Die aragonischen Privilegien von 1283 und 1287. Die Joyeuse Entrée von Brabant 1356. Der Vergleich des Markgrafen Albrecht von Brandenburg 1472. Der Tübinger Vertrag von 1514, hg. von Werner Näf (Quellen zur neueren Geschichte 17), 2. Aufl. Bern/Frankfurt am Main 1975 (*In Original und Übersetzung*).

Literatur — David, Marcel, Le serment du sacre du IXe au XVe siècle. Contribution à l'étude des limites juridiques de la souveraineté, in: Revue du moyen âge latin 6, 1950, S. 5–272 (*Umfassender Überblick zur Entwicklung des Krönungseids, für das spätere Mittelalter mit dem Fokus auf Frankreich, England und dem römisch-deutschen Reich*).

Hoffmann, Hartmut, Die Unveräußerlichkeit der Kronrechte im Mittelalter, in: Deutsches Archiv für Erforschung des Mittelalters 20, 1964, S. 389–474 (*Materialreiche Darstellung, die das hoch- und spätmittelalterliche römisch-deutsche Reich in den westeuropäischen Vergleichsrahmen einordnet*).

Kern, Fritz, Gottesgnadentum und Widerstandsrecht im früheren Mittelalter. Zur Entwicklungsgeschichte der Monarchie, 2. Aufl. Darmstadt 1954 (*Einflussreiches verfassungs- und geistesgeschichtliches Werk von 1914, dessen Betonung der germanischen Wurzeln heute kritisch gesehen wird; vgl. Bund 1979, S. 87–91*).

Kintzinger, Martin/Rogge, Jörg (Hg.), Königliche Gewalt – Gewalt gegen Könige. Macht und Mord im spätmittelalterlichen Europa (Zeitschrift für historische Forschung. Beiheft 33), Berlin 2004 (*Fünf Beiträge zur Gewalt als politisches Mittel in den west- und mitteleuropäischen Königreichen*).

Schubert, Ernst, Königsabsetzung im deutschen Mittelalter. Eine Studie zum Werden der Reichsverfassung (Abhandlungen der Akademie der Wissenschaften zu Göttingen. Philologisch-Historische Klasse. Dritte Folge 267), Göttingen 2005 (*Umfassende, in Einzelheiten diskutable Studie von den Saliern bis zur Frühen Neuzeit, die von der These geleitet wird: „Nicht die Feder, sondern das Schwert [entschied] über Königsabsetzungen und damit über das Werden von Verfassung."; S. 51*).

Spencer, Andrew M., The Coronation Oath in English Politics, 1272–1399, in: Political Society in Later Medieval England: A Festschrift for Christine Carpenter, hg. von Benjamin Thompson, Woodbridge 2015, S. 38–54 (*Instruktiver Überblick, der aufzeigt, dass der Eid sowohl vom König als auch von dessen Gegnern zur Rechtfertigung ihres Vorgehens herangezogen werden konnte*).

Ullmann, Walter, Schranken der Königsgewalt im Mittelalter, in: Historisches Jahrbuch 91, 1971, S. 1–21 (*Anregende Skizze, die sich den „inneren Schranken" der Herrschergewalt widmet, um aufzuzeigen, dass dem König trotz eines „theokratische Herrschaftsgedankens" zahlreiche Beschränkungen auferlegt waren*).

# 6 Mit- und Gegenspieler königlicher Herrschaft

**Abb. 7:** Grabplatte des Mainzer Erzbischofs Siegfried III. von Eppstein (Mitte 13. Jahrhundert)

Ein Riese mit Mitra und zwei Zwerge mit Kronen, so ließe sich mit wenigen Worten die Grabplatte des Mainzer Erzbischofs Siegfried III. von Eppstein (gest. 1249) beschreiben. Sie zeigt den Kirchenfürsten in seinen Pontifikalinsignien, wie er zwei mit Zepter und Schwert versehenen Königen, Heinrich Raspe (1246–1247) und Wilhelm von Holland (1247–1256), die Krone aufsetzt. Die Zuordnung erfolgte mittels Namenskürzeln. Aus Sicht des Betrachters befindet sich links Heinrich Raspe und rechts Wilhelm. Aus Sicht der Dargestellten ist es umgekehrt, man spricht hier zur eindeutigen Kennzeichnung von „heraldisch links" und „heraldisch rechts".

*Der Mainzer Erzbischof als Königsmacher*

Im Leben dieser drei Personen finden sich die entscheidenden Mit- und Gegenspieler königlicher Herrschaft gebündelt. Siegfried von Eppstein hatte zunächst den staufischen Kaiser Friedrich II. in seinem Kampf mit den norditalienischen Städten unterstützt und als Reichsverweser für dessen noch minderjährigen Sohn Konrad IV. die Vormundschaft ausgeübt. Nach der Exkommunikation des Kaisers durch den Papst wechselte er die Seiten und wurde zu einem der mächtigsten Gegner der Staufer im Reich. Einige Jahre später gelang es ihm, den thüringischen Landgrafen und Reichsverweser Heinrich Raspe als Gegenkönig zu gewinnen, der jedoch bald verstarb. Sein Nachfolger Graf Wilhelm von Holland geriet in seiner neuen Stellung als oberster Lehnsherr in Konflikt mit der Gräfin von Flandern, die vom Bruder des französischen Königs unterstützt wurde. Auch die Beziehung zu manchen seiner einstigen Wähler verschlechterte sich bald. Dagegen suchte der König erfolgreich die Nähe zum Rheinischen Bund, in dem sich Städte und geistliche wie weltliche Fürsten zur Friedenswahrung zusammengeschlossen hatten. Seinen Tod fand Wilhelm schließlich auf einem Kriegszug gegen die Friesen.

*Mit- und Gegenspieler um 1250*

Der König befand sich folglich in einem umfassenden Beziehungsgeflecht von Personen und Gruppen, die auf verschiedene Art und Weise sowie in unterschiedlichem Umfang Einfluss auf dessen Herrschaft nahmen. Diese Akteure konnten als Helfer oder als Feinde auftreten, als Stützen wie als Stürzende. Dies brachte am Anfang des 11. Jahrhunderts den ungarischen König Stephan I. dazu, seinem Sohn Emmerich neben allgemeinen Ermahnungen wie der Treue zum rechten Glauben oder der Gerechtigkeit im Urteil gerade auch personenbezogene Ratschläge zu geben. Diese betrafen die Bischöfe, Fürsten und Soldaten, die Ratgeber sowie die eignen Söhne. Hiermit waren die wichtigsten Gruppen thema-

*Mahnschrift Stephans I. von Ungarn*

tisiert, die zur Zeit Stephans wie im Mittelalter insgesamt an der Königsherrschaft teilhatten (Libellus de institutione morum ad Emericum ducem, Auszüge aus c. 3–4 und 7–8, S. 623 f. und 625 f.):

> c. 3: Von der zu gewährenden Ehre der Bischöfe
> Ohne sie werden nämlich die Könige nicht eingesetzt, noch herrschen sie; durch ihre Vermittlung werden die Verfehlungen der Menschen getilgt. Wenn du jene vollkommen liebst, wirst du selbst ohne Zweifel gesund sein und dein Königreich ehrenvoll regieren. In ihre Hände ist nämlich die Macht gelegt, uns in Schuld zu binden oder von den Sünden zu erlösen.
>
> c. 4: Von der Ehre der Fürsten und Ritter
> Die vierte Zierde der Regierung ist Treue, Tapferkeit, Schnelligkeit, Frohsinn, Vertrauen der Fürsten, Grafen und Ritter. Sie sind nämlich die Schutzwehr des Königreichs, Verteidiger der Schwachen, Überwinder der Gegner, Vermehrer der Marken. Sie seien dir, mein Sohn, Väter und Brüder [...]. Sie leisten dir den Kriegsdienst, nicht dienen sie als Sklaven.
>
> c. 7: Von der Würde des Rats
> Durch den Rat werden wahrlich Könige befestigt und Königreiche bestimmt, das Vaterland verteidigt, Kämpfe beigelegt, der Sieg ergriffen, Feinde verjagt, Freunde gerufen, Städte erbaut und die Burgen der Gegner zerstört.
>
> c. 8: Von der Führung der Söhne
> Ich weiß, dass die königliche Zierde am größten ist, wenn die Könige den Vorgängern nachfolgen und die ehrenhaften Väter nachahmen. [...] Wer seinem Vater Widerstand leistet, ist ein Feind Gottes. [...] Ungehorsam ist nämlich das Unheil des gesamten Reiches. [...] Deshalb [mein Sohn] befolge meine Gewohnheiten, damit du unter den Deinen für hervorragend und unter den Auswärtigen für lobenswert gehalten wirst.

## 6.1 Königsfamilie

In engster Beziehung zum König stand seine Familie, die oft eine besondere Rolle für dessen Herrschaft spielte. In ihr fand er loyale Unterstützung, doch war auch die Gefahr eines Konflikts und Umsturzes besonders groß. So hielt es beispielsweise Karl der Große in seiner Nachfolgeregelung (806) für angebracht, seinen Söhnen und Enkeln die körperliche Unversehrtheit der übrigen Familienmitglieder zu befehlen. Diese Vorsichtsmaßnahme hatte durchaus ihre Berechtigung: In vorangehenden Jahrhunderten hatten sich die Angehörigen der merowingischen Königsfamilie oft gegenseitig bekämpft und ermordet, und auch Karl selbst hatte 771 die Erbansprüche der Söhne seines Bruders Karlmann missachtet.

*Merowinger und Karolinger*

Karls eigener Sohn Ludwig der Fromme wurde von seinen Söhnen aus erster Ehe abgesetzt, nachdem seine zweite Frau Judith eine Änderung der Nachfolgeordnung zugunsten ihres Sohnes erwirkt hatte.

*Ottonen, Salier und Staufer*

Otto I. musste sich zu Beginn seiner Herrschaft in langwierigen Auseinandersetzungen (937–941) gegen seinen älteren Halbbruder Thankmar und seinen jüngeren Bruder Heinrich durchsetzen. Dies endete für den ersten tödlich, für den zweiten mit der Entschädigung durch ein Herzogtum. Ein Jahrzehnt später rebellierte Ottos ältester Sohn Liudolf, da er seine Stellung und Thronfolge durch seinen Onkel Heinrich und die zweite Ehe seines Vaters gefährdet sah. Dagegen erwies sich Ottos jüngster Bruder Brun als Erzbischof von Köln und Herzog von Lothringen als tatkräftiger Helfer. Auch in den folgenden Jahrhunderten kam es immer wieder zu Konflikten zwischen königlichen Vätern und ihren Söhnen. Diese konnten zur Entmachtung des Vaters durch den Sohn (Heinrich IV. und Heinrich V. 1105) oder zur Entmachtung des Sohnes durch den Vater führen (Heinrich IV. und Konrad 1098, Friedrich II. und Heinrich [VII.] 1235). Die königlichen Brüder hingegen waren in der Regel keine Konkurrenten mehr, sondern fungierten nun als wichtige Stützen des Herrschers.

*Andere Königreiche*

In anderen Königreichen kam es ebenfalls oft zu Konflikten um die Macht. Der Aufstand der Söhne Heinrichs II. von England im Jahr 1173 bot einem Chronisten den Anlass, mehr als 30 solcher Fälle seit biblischer Zeit aufzulisten (Radulfus de Diceto, Ymagines historiarum, Bd. 1, S. 355–366). Die Geschichte des Königreichs Ungarn vom 11. bis zum 13. Jahrhundert liest sich wie ein kontinuierlicher Familienzwist, in dem man vor Ermordung und Verstümmelung nicht zurückschreckte, aber auch zu längeren Phasen der Zusammenarbeit fähig war. Ein solches Schwanken zwischen Kooperation und Konfrontation ist auch in anderen Reichen zu beobachten. Um Konflikten vorzubeugen mussten Könige daher bemüht sein, ihre Söhne an der Herrschaft zu beteiligen (Kapitel 11.2) und für eine angemessene Ausstattung und Kompensation zu sorgen. Im spätmittelalterlichen Frankreich geschah dies beispielsweise durch die Dauphiné für den Thronfolger und andere Grafschaften als Apanagen für die übrigen Prinzen.

*Die Königin als Mitherrscherin*

Deutlich weniger konfliktbeladen war in der Regel das Verhältnis des Königs zu seiner Frau, die je nach Reich, Epoche und persönlichen sowie politischen Umständen in unterschiedlichem

Maße an der Herrschaft beteiligt war. Diese Partizipation kam in der seit dem 9. Jahrhundert gebrauchten Bezeichnung *consors regni* zum Ausdruck und äußerte sich in der Herrschaftsrepräsentation, der Rechtsprechung und der Tätigkeit als Vermittlerin, aber auch in Erziehung, Förderung von Literatur und Kunst, Stiftungen und der Sorge um die familiäre Memoria. Eine wichtige Rolle konnte der Königin auch nach dem Tod ihres Mannes zukommen, wenn sie als Regentin und Vormund des noch unmündigen Sohns fungierte (Kapitel 11.1).

Es gab jedoch auch Herrscherinnen, die aus eigenem Recht regierten und deren Ehemann – zeitweilig oder dauerhaft – eine bei- oder sogar untergeordnete Rolle spielte. Solche Formen „reginaler" Herrschaft finden sich besonders in den iberischen Königreichen (beginnend mit Urraca von Kastilien-León, 1109–1126) und dem Königreich Jerusalem, im 11. Jahrhundert im byzantinischen Kaiserreich und am Ende des 14. Jahrhunderts in Ungarn (Maria, 1382–1395), Polen (Hedwig, 1382–1399) und Skandinavien (Margarete, Reichsverweserin 1387/1388–1412). In Sizilien herrschte Konstanze (1189–1198) neben ihrem Mann Kaiser Heinrich VI., im Königreich Neapel bestimmten die Thronerbinnen Johanna I. (1343–1382) und Johanna II. (1414–1435) und nicht ihre königlichen Ehemänner die Politik. Im späten Mittelalter traten Königinnen folglich immer häufiger als selbstständige Herrscherinnen in Erscheinung.

*Die Königin als Herrscherin*

## 6.2 Adel und Städte

Wenn sich der Sohn oder Bruder des Königs gegen diesen auflehnte, so geschah dies im Verbund mit Adel und Klerus, die jedoch auch von sich aus einen Gegenkönig erheben konnten. Dem Mitwirken des Adels an der Königsherrschaft bis hin zu bewaffnetem Widerstand und Entmachtung (Kapitel 5) stand daher der Versuch des Königs gegenüber, dessen Einflussnahme zu begrenzen. Hierzu konnte er andere Gruppen wie Städte oder Ministeriale fördern oder die Zusammensetzung des königlichen Rats verändern (Kapitel 10). Im Konfliktfall waren auch Amtsenthebung und Absetzung

*Adel und Klerus: Konflikt ...*

möglich, was natürlich beim untergeordneten Adel ungleich häufiger vorkamen als beim König.[1]

*... und Kooperation*

In friedlichen Zeiten stellten die Fürsten hingegen eine wesentliche Stütze der Königsherrschaft dar: Nur im Verbund mit ihnen konnte der König hoffen, sein Reich erfolgreich zu regieren. Dem „Konsens der Getreuen" (*consensus fidelium*) kam schon in karolingischer Zeit zentrale Bedeutung zu. Für das römisch-deutsche Reich ist die Regierungszeit Heinrichs V. (1106–1125) als entscheidende Phase identifiziert worden, seit der „kollektive fürstliche Entscheidungen nicht mehr aus dem politischen Regierungsalltag wegzudenken" waren (Suchan 2003, S. 164). Das Verhältnis zwischen König und Fürsten wurde neben verwandtschaftlichen und freundschaftlichen Beziehungen in zunehmendem Maß durch das Lehnswesen bestimmt. Dessen Verrechtlichung und Verschriftlichung führte im hohen Mittelalter zu einer Feudalisierung der Reichsverfassung.[2]

*Pairs de France und Kurfürsten*

Die fürstliche Partizipation an der Herrschaft kam besonders augenscheinlich in der Königserhebung zum Ausdruck (Kapitel 7.2), aber auch in der expliziten Zustimmung zu wichtigen königlichen Entscheidungen, teilweise sogar in Form eigener Urkunden („Willebriefe"). Die Sonderstellung einer innerhalb des Adels herausgehobenen Gruppe wie der französischen Pairs de France oder der deutschen Kurfürsten äußerte sich auch in zahlreichen weiteren Vorrechten. So erscheinen die Kurfürsten in der Goldenen Bulle von 1356 als „Säulen des Reichs" (*columnae imperii*, c. 31, S. 630) und „Teil" des königlichen „Körpers" (*pars corporis nostri*, c. 24, S. 616). Auf ihre Zusammenarbeit stützte sich die königliche Macht, so dass sie nicht nur im Zeremoniell, sondern auch in rechtlichen und wirtschaftlichen Belangen einen Vorrang gegenüber den übrigen Fürsten genossen.

Die Bedeutung der aufstrebenden Städte lag für die Könige in ihrer Funktion als Aufenthaltsorte während der Reise, als Versamm-

---

[1] Krah 1987, S. 389–401, listet für die fränkischen und römisch-deutschen Könige von Karl dem Großen bis Heinrich III. (768–1056) insgesamt 177 erfolgreiche Absetzungen von Unterkönigen, Herzögen, Markgrafen, Grafen und weltlichen Beratern auf.

[2] Vgl. insgesamt den Forschungsüberblick bei Auge 2016 und Hechberger 2010, der ältere Deutungen einer „Entwicklungslinie von einem karolingischen Beamtenstaat zu einem staufischen Lehnsstaat" zurückweist (S. 52).

lungsorte für Treffen mit den Großen des Reichs (Hoftage) und besonders in ihrer wirtschaftlichen Leistungskraft und den damit verbundenen Einnahmen (Kapitel 9.4.1). Im römisch-deutschen Reich standen die Städte und ihre fürstlichen Stadtherren ebenso wie die Reichsstädte und Fürsten in einem nicht immer konfliktfreien Neben- und Miteinander, was sich auch in militärischen Auseinandersetzungen bis hin zu sogenannten Städtekriegen äußerte. In diesen Rivalitäten, die vor allem im Westen und Südwesten des Reichs auftraten, bezogen die Könige unterschiedliche Positionen, die sich nur schwer auf eine eindeutig profürstliche oder prostädtische Linie bringen lassen. Zusammenschlüssen von Städten wie dem Lombardenbund oder der Hanse gelang es – auch nach militärischer Konfrontation – immer wieder, ihre Ziele und Interessen gegen Könige durchzusetzen. Nicht allein oder vornehmlich gegen den König, sondern gegen die adeligen und geistlichen Grundherren insgesamt richteten sich verschiedene Bauernaufstände, wie die Jacquerie in Frankreich (1358), die Peasants' Revolt in England (1381), die Remensas-Kriege in Katalonien (wiederholt seit dem Ende 14. Jahrhundert) oder der Bauernkrieg im Reich (1524–1526).

<small>Städte</small>

<small>Bauernaufstände</small>

## 6.3 Geistlichkeit, Papsttum und andere Könige

Aufgrund der theokratischen Stellung des Königs als *christus domini* kam seinem Verhältnis zur Geistlichkeit besondere Bedeutung zu. Auch hier konnte die enge Verflechtung in beide Richtungen ausschlagen, wirksame und aufopferungsvolle Unterstützung war ebenso möglich wie schärfster Widerstand. Der königliche Einfluss auf die Erhebung der Bischöfe und Äbte der Reichsklöster garantierte in der Regel eine enge Zusammenarbeit, die für das römisch-deutsche Reich als ‚ottonisch-salische Reichskirche' umschrieben wurde.[3] Die Geistlichkeit wurde – auch angesichts der Konflikte mit

<small>‚Ottonisch-salische Reichskirche'</small>

---

[3] Die in der älteren Forschung durch den Begriff „Reichskirchensystem" implizierte Deutung als zweckrationales und konsequent durchgeführtes königlichen Programm wurde von Reuter 1982 einer umfassenden Kritik unterzogen, die jedoch nicht auf uneingeschränkten Zuspruch stieß; vgl. Boshof 2010, S. 89–91, sowie ausführlich zur Forschung jetzt Bode 2015, S. 15–38, deren Studie vor allem die besondere Bedeutung der Hofkapelle relativiert.

dem weltlichen Adel – durch die Vergabe von Land und Rechten gezielt gefördert, im Gegenzug leistete sie dem König organisatorische, militärische, politische und religiöse Unterstützung (*servitium regis*).

**Investiturstreit**

Die Amtseinweisung der Bischöfe mittels Ring und Stab führte in der zweiten Hälfte des 11. Jahrhunderts im Zuge kirchlichen Reformstrebens zu Widerstand gegen die Einmischung des als Laien verstandenen Königs in geistliche Belange. Der Investiturstreit führte schließlich zu einer Trennung zwischen geistlichem Amt (*spiritualia*) und weltlichen Hoheitsrechten (*temporalia*), wodurch sich die Bischöfe als Vasallen des Königs zu geistlichen Fürsten mit eigener Territorialpolitik wandelten. Die freie kanonische Wahl verhinderte eine unmittelbare Bestellung durch den König, der nun auf anderen, weniger direkten Wegen versuchen musste, seinen Willen durchzusetzen.

Der königliche Einfluss auf kirchliche Belange im Allgemeinen und die Bischofserhebung im Besonderen führte in anderen europäischen Königreichen zu ähnlichen, wenn auch weniger grundsätzlichen Konflikten. Eine schnelle Beilegung des Streits war schon wegen der in der Regel deutlich geringeren Herrschaftsrechte der dortigen Kirchen leichter möglich. Dennoch blieb das Verhältnis zwischen König und Geistlichkeit in vielen Reichen ein Dauerthema, mit Steuern und Gerichtsbarkeit als den zentralen Konfliktpunkten.

**Einfluss des Papstes**

In solchen Auseinandersetzungen mit der Krone suchte die führende Geistlichkeit eines Reichs oft die Unterstützung der Päpste, die durch Mahnungen, Drohungen und Exkommunikation auf den Herrscher einzuwirken versuchten. Andererseits waren die Päpste seit dem hohen Mittelalter zunehmend bestrebt, ihren eigenen Einfluss auf die regionalen Kirchen zu erhöhen, wofür sie der königlichen Unterstützung bedurften. Auch die Päpste konnten daher sowohl zu Mit- als auch zu Gegenspielern der Königsherrschaft werden. Besonders in Zeiten eigenen Legitimationsbedarfs (Schisma, Konzil) waren sie gewillt oder gezwungen, den weltlichen Herrschern entgegen zu kommen. Am Ausgang des Mittelalters standen viele Könige so einzelnen, in sich geschlossenen „Landes-" oder „Nationalkirchen" vor, auf die sie – nicht zuletzt aufgrund entsprechender Konkordate mit dem Papst – teilweise erheblichen Einfluss ausüben konnten.

Mit dem Aufstieg des Papsttums vom römischen Bischof zu einer die gesamte lateinische Christenheit erfassenden Autorität – der sogenannten papstgeschichtlichen Wende von der Mitte des 11. bis zum frühen 13. Jahrhundert – ging eine Ausweitung der päpstlichen Binde- und Lösegewalt auf alle Christen einher. Seinen Höhepunkt erreichte dieser Anspruch mit der Bulle *Unam sanctam* Papst Bonifaz' VIII. (1302), der die Unterwerfung unter den Papst als heilsnotwendig für alle Menschen propagierte. Diese Überordnung der geistlichen über die weltliche Gewalt hatte bereits seit Papst Gregor VII. (1073–1085) mehrfach Anwendung erfahren: Immer wieder wurden Könige exkommuniziert oder abgesetzt, weil sie die kirchlichen Ehenormen nicht befolgten (Philipp I. von Frankreich, gebannt 1094), mit Glaubensfeinden gegen Christen paktierten (Alfons IX. von León, gebannt 1196), ihr Kreuzzugsversprechen nicht einhielten (Kaiser Friedrich II. von Sizilien, gebannt 1227) oder ihnen Herrschaftsunfähigkeit oder vielfältige Amtsverletzungen zur Last gelegt wurde (Sancho II. von Portugal und Friedrich II., beide abgesetzt 1245).

*Der Papst als Gegner des Königs*

Besonders häufig verfielen die römisch-deutschen Könige und Kaiser dem Kirchenbann: Von der Mitte des 11. bis zur Mitte des 14. Jahrhunderts wurden sechs der neun Kaiser mindestens einmal während ihres Lebens exkommuniziert, nur drei blieben ohne Bann. Der Grund hierfür war das Konkurrenzverhältnis zwischen Kaiser und Papst als den beiden höchsten Gewalten der Christenheit, aber auch die Stellung der Päpste als mittelitalienische Territorialherren. Darüber hinaus traten die Päpste im Zuge der Ausweitung ihres Macht- und Geltungsanspruchs neben der Legitimierung neuer Königsherrschaften (Aragón 1068 bzw. 1088/89, Jerusalem 1100, Sizilien 1130, Portugal 1179; vgl. John 2017) auch als Lehnsherren auf: Die Könige von Sizilien befanden sich das gesamte Mittelalter, die Könige von Portugal, Aragón, England, Ungarn, Sardinien und Korsika zumindest zeitweise unter ihrer Lehnsherrschaft und waren damit den Päpsten in besonderem Maße zu Gehorsam, Treue und Unterstützung verpflichtet.

*Legitimierung neuer Königsherrschaften*

Als Lehnsherren konnten die Päpste die Königsherrschaft entziehen und anderweitig vergeben, wie im Falle Manfreds von Sizilien (1258–1266), gegen den sie erfolgreich Karl I. von Anjou (1266–1285) erhoben. In ähnlicher Form griffen die römisch-deutschen Könige und Kaiser im 11. und 12. Jahrhundert in die inneren Angelegenheiten Böhmens, Dänemarks, Polens, und Ungarns) ein.

**König vs. König** Gewaltsame Auseinandersetzungen zwischen Königen waren im frühen Mittelalter eine weit verbreitete Erscheinung, z. B. zwischen den angelsächsischen oder zwischen den fränkischen Reichen. Weitere Kriege gab es seit dem hohen Mittelalter vor allem zwischen England und Schottland sowie auf der iberischen Halbinsel.

Gerade die Lehnsherrschaft des französischen Königs über den umfangreichen Festlandbesitz des englischen Königs sowie die englischen Ansprüche auf den französischen Thron führten seit Anfang des 13. Jahrhunderts und besonders im Hundertjährigen Krieg (1337–1453) immer wieder zu militärischen Konflikten, an denen auch andere Könige beteiligt waren. Eine Kooperation stellten dagegen die gemeinsamen Kreuzzüge des deutschen und französischen (1147–1149) sowie des englischen Königs (1189–1192) dar. Eine allgemeine monarchische Solidarität, wie sie im 19. Jahrhundert greifbar ist, klang im Mittelalter nur in außergewöhnlichen Situationen an,[4] wie bei Heinrich IV. oder Friedrich II. als gegen den Papst gerichtete Propaganda.

**Königliche Kooperation**

## 6.4 Quellen und Vertiefung

### 6.4.1 Die Entmachtung Herzog Heinrichs des Löwen (1180)

Im Jahr 1180 wurden Heinrich dem Löwen durch einen Fürstenspruch seine Herzogtümer Bayern und Sachsen aberkannt und von Friedrich I. anschließend neu vergeben. Die Gelnhäuser Urkunde über die Aufteilung des sächsischen Herzogtums schildert Anlass und Folgen des Zerwürfnisses zwischen dem Kaiser und seinem fürstlichen Vetter (MGH D F I. 795, S. 362 f.):

> Daher soll die Gesamtheit der gegenwärtigen und zukünftigen Getreuen des Reichs wissen, dass Heinrich, einst Herzog von Bayern und Westfalen, weil er die Freiheit (*libertas*) der Kirchen Gottes und der Adeligen des Reichs schwer unterdrückt hatte, indem er ihre Besitzungen besetzte und ihre Rechte schmälerte, aufgrund drängender Klage der Fürsten und sehr vieler Adeliger (*ex instanti principum querimonia et plurimorum nobilium*),

---

4 Vgl. auch die kritische Auseinandersetzung mit der von Franz Dölger in einem Aufsatz von 1940 entwickelten Vorstellung einer „Familie der Könige" und den möglicherweise dahinterstehenden Motiven bei Brandes 2013.

weil er sich, durch Vorladung gerufen, weigerte, vor unserer Hoheit zu erscheinen, und wegen dieser Widerspenstigkeit von Seiten der Fürsten und seiner schwäbischen Standesgenossen dem Urteil unserer Acht verfiel; weil er darauf nicht abließ, gegen die Kirchen Gottes und die Rechte und Freiheiten der Fürsten und Adeligen gewaltsam vorzugehen, wurde er sowohl wegen des Unrechts an ihnen als auch wegen vielfacher gegenüber uns gezeigter Verachtung (*contemptus*) und besonders wegen augenscheinlicher Majestätsverletzung (*reatus maiestatis*) nach Lehnsrecht (*sub feodali iure*) gesetzmäßig durch dreifache Ladung vor unser Hofgericht vorgeladen, und weil er nicht erschienen war und keinen Bevollmächtigten für sich gesandt hatte als widerspenstig verurteilt (*contumax iudicatus est*). Und daher wurden ihm sowohl das Herzogtum Bayern als auch das Herzogtum Westfalen und Engern sowie alle Lehen, die er vom Reich innehatte, durch einmütigen Urteilsspruch der Fürsten (*per unanimem principum sentenciam*) auf dem in Würzburg abgehaltenen feierlichen Hoftag (*curia*) aberkannt und unserem Recht und unserer Macht (*ius et potestas*) zugesprochen.

Wir haben daher nach Beratung mit den Fürsten (*cum principibus deliberatio*) und auf deren allgemeinen Rat (*commune ipsorum consilium*) das Herzogtum, das Westfalen und Engern genannt wird, in zwei Teile geteilt. Und in Erwägung der Verdienste (*consideratio meritorum*) für die Förderung und Erhaltung der Ehre der Kaiserkrone (*ob honorem imperialis coronę promovendum et manutenendum*), mit denen sich unser geliebter Fürst Philipp, Erzbischof von Köln, das Vorrecht kaiserlicher Gnade verdiente und wofür er weder Einbußen an Sachen noch Gefahren der Person fürchtete, haben wir den Teil, der sich in das Bistum Köln und über das ganze Bistum Paderborn erstreckte, mit allem Recht und aller Amtsgewalt – nämlich mit den Grafschaften, Vogteien, Geleitrechten, Hufen, Höfen, Lehen, Ministerialen, Hörigen und allem, was zu diesem Herzogtum gehört – der Kölner Kirche durch rechtmäßigen Besitztitel der Schenkung in kaiserlicher Freigebigkeit verliehen.

Und nachdem von den Fürsten ein Rechtsspruch erbeten worden war, ob dies so getan werden dürfe, und dieser ausgesprochen und mit allgemeiner Zustimmung der Fürsten und des ganzen Hoftags gebilligt worden war (*communi principum et totius curię assensu approbata*), und auch die öffentliche Zustimmung (*publicus consensus*) unseres geliebten Verwandten Herzog Bernhards hinzukam, dem wir den übrigen Teil des Herzogtums überlassen haben, haben wir den vorgenannten Erzbischof Philipp mit jenem Anteil des Herzogtums, der seiner Kirche übertragen wurde, mit der kaiserlichen Fahne feierlich belehnt.

[...; es folgt die Strafdrohung bei Zuwiderhandlung, der Befehl zur Besiegelung mit Goldbulle und die Nennung der Zeugen, die bei der Verleihung anwesend waren]

Arnold Erzbischof von Trier, Wichmann Erzbischof von Magdeburg, Konrad Erzbischof von Salzburg, Siegfried Erwählter [Erzbischof] von Bremen, Konrad Bischof von Worms, Rudolf Bischof von Lüttich, Bertram Bischof von Metz, Arnold Bischof von Osnabrück, Konrad Abt von Fulda, Adolf

Abt von Hersfeld, Lothar Propst in Bonn, Ludwig Pfalzgraf von Sachsen und Landgraf von Thüringen, Bernhard Herzog von Westfalen und Engern, Gottfried Herzog von Lothringen, Friedrich Herzog von Schwaben, Otto Markgraf von Brandenburg, Dietrich Markgraf der Lausitz, Dedo Graf von Groitzsch, Siegfried Graf von Orlamünde, Ruprecht Graf von Nassau, Emicho Graf von Leiningen, Gerhard Graf von Nürburg, Heinrich Graf von Arnsberg, Hermann Graf von Ravensberg, Heinrich Graf von Cuyk, Werner Graf von Wittgenstein, Widekind von Waldeck, Friedrich von Ampfurth, Hartmann von Büdingen, Werner von Bolanden, Konrad Schenk, Heinrich Marschall von Pappenheim, Kämmerer Sigiboth von Groitzsch und viele andere.

In seinem Werk „Kontrolle der Macht. Formen und Regeln politischer Beratung" präsentiert Gerd Althoff folgende Interpretation der Vorgänge (Althoff 2016, S. 250):

> „Die Alternative, ob Friedrich Barbarossa in der *causa* Heinrichs ‚ein Jäger des Löwen' (so die ältere Forschung) oder ein ‚Getriebener der Fürsten' (so Stimmen der jüngeren) gewesen sei, scheint so überspitzt und eine falsch gestellte Frage. Viele Indizien sprechen dafür, dass beide Kräfte in den endenden 70er Jahren ein unterschiedlich begründetes, aber gleich vitales Interesse daran hatten, die übermächtige Herrschaftsstellung des Löwen zu zerstören. Deshalb einigten sich Kaiser und Fürsten folgerichtig auf den Weg des Gerichtverfahrens, da dieses mehr Möglichkeiten der Ausübung von Zwangsgewalt bot als Formen der gütlichen Konfliktlösung, die auf dem Wege der Beratung und Verhandlung Konsens der Konfliktparteien erzeugen und so naturgemäß den Interessen aller Beteiligten stärker Rechnung tragen mussten."

### 6.4.2 Fragen und Anregungen

- Beschreiben Sie die Heinrich zur Last gelegten Anschuldigungen. Vergleichen Sie diese mit den Anforderungen an einen idealen König, wie sie in Kapitel 4 behandelt wurden. Wie unterscheiden sich die Anforderungen an Fürst und König?
- Erläutern Sie die Rolle, die den Fürsten bei der Absetzung zukam. Diskutieren Sie, ob hierin ihre aktive Beteiligung an der Königsherrschaft deutlich wird oder ob sie nur Erfüllungsgehilfen des Kaisers sind.
- Nehmen Sie Stellung zu Gerd Althoffs Neudeutung der Entmachtung.

– Informieren Sie sich über das Leben und Wirken Heinrichs des Löwen und Phillips von Köln und erörtern Sie, inwiefern es sich bei ihnen um typische Beispiele von Fürsten als Mit- und Gegenspieler des Königs handelt.

### 6.4.3 Lektüreempfehlungen

D'Avray, David L., Dissolving Royal Marriages. A Documentary History, 860–1600, Cambridge 2014.

D'Avray, David L., Papacy, Monarchy and Marriage, 860–1600, Cambridge 2015 (*Über die rechtlichen Auseinandersetzungen um königliche Ehen und den diesbezüglichen politischen Einfluss des Papsttums*).

Garnier, Claudia, Die Kultur der Bitte. Herrschaft und Kommunikation im mittelalterlichen Reich (Symbolische Kommunikation in der Vormoderne), Darmstadt 2008 (*Zur weit verbreiteten Kommunikationsform zwischen dem König und den Großen im fränkischen und römisch-deutschen Reich*).

Krieger, Karl-Friedrich, Die Lehnshoheit der deutschen Könige im Spätmittelalter (ca. 1200–1437) (Untersuchungen zur deutschen Staats- und Rechtsgeschichte, NF 23), Aalen 1979 (*Neubewertung des Reichslehnswesens hinsichtlich dessen Ausweitung und Begrenzung im späten Mittelalter*).

Lyon, Jonathan R., Princely Brothers and Sisters. The Sibling Bond in German Politics, 1100–1250, Ithaca, N.Y. 2013 (*Zur Rolle der geschwisterlichen Netzwerke im hohen Adel zur Stauferzeit einschließlich der Königsfamilie*).

Sunderland, Luke, Rebel Barons. Resisting Royal Power in Medieval Culture, Oxford 2017 (*Widmet sich dem adeligen Widerstand gegen Königsherrschaft in literarischen Texten des späteren Mittelalters, insbesondere aus Frankreich, England und Italien*).

Suchan, Monika, Fürstliche Opposition gegen das Königtum im 11. und 12. Jahrhundert als Gestalterin mittelalterlicher Staatlichkeit, in: Frühmittelalterliche Studien 37, 2003, S. 141–165 (*Bezieht auch die Vorgeschichte seit der Mitte des 9. Jahrhunderts ein*).

# 7 Thronfolge und Königserhebung

**Abb. 8:** Königswahl Heinrichs VII. (1308) im Codex Balduini
(Zweites Viertel 14. Jahrhundert)

Die Darstellung der Königswahl Heinrichs VII. ist Teil einer Bilderchronik, die für Erzbischof Balduin von Trier (1307–1354) erstellt wurde. Sie wird daher nach ihrem Urheber als *Codex Balduini* oder *Balduineum* bezeichnet, nach ihrem Inhalt auch als *Kaiser Heinrichs Romfahrt*. Zu sehen sind die sieben Kurfürsten des römisch-deutschen Reichs, also diejenigen Adeligen, die im späten Mittelalter und in der Frühen Neuzeit über die Nachfolge im Königtum entschieden. Zum Kurfürstenkolleg gehörten drei geistliche und vier weltliche Fürsten, die im Bild anhand ihrer Wappen erkennbar sind (v.l.n.r.): Die Erzbischöfe von Köln, Mainz und Trier, der Pfalzgraf bei Rhein, der Herzog von Sachsen, der Markgraf von Brandenburg und der König von Böhmen. Die gleichgekleideten, unter gotischen Bögen sitzenden Kurfürsten sind in einen Meinungsaustausch vertieft. Jeweils zwei Fürsten sind einander zugewandt, allein dem König von Böhmen fehlt der direkte Gesprächspartner. Die drei geistlichen Kurfürsten tragen eine Kopfbedeckung

Königswahl Heinrichs VII. 1308

(Kalotte), die beim Trierer Erzbischof Balduin, dem Adressaten der Handschrift, rot gefärbt ist.

Die Beschreibung des Bildinhalts liefert die Unterschrift selbst: *Septe(m) el(e)c(t)ores eligu(n)t henr(icum) co(m)ite(m) lůtzill(imburgensem) i(n) rege(m) ro(manorum) f(ra)nk(ofordi)e xxvii$^a$ die nove(m)b(ri)s* – „Die sieben Wähler wählten Heinrich, Graf von Luxemburg, in Frankfurt am 27. November zum römischen König". Historisch korrekt ist dies zwar nicht, doch stand die Eintracht der Kurfürsten im Vordergrund. Die Nichtteilnahme des böhmischen Königs wurde im Bild durch seine Platzierung am äußersten Rand vielleicht zumindest angedeutet. Dass der Erzbischof von Trier im Zentrum des Geschehens sitzt, hat durchaus seine Berechtigung: An der Wahl Heinrichs VII. hatte dessen jüngerer Bruder Balduin maßgeblichen Anteil.

Eine solche Thronfolge mittels Wahl stellt eine gewisse Besonderheit dar, in anderen Königreichen und zu anderen Zeiten folgte in der Regel der Sohn (oder die Söhne) auf den Vater. Fasst man das fränkische und römisch-deutsche Reich zusammen, so zeigen sich im Wesentlichen drei Entwicklungslinien: von der Teilung unter allen Söhnen zur Nachfolge des Erstgeborenen (Primogenitur), von der Erbmonarchie zum Wahlkönigtum, von einfachen zu komplexen Ritualen der Königserhebung. Während in den frühen Jahrhunderten die Nachfolge im Königtum stark von individuellen Machtfaktoren abhing, kam es im Laufe des Mittelalters zu einer zunehmenden Verrechtlichung.

Entwicklungslinien

## 7.1 Prinzipien der Nachfolge

Merowinger

Im Frankenreich der Merowinger hatten von Chlodwig I. (481/82–511) an für mehr als zwei Jahrhunderte nur Angehörige derselben Dynastie das Königtum inne. Die Formen der Nachfolge waren Teilung, gemeinsame Herrschaft oder Alleinherrschaft, wobei die Teilungspraxis keinen gemeingermanischen Brauch, sondern eine fränkische Besonderheit darstellt.[1] Schon der fränkische

---

[1] Entgegen der Annahme der älteren Forschung dürften die Teilungen nicht auf Vorstellungen einer Samtherrschaft oder eines germanischen Königsheils zurückgehen, sondern auf eine Verbindung von erbrechtlichem Anspruch und

Geschichtsschreiber Gregor von Tours hielt fest, dass man „unabhängig von der Herkunft der Mutter alle von Königen gezeugten Nachkommen ‚Königskinder'" nannte (*quod, praetermissis nunc generibus feminarum, regis vocitantur liberi, qui de regibus fuerant procreati*; Gregor von Tours, Libri historiarum X, l. V, c. 20, S. 228). Der unterschiedslose Herrschaftsanspruch aller anerkannten Söhne hatte zahlreiche Reichsteilungen zur Folge. Der biologische Zufall, die gewaltsame Beseitigung von Verwandten und die Einflussnahme des Adels zugunsten eines Thronfolgers führten dennoch dazu, dass die Herrschaft nicht bis ins Unendliche zerteilt wurde. Stattdessen wurden für lange Zeiträume sogar alle Teilreiche wieder in der Hand eines Königs vereinigt.

Nachdem die Karolinger in der Mitte des 8. Jahrhunderts die Königsherrschaft erlangt hatten, wurde die Reichsteilung ebenso beibehalten wie die Bemühungen, die eigenen Verwandten von der Macht auszuschließen. Im Königtum konnten allerdings in der Regel nur noch die aus einer legitimen Ehe hervorgegangenen Söhne nachfolgen. So sah die Nachfolgeordnung Karls des Großen (*Divisio regnorum*, 806) vor, dass seine Söhne Karl, Pippin und Ludwig einen „Teil des Reichs" (*pars regni*) als eigenes Herrschaftsgebiet erhalten sollten (MGH Capit. 1, Nr. 45, S. 126–130, Zitat S. 127). Falls einer von ihnen ohne eigene Nachkommen sterben sollte, wurde sein Reich unter den anderen beiden aufgeteilt. Auch für einen Enkel Karls war die Nachfolge in einem Teilreich möglich, falls er vom jeweiligen Volk dazu gewählt wurde. Mit diesen und zahlreichen weiteren Regelungen sollten die Söhne als Nachfolger eingesetzt und der Frieden unter ihnen gewahrt bleiben: Statt um das Gesamtreich zu streiten, sollte jeder mit seinem Teil zufrieden sein.

Da einzig Ludwig seinen Vater überlebte, blieben diese Bestimmungen in der Praxis folgenlos. Ludwig selbst traf 817 mit der sogenannten *Ordinatio imperii* (auch: *Divisio imperii*) ähnliche Vorkehrungen für die Nachfolge seiner Söhne. Hierbei spielte das von Karl durch seine Kaiserkrönung (25. Dezember 800) wiederbegründete westliche Kaisertum eine stärkere Rolle. So wurde der erstgeborene Sohn Lothar von seinem Vater eigenhändig zum „Mitregenten und

Karolinger

Karl der Große: *Divisio regnorum* (806)

Ludwig der Fromme: *Ordinatio imperii* (817)

---

konkretem politischen Machtstreben der Söhne und deren Gefolge (vgl. Erkens 1996; Kasten 1997, S. 9–57).

Nachfolger im Kaisertum" gekrönt, während seine beiden jüngeren Brüder Pippin und Ludwig den Königstitel erhielten. Die Größe der einzelnen Reichsteile fiel noch deutlicher zugunsten des ältesten Sohnes aus, dem außerdem weitere Vorrechte zugesprochen wurden. Lothar, so wurde jetzt unmissverständlich formuliert, war „mit Gottes Zustimmung die größere Gewalt verliehen worden" (MGH Capit. 1, Nr. 136, S. 270–273, Zitate S. 271).

Allerdings kam auch die *Ordinatio imperii* nie zur Anwendung. Vielmehr war es gerade der Versuch des Kaisers, die Regelung zugunsten seines nachgeborenen Sohnes Karl (829) zu ändern, der einen Aufstand der älteren Söhne auslöste. Der folgende Zerfall des Karolingerreichs und die Herausbildung eines west- und ostfränkischen Reichs gingen mit einer stärkeren Einflussnahme des Adels auf die Nachfolge im Königtum einher. Im Westfrankenreich stritten sich im 10. Jahrhundert Karolinger und Robertiner um die Krone, bis sich 987 der Robertiner Hugo Capet durchsetzen konnte. Dessen direkte männliche Nachkommen sollten in den folgenden zweieinhalb Jahrhundert in ununterbrochener Linie den französischen Königsthron innehaben (Kapetinger).

*West- und ostfränkisches Reich*

Im ostfränkischen Reich war der letzte karolingische König, Ludwig das Kind, bereits 911 verstorben, so dass der Königswahl durch die Großen des Reichs zunächst besondere Bedeutung zukam. Jedoch gelang es schon dem zweiten Nachfolger, Heinrich I., das Königtum der eigenen Familie zu sichern: 929 bestimmte er Otto, seinen erstgeborenen Sohn aus zweiter Ehe, zum Nachfolger und setzte damit die Individualsukzession an die Stelle der älteren Teilungspraxis. Zwar musste Otto I. nach dem Tod seines Vaters die Alleinherrschaft erst gegen andere Fürsten und Mitglieder der eigenen Familie durchsetzen, das Prinzip der Primogenitur hatte jedoch auch für seine Nachfolger Bestand. Die Zustimmung der Großen des Reichs war allerdings weiterhin bei jeder Königserhebung notwendig.

*Ottonen: Individualsukzession*

Das Aussterben der Ottonen und Salier ohne männliche Nachkommen sowie die Erhebung zweier Gegenkönige im Zuge des Investiturstreits stärkten das Wahlprinzip nachhaltig, was die Gefahr von Spaltung und Konflikt mit sich brachte. In der Mitte des 12. Jahrhunderts war die fürstliche Beteiligung an der Königserhebung in solchem Maße anerkannt, dass dieser Modus der Nachfolgeregelung vom Geschichtsschreiber Otto von Freising als herausragendes Merkmal des römisch-deutschen Reichs präsentiert

*Stärkung des Wahlprinzips*

wurde.² Allerdings gelang es den Königen in der Regel auch weiterhin, noch zu Lebzeiten ihre Söhne zu Mitkönigen erheben zu lassen und diesen so nach ihrem Tod die Herrschaft zu sichern (Giese 2014; Kapitel 11.2). Als die Fürsten Heinrich VI. (1169/90–1197) eine solche Mitkönigserhebung verweigerten, versuchte dieser mit dem sogenannten Erbreichsplan eine grundsätzliche Umgestaltung der Nachfolgeordnung. Die Errichtung einer Erbmonarchie im Reich scheiterte jedoch am Widerstand der Fürsten.

Die Doppelwahl von 1198 nach dem Tod Heinrichs VI. stellt eine wichtige Wegmarke für die Herausbildung einer genau bestimmten Gruppe von Königswählern dar. Die Forschung hat lange nach Erklärungen für die Entstehung des Kurfürstenkollegs gesucht und dabei verschiedene Theorien diskutiert (Erkens 2002b; Ertl 2003). Heute geht man davon aus, dass sich der Kreis der Wähler zunehmend verengte, so dass er bereits 1257 nur noch die sieben Kurfürsten umfasste. Zwar hatte der Sachsenspiegel, eines der bedeutendsten Werke mittelalterlichen Rechts (entstanden zwischen 1220 und 1235), den König von Böhmen ausgeschlossen (Landrecht III 57,2, S. 243: „weil er kein Deutscher ist": *umme dat he nicht dudisch n'is*), doch blieb er in der Praxis stets Teil des Kurfürstenkollegs. Bei den übrigen drei weltlichen Wählern kristallisierte sich erst im Laufe der Zeit heraus, welcher der verschiedenen Linien einer Dynastie die Kurstimme zustand. Die Fürstentümer selbst (Pfalzgrafschaft bei Rhein, Herzogtum Sachsen, Markgrafschaft von Brandenburg) wurden hingegen nicht mehr in Frage gestellt.

Entstehung des Kurfürstenkollegs

Die Goldene Bulle Karls IV. von 1356 regelte schließlich viele rechtliche Aspekte der Königswahl eindeutig, um eine Spaltung der Kurfürsten, der „Säulen des Reichs" (*columnae imperii*), zu verhindern. Auch in der Folgezeit blieb die Königswahl stets der Modus der Nachfolgeregelung. In der politischen Praxis kamen die Kandidaten für die Königskrone zumeist aus einigen wenigen Familien (vor allem Wittelsbacher, Luxemburger und Habsburger), so dass

Goldene Bulle (1356)

---

2 Otto von Freising, Gesta Friderici I. imperatoris, l. II, c. 1, S. 103: „Denn dieses Recht, dass nämlich die höchste Ehre des Reichs nicht nach Blutsverwandtschaft weitergegeben wird, sondern dass die Könige durch die Wahl der Fürsten erhoben werden, beansprucht das römische Reich als seinen besonderen Vorrang."; *Nam id iuris Romani imperii apex, videlicet non per sanguinis propaginem descendere, sed per principum electionem reges creare, sibi tamquam ex singulari vendicat prerogativa.*

oft der Sohn, Bruder oder Schwiegersohn des früheren Königs diesem direkt oder etwas verzögert nachfolgte. Während im 13. und beginnenden 14. Jahrhundert die Kandidaten ihren Wählern umfassende Wahlversprechen machen mussten, zeigte das diesbezügliche Verbot der Goldenen Bulle zeitweise eine gewisse Wirkung. Bei der Königswahl Karls V. 1519 flossen jedoch wieder ganz erhebliche Geldsummen, um die Stimmen der Kurfürsten zu gewinnen.

## 7.2 Rituale der Königserhebung

In welchen Formen sich die Königswahl vollzog, ist für viele Jahrhunderte kaum zu bestimmen. Dies liegt nicht zuletzt an der schwankenden Terminologie der Quellen: Begriffe wie *eligere/electio* konnten eine Bandbreite von Handlungen bezeichnen, die von der Auswahl des Kandidaten über die Stimmabgabe und Kur bis zur Akklamation (Vollbort) und Huldigung des Gewählten reicht. Dass zur Zeit der Merowinger und Karolinger der Adel an der Erhebung eines neuen Königs beteiligt war, hat die jüngere Forschung hervorgehoben (Becher 2006).

Quellenproblematik

Über den Ablauf dieser Wahlen oder Akklamationen fehlen jedoch meistens genauere Nachrichten. In der *Ordinatio imperii* Ludwigs des Frommen heißt es beispielsweise nur, es sei auf Befehl Gottes geschehen, „dass unsere Stimme und die des ganzen Volks in der Wahl unseres geliebten erstgeborenen Sohnes Lothar übereinstimmten" (MGH Capit. 1, Nr. 136, S. 271: *ut et nostra et totius populi nostri in dilecti primogeniti nostri Hlutharii electione vota concurrerent*). Einen genaueren Einblick in den Ablauf einer Wahl bieten die „Taten Kaiser Konrads" (*Gesta Chuonradi imperatoris*) des Geschichtsschreibers Wipo (1024) oder die „Erzählung über die Wahl Lothars" (*Narratio de electione Lotharii*) (1125). Da beiden Berichten eine bestimmte Darstellungsabsicht innewohnt und ausführliche Parallelquellen fehlen, ist bei ihrer Interpretation jedoch besondere Sorgfalt angebracht.

Wahlmodi

Lange Zeit war die Einmütigkeit (*unanimitas*) der Wähler der ideelle Anspruch an jede Königswahl, was durch den abschließenden Kürspruch verwirklicht wurde. In diesem Sinne präsentiert der Sachsenspiegel die Wahl als Vorwahlrecht der späteren Kurfürsten (ohne Böhmen), die jedoch an den Willen aller Fürsten gebunden sind. Sie sollten also Kürende und nicht Auswähler sein: *De to deme ersten an deme kore benant sin, de ne scolen kesen nach erme mutwillen; wan swene de vorsten alle to koninge irwelet, den scolen se aller erst bi namen kesen* (Landrecht III 57,2, S. 243). Die Goldene Bulle bestimmte dagegen die Wahl als Mehrheitswahl mit sieben Einzelstimmen, die vom Erzbischof von Mainz in der Reihenfolge Trier, Köln, Böhmen, Pfalz, Sachsen und zuletzt Brandenburg abgefragt wurden. Bei Stimmengleichheit kam seiner siebten Stimme also entscheidendes Gewicht zu, da die Wahl durch die Mehrheit als einmütig vollzogen angesehen werden sollte.

Den Auftakt der Wahl bildete die Feier einer Messe vom Heiligen Geist, der „die Herzen der Kurfürsten erleuchten" sollte, „damit sie gestützt auf seine Hilfe einen gerechten, guten und geeigneten Mann als Römischen König und künftigen Kaiser wählen können".[3] Danach leisteten die Kurfürsten den Eid, bei der anstehenden Wahl ihre Stimme ohne jede Bedingung, Belohnung oder sonstige Forderungen abzugeben. Von diesem Zeitpunkt an durfte keiner von ihnen die Wahlstadt Frankfurt verlassen, ansonsten verlor er für diese Wahl sein Stimmrecht. Der genaue Zeitpunkt der Wahl wurde offengelassen; bei einer Verzögerung von über dreißig Tagen drohte den Wählern allerdings eine Nahrungsbeschränkung auf Wasser und Brot. Eine Beteiligung des Papstes an der Königserhebung sah die Goldene Bulle nicht vor: Das in früheren Zeiten beanspruchte Prüfungs- und Approbationsrecht des Gewählten wurde wortlos übergangen. Nicht festgehalten wurde auch der rituelle Abschluss der Wahl, der im 14. und 15. Jahrhundert durch eine Altarsetzung des Gewählten geschah.

*Ablauf der Königswahl*

Die Wahl war das erste Glied in einer längeren Kette von rituellen Handlungen (Kapitel 8). Besondere Sakralität verschaffte dem König die Königsweihe, die mehrere Einzelhandlungen wie die Salbung, Krönung, Insignienübergabe und Thronsetzung in sich vereinte. Doch nicht immer war die hiermit verbundene Sonderstellung des Königs gewollt: Heinrich I., der erste König aus dem Geschlecht der Liudolfinger, soll nach seiner Wahl 919 durch Franken und Sachsen die Salbung mit den Worten abgelehnt haben: „Mir genügt es vor meinen *maiores* vorauszuhaben, dass

*Königsweihe*

---

[3] Goldene Bulle, c. 2, § 1, S. 574/576: *ut ipse sanctus spiritus corda ipsorum illustret; quatenus ipsi suo fulti presidio hominem iustum, bonum et utilem eligere valeant in regem Romanorum futurumque cesarem.*

*Der Salbungsverzicht Heinrichs I. (919)*

ich König genannt und dazu bestimmt werde mit Gottes Gnade und eurer Güte. Salbung und Krone aber möge Besseren als uns zu Teil werden, wir halten uns solcher Ehre für nicht würdig."[4] Die Ablehnung lässt sich als Versuch Heinrichs deuten, sich als König nicht über die Herzöge zu stellen, woran sein Vorgänger Konrad I. gescheitert war. Diese Sichtweise wurde durch die Wiedergabe des lateinischen *maiores* mit „Große" (also die Fürsten zur Zeit Heinrichs) möglich, während man dieses früher mit „Vorfahren" (also Heinrichs Ahnen, die nur Herzöge und nicht König waren) übersetzt hatte. Übersetzung ist also stets auch Interpretation, und in diesem Fall liefert eine andere Übersetzung im Verbund mit weiteren Indizien eine möglicherweise stimmigere Deutung (vgl. dagegen oben, S. 2).

Jener „Bessere" in der Darstellung des sächsischen Geschichtsschreibers Widukind von Corvey war Heinrichs Sohn Otto I., der in Aachen nach dem Tod seines Vaters zum neuen König geweiht wurde (936). Die ausführliche Schilderung bei Widukind weist zahlreiche Parallelen zu dem sogenannten *Mainzer Ordo* auf, einem Text, der in allgemeinen Worten die bei der Weihe eines Königs zu *Krönungsordines* vollziehenden Handlungen und zu sprechenden Gebete festhielt. Eine solche Krönungsordnung befand sich in einem Pontifikale, dem liturgischen Buch für die bischöflichen Rituale. Der Ablauf der Krönung blieb im römisch-deutschen Reich das gesamte Mittelalter über weitgehend gleich. Die kleineren Änderungen hatten jedoch eine sehr große Auswirkung, indem sie die gewandelte politische Ordnung im Ritual abbildeten. Dem um 1325 entstandenen *Ordo* zufolge sollten beispielsweise die drei geistlichen Kurfürsten von Köln, Mainz und Trier dem König gemeinsam die Krone aufsetzen, was ihre Kollegialität zum Ausdruck brachte. Eine Darstellung dieses Vorgangs findet sich in einem Pontifikale des Mainzer Erzbischofs Adolfs II. von Nassau aus dem 15. Jahrhundert: Im Zentrum des Bildes setzten drei mit Mitren und Mänteln bekleidete Geistliche dem Schwert und Reichsapfel haltenden König die Krone auf. Kleine Schließen an den Chormänteln weisen die Koronatoren als die drei rheinischen Erzbischöfe aus: Köln in der Mitte als

---

[4] Widukind, Sachsengeschichte, l. I, c. 26, S. 39: ‚Satis [...] michi est, ut pre maioribus meis rex dicar et designer, divina annuente gratia ac vestra pietate; penes meliores vero nobis unctio et diadema sit: tanto honore nos indignos arbitramur'.

ranghöchster Erzbischof, rechts neben ihm an zweiter Stelle der Mainzer (dessen Haare denen des Königs ähneln) und schließlich der Trierer auf der linken Seite. Daneben steht ein weiterer Geistlicher, vielleicht ein Abt, der einen Krummstab hält. Der mit Kerzen und Kelch versehene Altar im Hintergrund verweist auf den Vollzug der Handlung im Inneren einer Kirche.

**Abb. 9:** Königskrönung in einem Mainzer Pontifikale (Buchmalerei, drittes Viertel 15. Jahrhundert).

Tatsächlich kam dem Erzbischof von Köln die entscheidende Rolle bei der Weihe zu, er leitete die Messe, sprach die meisten Gebete und vollzog die überwiegende Mehrzahl der rituellen Handlungen alleine. Die im Spätmittelalter übliche Konstellation, die Weihe in der Aachener Marienkirche durch den Erzbischof von Köln, war das Ergebnis langer Auseinandersetzungen mit dem Erzbischof von Mainz über Krönungsort und Koronator. Die besondere Bedeutung Aachens, das in der Kirchenprovinz des Kölner Erzbischofs lag, ergab sich aus dem Grab Karls des Großen und des ihm zugeschrie-

*Aachen und der Erzbischof von Köln*

benen Throns. Dies führte dazu, dass sich andernorts gekrönte Könige nachträglich nach Aachen begaben, um dort den Karlsthron in Besitz zu nehmen und ihre Königserhebung so zum Abschluss zu bringen.

*Weihe der Königin*

Die Königin wurde vom 10. bis zum 12. Jahrhundert nicht zusammen mit ihrem Mann, sondern, wenn überhaupt, erst zu einem späteren Zeitpunkt an einem beliebigen anderen Ort geweiht. Fand die Eheschließung nach der Königserhebung statt, wurde die Krönung der Königin mit den Hochzeitsfeierlichkeiten verbunden oder diesen vorangestellt. Im späteren Mittelalter war die gemeinsame Krönung des Herrscherpaars die Regel, oft tritt sie in den Quellen jedoch kaum in Erscheinung. Die alleinige Krönung der Königin nach der ihres Mannes oder nach der Vermählung kam weiterhin vor. Wie in ottonischer Zeit konnte die Frau des Königs außerdem zur Kaiserin gekrönt werden, ohne zuvor die römisch-deutsche Krone empfangen zu haben.[5]

*Bedeutung von Wahl und Krönung*

Insgesamt verlor die Krönung gegenüber der Wahl im Verlauf des Mittelalters zunehmend an Bedeutung – von der Wahl (oder deren Annahme) und nicht mehr von der Krönung zählte man nun die eigenen Regierungsjahre. Dennoch war die Krönung weiterhin von entscheidender Bedeutung: Sie bescherte dem Gewählten die seit Jahrhunderten übliche Sonderstellung durch die kirchliche Weihe und brachte den neuen König, die Kurfürsten und weitere Fürsten an einem Ort zusammen. Das Reich, das mit dem Tod des Vorgängers vakant geworden war, entstand so in seinen Ritualen stets aufs Neue.

*Bedeutung der Reichsinsignien*

Die Verwendung der Reichsinsignien bei der Krönung war – anders als von der Forschung lange Zeit behauptet – von untergeordneter Bedeutung (Petersohn 1993). Wichtiger war der Besitz an sich, wie z. B. beim Herrschaftsübergang 911 oder 1002. Bei der Entmachtung Kaiser Heinrichs IV. durch seinen Sohn Heinrich V. (1105/06) spielten die Reichskleinodien ebenfalls eine zentrale Rolle. Ihre Übergabe wurde als freiwilliger Akt der persönlich

---

5 Vgl. den Überblick bei Fößel 2000, S. 17–42. Fößel betont gegen die ältere Forschung die anhaltende Bedeutung der Königinnenkrönung auch im späten Mittelalter (S. 42). Allerdings sind ihre diesbezüglichen Ausführungen teilweise ungenau oder fehlerhaft, so dass insgesamt doch von einem Bedeutungsrückgang auszugehen ist; Büttner 2012, S. 692 f.

vorgenommenen Herrschaftsweitergabe vom Vater auf den Sohn präsentiert, doch dürfte sie in Wirklich nur widerstrebend erfolgt sein. Mit der anschließenden Wahl Heinrichs V. durch die Fürsten und der Verleihung der Insignien durch den Erzbischof von Mainz sollte dessen Legitimität untermauert werden. Auch in den folgenden Jahrhunderten war die Bedeutung der Reichsinsignien ungebrochen. Sie treten nun vor allem als eine Art Voraussetzung für den Zug zur Kaiserkrönung nach Rom in Erscheinung: Nicht, weil man die Insignien hierbei unbedingt gebraucht hätte, sondern weil ihr Besitz die unbestrittene Herrschaft im Reich signalisierte und symbolisierte.

## 7.3 Quellen und Vertiefung

### 7.3.1 Die Krönung im Wandel

Die mittelalterlichen Krönungsordines sind normative Texte, die den Ablauf der Königsweihe beschreiben. Der sogenannte *Mainzer Ordo* (um 960) wurde zu Beginn des 14. Jahrhunderts überarbeitet. Die zahlreichen kleinen Änderungen hatten oft eine große Tragweite, wie in den Formeln zum Aufsetzen der Krone und zur Thronsetzung.

*Mainzer Ordo* (um 960; c. 22/25, S. 257 f.):

> ‚Empfange die Krone des Königreichs, die zwar von unwürdigen Händen, aber Händen der Bischöfe auf dein Haupt gesetzt wird. Erkenne, dass sie den Ruhm der Heiligkeit und die Ehre und das Werk der Tapferkeit bezeichnet, und wisse dich durch sie als Teilhaber unseres Amtes (*particeps ministerii nostri*), so dass – so wie wir uns im Inneren als Hirten und Lenker der Seelen verstehen – auch du dich immerzu im Äußeren als ein wahrer Verehrer Gottes und ein starker Verteidiger gegen alle Widersacher der Kirche Christi und für das Reich, das dir von Gott gegeben und durch das Amt unserer Weihe an Stelle der Aposteln und aller Heiligen deiner Herrschaft überantwortet ist, als ein Nutzen bringender Vollstrecker und Lenker erweist.'

> ‚Stehe fest und erhalte nunmehr den Platz, den du bislang aus väterlicher Nachfolge inne hattest und der dir nach Erbrecht durch die Macht (*auctoritas*) des allmächtigen Gottes und unserer gegenwärtigen Übertragung, nämlich aller Bischöfe und übrigen Diener Gottes, übergeben ist. [...] Auf dass der Mittler zwischen Gott und den Menschen dich als den Mittler zwi-

> schen Klerus und Volk auf diesem Thron des Königreichs bestärke und im ewigen Reich mit sich herrschen lasse.'

Spätmittelalterlicher Ordo (um 1325; MGH LL 2, S. 389 f.; die Übereinstimmungen zum *Mainzer Ordo* sind durch Sperrung kenntlich gemacht):

> ‚Empfange die Krone des Königreichs, die zwar von unwürdigen Händen, aber Händen der Bischöfe auf dein Haupt gesetzt wird. Erkenne, dass sie den Ruhm der Heiligkeit und der Tapferkeit bezeichnet, und wisse dich durch sie als Erster/Fürst unseres Amtes *(princeps ministerii nostri)*, so dass – so wie wir uns im Inneren als Hirten und Lenker der Seelen verstehen – auch du dich immerzu im Äußeren als ein wahrer Verehrer Gottes und ein starker Verteidiger gegen alle Widersacher der Kirche Christi und für das Reich, das dir von Gott gegeben und durch das Amt unserer Weihe an Stelle der Apostel und durch die Bitte aller Heiligen deiner Herrschaft überantwortet ist, als ein Nutzen bringender Vollstrecker und Lenker erweist.'

> ‚So erhalte nunmehr den königlichen Platz, den du dir nicht nach Erbrecht oder der väterlichen Nachfolge, sondern [durch das Recht] der Fürsten oder Wähler im deutschen Reich und besonders durch die Macht des allmächtigen Gottes und unsere gegenwärtige Übertragung, und die aller Bischöfe und übrigen Diener Gottes, übertragen wissest. [...] Auf dass der Mittler zwischen Gott und den Menschen dich als den Mittler zwischen Klerus und Volk auf diesem Thron des Königreichs bestärke und im ewigen Reich mit sich herrschen lasse.'

### 7.3.2 Andere Wege: Frankreich

Die Thronfolge und Königserhebung in Frankreich hatte im Laufe des Mittelalters eine Entwicklung genommen, die sich deutlich von der ihres östlichen Nachbarn unterschied. Diese Besonderheiten thematisierte und deutete der Gelehrte Jean Golein in einem Traktat, den er unter Karl V. von Frankreich (1364–1380) über die französische Königsweihe verfasste (The *Traité du sacre* of Jean Golein, S. 309 und 316 f.):

> Dieser Charles VI. [sic] wurde nach Art seiner Vorgänger in Reims gekrönt und geweiht, nicht mit einem von den Händen eines Bischofs oder Apothekers hergestellten Öl oder Balsam, sondern mit der himmlischen heiligen Flüssigkeit, die in der Heiligen Ampulle (*la sainte ampole*) ist, die im Kloster Saint-Rémi von Reims aufbewahrt und bewacht wird und von

Engelshänden vom Himmel gebracht wurde, um die Könige von Frankreich auf eine edlere und heiligere Weise (*plus noblement et plus saintement*) zu salben als jeden König des alten oder neuen Gesetzes. Und daher wird er der edelste und sehr christliche (*treschrestien*) Verteidiger des Glaubens und der Kirche genannt, und er erkennt keinen weltlichen Herrn (*nul souverain temporel*) über sich an.

[...; zur Zeit Karls des Großen sei entschieden worden, dass] die Wahl des Papstes bei den Kardinälen, die Wahl des Kaisers bei den deutschen Fürsten und das Königreich Frankreich bei den Königen Frankreichs verbleiben soll, die von der heiligen und geweihten männlichen Linie abstammen, auf dass diese Segnung in der Übertragung von einem auf den anderen bleibe. Und deshalb wird auch die Königin geweiht, und mit meinem genannten Herrn wurde Madame Jeanne de Bourbon geweiht, die von jener heiligen Linie abstammte und seine Cousine war. Aber mit dem Dispens der Kirche hatte er sie geheiratet. Aufgrund der heiligen Weihe und der von Gott ohne andere Vermittler gesegneten Generationen schlussfolgere ich, dass es eine größere Würde ist König von Frankreich zu sein als Kaiser (*cest greigneur dignite estre Roy de france que empereur*).

[...; die einzelnen Handlungen der Weihe werden ausgedeutet, darunter auch die Salbung]

Nachdem diese Dinge gesagt und gemacht wurden und das Chrisam auf einer geweihten Metallplatte auf den Altar gestellt wurde, muss der Erzbischof [von Reims] die Heilige Ampulle auf den Altar zurecht legen, und er muss mit einer goldenen Nadel ein klein wenig von dem vom Himmel gesandten Öl entnehmen und es mit großer Sorgfalt mit dem Chrisam mischen, das zurecht gelegt ist um den König zu salben. Dieses genannte Chrisam bedeutet die Salbung des Heiligen Geistes, der den Aposteln am Pfingsttag gesandt wurde [...]. Das Auftragen auf die Metallplatte bedeutet die feste Standhaftigkeit des Gewissens, mit der es empfangen wird. Und die Vermischung der Ampulle und des genannten Chrisams bedeutet die Mischung des königlichen mit dem priesterlichen (*est signifiance de mixtion Royal avec prestrie*), von dem geschrieben steht: ‚Ihr seid ein auserwähltes Geschlecht, ein königliches Priestertum' [1 Petr 2,9]. Und deswegen muss man die Mischung dieser beiden Salböle mit großer Sorgfalt ausführen. Und mit diesem Salböl wird der König mit großer Verehrung gesalbt. Und in ihr wird offenbar, dass er der würdigste König ist und glorreicher als alle anderen gesalbt ist. Und er ist über alle anderen ausgezeichnet durch die vom Himmel gesandte göttliche Salbung.

[...; nach weiteren Handlungen wird auch die Krönung thematisiert]

Und als dem König durch den Erzbischof die Krone aufs Haupt gesetzt wird, müssen alle Pairs [de France, eine Gruppe von zwölf Fürsten], sowohl die Prälaten als auch die Ritter, ihre Hände an sie legen um sie zu stützen, alle ringsum, ohne Nachlässigkeit, schnell und offen, nach der Schrift, die sagt: ‚Und ringsum und inwendig sind voller Augen' [Off 4,8]; das bedeutet: Im Inneren des königlichen Hauses und ringsum sind alle Ämter voller Augen, um für die gute Regierung des Königreichs (*bon gouvernement du Royaume*) zu sorgen.

### 7.3.3 Fragen und Anregungen

Zu 7.3.1
- Erläutern Sie die Auffassung von Königsherrschaft, die in den Formeln des *Ordo* deutlich wird. Erörtern Sie insbesondere das Verhältnis von König und Geistlichkeit sowie den Stellenwert der Herrschererhebung.
- Verorten Sie Ihre Beobachtungen in der Entwicklung der mittelalterlichen Thronfolge. Diskutieren Sie, welche Veränderungen der politischen Ordnung des Reichs diesen Wandel hervorriefen.

Zu 7.3.2
- Erläutern Sie, wie in Frankreich der Modus der Nachfolge und die Königsweihe gedeutet wurden.
- Vergleichen Sie diese Konzeption mit dem spätmittelalterlichen römisch-deutschen Reich.

### 7.3.4 Lektüreempfehlungen

Quellen  Aachener Quellentexte, hg. von Walter Kaemmerer (Veröffentlichungen des Stadtarchivs Aachen 1), Aachen 1980 (*Mit einem Abschnitt zu den Königskrönung von 936–1531, in Original und Übersetzung*).
Die deutsche Königserhebung im 10.–12. Jahrhundert, hg. von Walter Böhme (Historische Texte. Mittelalter 14–15), 2 Bde., Göttingen 1970 (*Zusammenstellung zu Wahl und Krönung im Original*).
Die deutsche Königswahl im 13. Jahrhundert, hg. von Bernhard Schimmelpfennig (Historische Texte. Mittelalter 9–10), 2 Bde., Göttingen 1968 (*Zusammenstellung zur Wahl im Original*).

Literatur  Becher, Matthias (Hg.), Die mittelalterliche Thronfolge im europäischen Vergleich (Vorträge und Forschungen 84), Ostfildern 2017 (*Vielzahl fundierter Beiträge, die zusammen fast das gesamte europäische Mittelalter abdecken*).
Büttner, Andreas, Der Weg zur Krone. Rituale der Herrschererhebung im spätmittelalterlichen Reich (Mittelalter-Forschungen 35), Ostfildern 2012 (*Detaillierte Studie zu den rituellen Formen der Königserhebung und ihrer Veränderung, insbesondere der Krönungsordnungen*).
Erkens, Franz-Reiner, Teilung und Einheit, Wahlkönigtum und Erbmonarchie: Vom Wandel gelebter Normen, in: Verfassungsänderungen. Tagung der Vereinigung für Verfassungsgeschichte in Hofgeismar vom 15. bis 17. März 2010, hg. von Helmut Neuhaus (Beihefte zu „Der Staat" 20), Berlin 2012, S. 9–34 (*Überblick über Formen der Nachfolge im Wandel der Zeiten, von den Merowingern bis zum Ende des Mittelalters*).
Freund, Stephan, Die ostfränkisch-deutsche Königserhebung im frühen und hohen Mittelalter – Zeitgenössische Quellenaussagen und retrospektive

Forschungskonstrukte, in: Kaisertum, Papsttum und Volkssouveränität im hohen und späten Mittelalter. Studien zu Ehren von Helmut G. Walther, hg. von Stephan Freund/Klaus Krüger (Jenaer Beiträge zur Geschichte 12), Frankfurt am Main et al. 2017, S. 9–59 (*Behandelt die Königserhebungen von den Merowingern bis zum 12. Jahrhundert, unter besonderer Berücksichtigung der von der Forschung verwendeten Analysekategorien. Den älteren Interpretationen von Erbrecht und Wahlrecht wird das „Konsensprinzip" entgegenstellt*).

Lachaud, Frédérique/Penman, Michael A. (Hg.), Making and Breaking the Rules. Succession in Medieval Europe, c. 1000–c. 1600. Proceedings of the Colloquium held on 6–7–8 April 2006 (Histoires de famille. La parenté au Moyen Âge 9), Turnhout 2008 (*Neben der Thronfolge in den verschiedenen spätmittelalterlichen Königreichen wird auch die Nachfolge in Fürstentümern und geistlichen wie weltlichen Ämtern thematisiert*).

Rogge, Jörg, Die deutschen Könige im Mittelalter. Wahl und Krönung (Geschichte kompakt), 2. Aufl. Darmstadt 2011 (*Konzise Darstellung der einzelnen Königserhebungen von 911 bis 1486, verbunden mit ausgewählten Quellenstellen*).

# 8 Der König im Zentrum

Zu Beginn der 2000er-Jahre formulierte Gerd Althoff programmatische Überlegungen zur besonderen Bedeutung der symbolischen Kommunikation für die königlicher Herrschaft (Althoff 2001, S. 7 f.):

> „Aufmerksam geworden ist die bisherige Forschung auf dieses weite Feld öffentlicher Kommunikation vor allem unter dem Stichwort der Herrschaftsrepräsentation. An dieser Stelle ist jedoch darauf hinzuweisen, daß man gern neben dem Feld der Repräsentation das Feld der ‚richtigen' Politik, der Machtausübung ansiedelte. Gegen solches Trennungsdenken sei zumindest die Frage gestellt, ob die Machtausübung mittelalterlicher Könige und gewiß auch anderer Herren nicht ganz wesentlich aus solchen Akten der Repräsentation bestand. Die angedeuteten Regeln der Kommunikation zielten ja auf eine permanente demonstrative Anerkennung der Ordnung. Sie bewirkten einen beträchtlichen Zwang zum ‚Mitspielen', anderweitiges Verhalten bedeutete ein ‚Aus-der-Rolle-Fallen', eine Störung dieser Ordnung. Durchdenkt man die Konsequenzen dieses Kommunikationsstils, so fällt es nicht schwer zu erkennen, wieviel Machtausübung mit ihm verbunden war. Man mußte mitspielen. Wer dazugehören, Einfluß entfalten oder behalten wollte, war im Rahmen der Herrschaftsrepräsentation zu einem Verhalten verpflichtet, das die bestehende Ordnung demonstrativ anerkannte.
> So nimmt es nicht wunder, daß Opposition und Dissens in der Regel bereits dadurch zum Ausdruck kamen, daß man den persönlichen Kontakt, etwa ein Erscheinen auf Hoftagen, vermied, um nicht Verhalten zeigen zu müssen, zu dem man nicht bereit war. Auf der anderen Seite gewinnen aus dieser Perspektive natürlich die Fälle an Interesse, in denen Akte der Repräsentation bewußt gestört wurden. Zur generellen Charakteristik der mittelalterlichen Kommunikationsregeln gehört daher wesentlich folgendes: Sie waren sehr, nahezu ausschließlich am Rang der Agierenden orientiert, gaben den Ranghöchsten viele Trümpfe in die Hand, da das Ranggefüge permanent zur Darstellung gebracht wurde und so anerkannt werden mußte. Überraschungen und spontane Handlungen schlossen die Regeln dagegen weitgehend aus, da sie vertrauliche Klärungen zwingend vorschrieben, ehe es zu öffentlichen Auftritten kam."

*Performanz und Inszenierung*

Neben den konkreten politischen Inhalten und Entscheidungen, für die sich vor allem die ältere Forschung interessierte, gilt der Blick heute verstärkt der rituellen und zeremoniellen Dimension der Königsherrschaft. Der Grund hierfür liegt in der hohen Bedeutung, die der persönlichen Zusammenkunft und Interaktion von Herrscher und Untertanen im Mittelalter zukam: Sollte das Zusammenspiel der verschiedenen Akteure funktionieren, bedurfte es

*Das Mittelalter als Präsenzgesellschaft*

der Kommunikation von Angesicht zu Angesicht. Die Präsenz des Königs in seinem Reich wurde durch eine intensive Reisetätigkeit bewerkstelligt – man regierte gleichsam aus dem Sattel. Dies galt insbesondere für das römisch-deutsche Reich: Nach dem Umritt zu Beginn des Herrschaftsantritts kamen der König und die Fürsten regelmäßig zu Versammlungen zusammen, die zunehmend institutionalisierte Formen annahmen. Hierbei trat der König durch die Entgegennahme von Huldigungen, Belehnungen, Rechtsprechung und Gesetzgebung in seiner zentralen Rolle als Herrscher in Erscheinung, wie auch im Konfliktfall als Heerführer. Im Sinne eines „Doing Kingship" kann man Königsherrschaft daher (auch) als das Produkt ihrer performativen Inszenierung auffassen.

## 8.1 Herrschaft durch Präsenz

*Umritt*

Wahl und Krönung standen am Beginn jeder Regierung im römisch-deutschen Reich (Kapitel 7.2). Um jedoch im ganzen Reich anerkannt zu werden, musste der neue König bei seinem Herrschaftsantritt eine ganze Kette ritueller Handlungen vollziehen. Gerade bei anfechtbaren Thronwechseln kam dem systematischen Umritt zu Beginn der Regierungszeit besondere Bedeutung zu. Als beispielsweise nach dem Aussterben der Ottonen 1024 der Salier Konrad II. in Mainz erhoben worden war, zog er anschließend für mehrere Monate umher, um mit Lothringen, Sachsen, Ostfranken, Schwaben und Bayern alle machtpolitisch wichtigen Regionen des Reichs zu besuchen. Den Erfolg dieser Reise fasste sein Biograph Wipo mit leichter Übertreibung, aber dennoch treffend zusammen: „Durch diesen Umritt umgürtete er seine Reichsteile durch Friedensbündnis und Königsschutz auf das festeste." (*quo transitu regna pacis foedere et regia tuitione firmissime cingebat*; Wipo, Gesta Chuonradi imperatoris, c. 6, S. 29).

Der Besuch wichtiger Orte und Regionen war mit der Huldigung der dortigen Großen verbunden, die so die Herrschaft des neuen Königs anerkannten (Schmidt 1961). Mit der Königswahl durch die Kurfürsten als Repräsentanten des Reichs verlor der Umritt an Bedeutung. Gerade im Konfliktfall war jedoch weiterhin ein persönliches und machtvolles Erscheinen des Herrschers vor Ort nötig. Eine vergleichbare sukzessive Inbesitznahme der Herrschaft gab es auch in anderen Königreichen. Einige merowingische Könige nahmen so ihr Reich in Besitz, wie auch die iberischen Könige des 11.–13. Jahrhunderts (die oft über mehrere Reiche herrschten) und die spätmittelalterlichen Könige Schwedens („Eriksgata").

„Das Land, das der König nicht aufsucht, ist allzu häufig voll von den Klagerufen der Armen", so wird in der Vita Heinrichs II. (1002–1024) dessen erstmaliger Besuch des Moselgaus begründet (Adalbold, Vita Heinrici II imperatoris, c. 19, S. 688: *terra, quam rex non frequentat, saepissime pauperum clamoribus et gemitibus abundat*). Auch nach dem Herrschaftsantritt war der römisch-deutsche König kontinuierlich im Reich unterwegs, oft mehrere tausend Kilometer im Jahr. Nur selten weilte er länger als einen Monat am gleichen Ort. Das Umherziehen erfolgte keineswegs systematisch und gleichmäßig, stets gab es Kern- und Fernzonen, Zentralorte und Gegenden, die der König persönlich nie zu Gesicht bekam.

Herrschaft aus dem Sattel

Zentrales Analysemittel für die herrschaftliche Erfassung des Raums ist das Itinerar, also der Reiseweg des Königs, der sich anhand der Ortsangaben in königlichen Urkunden in Verbindung mit weiteren Quellen rekonstruieren lässt. Solche Wegitinerare wie auch Aufenthalts- oder Frequenzitinerare spiegeln die einzigartige politische Situation des jeweiligen Herrschers wider, gewähren aber auch Einblicke in die strukturellen Elemente königlicher Herrschaft (Müller-Mertens 1980; Keller 1982). So äußerte sich die gestiegene Bedeutung der Reichskirche für das Königtum und die zunehmende Sakralisierung des Herrschers darin, dass die Könige seit Heinrich II. die wichtigsten Feste nicht mehr vornehmlich in einer königlichen Pfalz, sondern in einer Bischofsstadt feierten. Zieht man neben dem Reiseweg noch die Anziehungskraft, Reichweiten und Intensität königlicher Herrschaft heran, lassen sich mit Peter Moraw königsnahe, königsoffene und königsferne Landschaften unterscheiden (programmatisch Moraw 1976).

Itinerarstudien

Eine „Hauptstadt", also einen Ort, an dem der König und sein Hof wiederholt für längere Zeiträume fest residierten, gab es lange Zeit nicht. Rom gab dem Reich zwar seinen Namen, doch die Kaiser hielten sich in fünf Jahrhunderten dort insgesamt nur knapp fünf Jahre auf, ohne Otto III. (983–1002) sogar nur etwa dreieinhalb Jahre. Allein Aachen hatte zu Beginn des 9. Jahrhunderts während der Spätzeit Karls des Großen und der ersten Jahre seines Nachfolgers Ludwig der Fromme die Rolle einer Hauptstadt. Erst im späten Mittelalter sollte den jeweiligen Residenzen der fürstlichen Hausmacht eine vergleichbare Bedeutung zukommen. In anderen

Hauptstadt

Königreichen ging seit dem späten 12. Jahrhundert ebenfalls die Reisetätigkeit zugunsten längerfristiger Aufenthaltsorte zurück, an denen sich Herrschaft verdichtete und feste Verwaltungsstrukturen entstanden (Paris in Frankreich, Westminster in England, Prag in Böhmen etc.). Das Königreich Kastilien wies hingegen noch im 14. Jahrhundert vier Zentralorte auf (Toledo, Sevilla, Burgos und Valladolid), was vor allem auf seine Struktur als ‚composite kingdom' in Folge der Reconquista zurückzuführen ist (Arias Guillén 2013).

**Hoftage**

Die zunehmende Konzentration auf ein Regierungszentrum bedeutete allerdings nicht das endgültige Ende der ambulanten Herrschaftsausübung – bis zum Versailles Ludwigs XIV. war es noch ein weiter Weg. Für lange Zeit war der Hoftag das zentrale Forum der persönlichen Kommunikation zwischen Herrscher und Untertanen. Die Abgrenzung zwischen den beiden Ausprägungen der *curia* – dem alltäglichen, ‚engeren' Hof (Kapitel 10.2.2) und dem ‚gesteigerten' Hoftag – fällt dabei nicht immer leicht, da sich viele Große über einen längeren Zeitraum beim König aufhielten und ihm mit Rat und Tat (*consilium et auxilium*) dienten. Dementsprechend ließ Friedrich II. 1226 erklären: „Wo unsere Person und die Fürsten unseres Reichs zusammenkommen, dort ist ein Hoftag Deutschlands." (MGH Const. 2, Nr. 106, S. 135: *cum ibi sit Alemannie curia ubi persona nostra et principes imperii nostri consistunt*).

**Themen der Hoftage**

Die Hoftage fanden in unregelmäßigen Abständen an wechselnden Orten statt, entsprechend variierte der Teilnehmerkreis. Herrscher und Herrschaftselite berieten hier gemeinsam über regionale Fragen, aber auch über Angelegenheiten des gesamten Reichs – getreu dem Grundsatz: „Was alle betrifft, muss von allen gutgeheißen werden" (*Quod omnes tangit, ab omnibus approbari debet*). Solche reichspolitischen Themen waren Kriegs- und Kreuzzüge, Außen- und Kirchenpolitik, Nachfolge im Königsamt, Streitschlichtung und Friedenssicherung (Landfrieden), Gesetzgebung und Rechtsprechung, Urteile über Ab- und Einsetzungen sowie Rangerhöhungen von Fürsten. Dissens zum König wurde in der Regel durch Fernbleiben zum Ausdruck gebracht. Die persönliche Zusammenkunft konnte jedoch auch genutzt werden, um Bitten oder Forderungen an den König zu richten und auf dessen Entscheidungen einzuwirken. Zeitweise kam es auch zu königslosen Tagen, an denen die Fürsten eigenständig über die Belange des

Reichs berieten, bis hin zur Absetzung des abwesenden Monarchen und Neuwahl.

Im Laufe des 15. Jahrhunderts wurde der Hoftag durch den Reichstag abgelöst.[1] Dieser war ständisch gegliedert (1. Kurie: Kurfürsten; 2. Kurie: Reichsfürsten, Prälaten, Grafen und Herren; 3. Kurie: Freie Städte und Reichsstädte), seit 1594 ortsunabhängig (Regensburg) und seit 1663 dauerhaft („Immerwährender Reichstag"). Die institutionelle Verfestigung setzte damit in dem von der Dominanz der Kurfürsten geprägten Reich später ein als in anderen Königreichen. In den iberischen Monarchien gewannen die Städte schon im 13. Jahrhundert neben Adel und Klerus eine eigenstände Position in den *Cortes*. Gerade in Portugal und Aragón kamen diese in regelmäßigen Abständen zusammen und machten in Finanzpolitik und Gesetzgebung ihren Einfluss geltend. Für Kastilien-León wurde die Rolle der *Cortes* unterschiedlich bewertet, und auch in Frankreich kam den „Generalständen" (*États généraux*) mit ihren gewählten drei Ständen eher die Funktion einer zusätzlichen Legitimierung königlicher Entscheidungen zu, bei nur seltener eigener Akzentsetzung. Diese Versammlungen waren folglich eher Herrschaftsinstrument der Könige als deren Beratungs- oder Kontrollorgan. In England dagegen bedurfte der König des Parlaments vor allem für kriegsbedingte Steuerforderungen, aber auch an der Gesetzgebung gewannen gerade die *Commons* immer größeren Anteil. Bei Kritik an der königlichen Regierung, erfolgreichen Staatsstreichen oder gescheiterten Rebellionen kam einzelnen Parlamenten eine besondere Rolle zu, wie dem *Merciless Parliament* von 1388 oder dem *Revenge Parliament* von 1397.

Vom Hof- zum Reichstag

Europäischer Vergleich

---

[1] Für die Entstehung des Reichstags wurde von Peter Moraw vor allem der innen- und außenpolitische Druck seit den 1470er-Jahren angeführt, wogegen Gabriel Annas die längerfristige Transformation seit dem hohen Mittelalter mit dem „Gemeinen Tag" der 1420er- und 1430er-Jahren als wichtige Wegmarken betonte; vgl. zur Forschungsgeschichte Annas 2004, Bd. 1, S. 61–72, zur Deutung S. 437–443.

## 8.2 Herrschaft durch Performanz

Umritt, Reiseherrschaft und Hoftag brachten Herrscher und Untertanen zusammen und waren Ausdruck des personalen Charakters der mittelalterlichen Königsherrschaft, den diese mit anderen vormodernen und vornehmlich agrarisch geprägten Gesellschaften teilt. Sie dienten jedoch nicht allein der Beratung politischer Angelegenheiten, sondern ermöglichten es dem König seine Herrschaft performativ in Szene zu setzen.

Einzug
Dies begann bereits bei der Ankunft des Königs vor Ort: Er wurde durch die Geistlichkeit und/oder die städtische Führungsschicht feierlich empfangen und bildete das Zentrum der Einzugsprozession (*adventus regis*; Schenk 2003). Fiel der Aufenthalt mit einem Hochfest wie Pfingsten, Ostern oder Weihnachten zusammen, feierten der König und die anwesenden Großen dieses gemeinsam (für einen interkulturellen Vergleich siehe Oesterle 2009). Im hohen Mittelalter wurde zu diesem Anlass in etlichen Reichen eine

Festkrönung
Festkrönung abgehalten: Dem König wurde von einem Geistlichen die Krone aufgesetzt, entweder während der Messe oder bereits im Vorfeld, so dass der Gang zur Kirche unter der Krone erfolgte.

Diese verkürzte Wiederholung der ursprünglichen Weihe kann als regelmäßige Erneuerung des Herrschaftsantritts gedeutet werden. Mehrmals im Jahr wurde der König so in Anwesenheit wichtiger Reichsangehöriger und vor einer gewissen Öffentlichkeit für alle sichtbar an die Spitze der hierarchischen Ordnung gestellt. In der Entwicklung dieses Rituals spiegelt sich auch der Wandel in der sakralen Dimension der Herrschaft: Ausgehend von karolingischen Vorläufern kam das Ritual wohl gegen Ende des 10. Jahrhunderts im Reich auf, fand bald darauf auch in anderen Königreichen wie England, Frankreich oder Sizilien Verwendung und verschwand um 1200 zugunsten des Tragens der Krone ohne gesonderte kirchliche Krönung.

Huldigung
Beim ersten Aufeinandertreffen des Königs mit seinen Untertanen im Zuge von Krönung, Umritt oder Hoftag kam es zur Huldigung. Sie bedeutete die Anerkennung der Königsherrschaft und begründete den geschuldeten Gehorsam, band aber auch beide Seiten aneinander. Die merowingischen und frühen karolingischen

Könige nahmen einen allgemeinen Untertaneneid entgegen.[2] Im römisch-deutschen Reich leisteten hingegen bald nur noch die Reichsunmittelbaren dem König einen Lehnseid, die übrigen huldigten ihrem jeweiligen Landesherren.

Die Investitur des Vasallen durch den König erfolgte für die geistlichen Fürsten als Zepter- und für die weltlichen als Fahnenlehen. Im Gegenzug leistete der Lehnsmann Treueid und Mannschaft (*homagium*), indem er vor seinem Herrn niederkniete und seine gefalteten Hände in dessen Hände legte (Handgang). Die Erneuerung des Lehnsverhältnisses erfolgte nach einem Thronwechsel (Herrenfall) oder dem Tod des Vasallen (Mannfall). Auch wenn die tatsächliche herrschaftliche Durchdringung im römisch-deutschen Reich im Vergleich mit den westeuropäischen Monarchien weniger stark war, präsentierte sich der König doch bei jedem Belehnungsakt als oberster Lehnsherr, dessen Spitzenstellung alle Reichsangehörigen anerkannten. Die geleisteten Eide banden die Untertanen, was eine Fundamentalopposition nicht ausschloss, aber auf außergewöhnliche Umstände beschränkte.

<sub>Belehnung</sub>

Die Huldigung ging oft mit der Anerkennung und Bestätigung bestehender Rechte und Privilegien einher. Dies konnte beim erstmaligen Besuch vor Ort geschehen, in der Regel aber im Rahmen eines Hoftags und somit vor einer breiteren, sei es regionalen, sei es reichsweiten Öffentlichkeit. Der Privilegierungsakt war mehr als die bloße Übergabe der Urkunde als Textdokument. Dies zeigt sich bereits in ihrer aufwendigen äußerlichen wie sprachlichen Gestaltung: Als Element der symbolischen Kommunikation manifestierte sich in ihr die Erhabenheit und Machtfülle des Herrschers (Keller 2004).

Privilegienvergabe

Als *rex iustus* war der König der Gesetzgebung verpflichtet, die in Form allgemeiner Gesetze (wie den karolingischen Kapitularien) oder einzelner Bestimmungen erfolgen konnte. Seine Rolle als Schützer und Wahrer des Rechts nahm er bei der Schlichtung von Streitfällen oder in Gerichtsverfahren wahr, wobei zu manchen

Rechtsprechung

---

[2] Für die Merowinger betont Becher 1993, S. 94–111, gegen die ältere Forschung, dass der Treueid nicht auf ein germanisches Gefolgschaftswesen, sondern auf den aus dem römischen Militärwesen stammenden Fahneneid zurückgeht – eine Umdeutung, die sich auch für andere Aspekte des merowingischen Königtums findet (Kapitel 3.2).

**Königsgericht**

Zeiten (z. B. unter den Ottonen) gerade der außergerichtlichen Konfliktlösung zentrale Bedeutung zukam. Das Königsgericht existierte zunächst nicht selbstständig an einem festen Ort, sondern war eng an den König und seinen ihn begleitenden Hof gebunden. Nach 1235 erlangte es als königliches Hofgericht unter dem Vorsitz eines Hofrichters eine eigenständigere Organisation. Der König selbst war vornehmlich für die Leitung, Verkündigung und Ausführung zuständig, das Urteil fällten die fürstlichen bzw. ministerialen Schöffen. Gleichwohl konnte der Herrscher auch aktiv eingreifen und seinen Einfluss geltend machen – die Grenzen zwischen gerichtlichem und politischem Prozess verschwammen besonders dann, wenn der König persönlich betroffen war. Die Entscheidung konnte aber auch gegen den König oder nicht in seinem Sinne ausfallen, zumal über Fürsten nur ihre Standesgenossen (unter königlichem Vorsitz) urteilen konnten (Kapitel 6.4.1). Im 15. Jahrhundert rückte das königliche Kammergericht mehr und mehr an die Stelle des Hofgerichts, so dass der König stärker als Richter tätig wurde, nun im Verbund mit seinen Räten.

**Rolle der Fürsten**

Ohnehin kann königliches Handeln auf Hoftagen nicht ohne die anwesenden Fürsten gedacht werden, die keineswegs nur stumme Zuschauer, sondern auf die Wahrung ihres eigenen Einflusses bedacht waren. Neben den inhaltlichen Fragen der Beratungen kam dem Zeremoniell entscheidende Bedeutung zu. Dies äußerte sich besonders in den unzähligen Rangstreitigkeiten, die sich in Konflikten um die Nähe zum Herrscher beim Gehen, Stehen und Sitzen oder um das Tragen der Insignien manifestierten. Der Statusrepräsentation diente auch der große und oft aufwendig ausgestattete fürstliche Anhang. Der König stand zwar im Zentrum, aber eben auch im Kreis seiner Fürsten, die ihm nachzueifern oder ihn sogar zu übertreffen suchten. Die Zusammenkunft des Herrschers mit seinen Untertanen ließ in den Ritualen das Reich selbst lebendig und damit Wirklichkeit werden. Der Hoftag war dabei auch Teil der höfischen Festkultur, also ein festliches Ereignis, das mit Gottesdiensten, Gastmählern und Turnieren begangen wurde, wie die großen Mainzer Hoftage von 1184 und 1188 unter Friedrich I.

**Höfische Festkultur**

**Kriegsführung**

Die Führungsrolle des Königs äußerte sich auch in seiner Stellung als Kriegsherr. Der Kampf gegen Reichs- und Glaubensfeinde war Teil des Königsideals und wurde bei der Krönung explizit beschworen: „Er sei der Stärkste der Könige, Besieger der Feinde zur Unterwerfung der aufständischen und heidnischen Länder."

(*Mainzer Ordo*, c. 14, S. 253: *sit fortissimus regum, triumphator hostium ad opprimendas rebelles et paganas nationes*).

Die Bedeutung der Kriegsführung für das Königtum wandelte sich ebenso wie die zur Heerfolge verpflichteten Gruppen: Von den Heerkönigen der Völkerwanderungszeit und den merowingischen sowie karolingischen Königen, die über die fränkischen Freien befehligten, über die auf dem Lehnswesen basierenden hochmittelalterlichen Ritterheere zum Aufstieg des Berufskriegertums im späteren Mittelalter. Im römisch-deutschen Reich betraf die Heerfahrtpflicht vornehmlich die Italienzüge, die zur Erlangung der Kaiserwürde (Romzug), aber auch zur Wahrung der Reichsrechte in Süd- und vor allem Norditalien geführt wurden. Der König berief die Heerfahrt ein und hatte in der Regel den Oberbefehl: Karl der Große führte gestützt auf ein effizientes Militärwesen in fast jährlichen Feldzügen das Frankenreich zu einer beispiellosen Expansion, Otto der Große schlug 955 die Ungarn in der Lechfeldschlacht und beendete damit deren Einfälle ins Reich. Zahlreiche Könige beteiligten sich an den Kreuzzügen in den Orient und Nordafrika. Die Herrscher der iberischen Königreiche kämpften immer wieder vor Ort gegen Andersgläubige (Reconquista).

Die persönliche Beteiligung des Herrschers an der Kriegsführung blieb bis zum Ende des Mittelalters die Regel, sowohl für die Feldzüge insgesamt als auch für die einzelne Schlacht. In welchem Maße die Könige dabei selbst aktiv eingriffen, ist schwierig zu beurteilen (Clauss/Stieldorf/Weller 2015). Zahlreiche im Kampf gefallene oder gefangen genommene Herrscher deuten jedoch darauf hin, dass der Feldherrnhügel, den man Ende des 15. Jahrhunderts verstärkt dem König zuwies, lange Zeit nicht dessen bevorzugter Platz war.

Der König im Kampf

## 8.3 Quellen und Vertiefung

### 8.3.1 Einladung zum Hoftag (1084)

Nach seiner Kaiserkrönung in Rom und der Rückkehr nach Deutschland beabsichtigte Heinrich IV. verschiedene Reichsangelegenheiten mit seinen Fürsten auf einem Hoftag zu besprechen. Erhalten hat sich das Einladungsschreiben an Bischof Rupert von Bamberg (MGH Const. 1, Nr. 71, S. 120 f.):

Heinrich, von Gottes Gnaden erhabener Kaiser der Römer und Augustus, entbietet R., Bischof der Bamberger Kirche, seine Gnade und alles Gute.

Es ist dir bekannt, in welcher Gefahr die ganze Kirche schwebt, welch großer Irrtum sich in ganz Sachsen erhebt und in welch trostlosem Zustand die edle Metzer Kirche gänzlich niedergerissen wird; und nicht nur dort, sondern auch in den verschiedenen Gegenden ist die Kirche unseres Reichs gespalten. Daher haben wir mit dem Rat unserer Getreuen (*consilium nostrorum fidelium*) beschlossen, am Sonntag vor dem kommenden St. Andreasfest [24. November] in Mainz eine Versammlung (*colloquium*) abzuhalten. An dieser Versammlung nehmen alle unsere getreuen Fürsten des Reichs teil und außerdem alle, deren Treue oder fürsorglicher Rat uns als nützlich bezeichnet wird.

Wir bitten dich von Herzen ebenfalls dazu zukommen, weil auf keinen Fall so schwierige Reichsangelegenheiten und die Spaltung der Kirche zur Einheit gebracht werden können ohne deine überaus große Weisheit, deinen außergewöhnlichen Rat und deine Treue, die uns bisher häufig in Nöten und solchen Streitfragen des Reichs zur Stelle war, wie wir es wollten und die Sachlage es erforderte. Zu dieser Versammlung werden alle unsere treuen Sachsen kommen, um uns zu inständig zu bitten, nach Sachsen zu kommen und die neuen Irrtümer beizulegen. Dagegen rufen uns aber die Metzer auf, nach Metz zu gehen, damit dort endlich der Kirche wieder der Frieden und die Sicherheit zurückgegeben werden. Auch sind wir auf Einladung des Erzbischofs zur Feier des Weihnachtsfests in Köln.

Und deshalb haben wir beschlossen diese Versammlung abzuhalten, damit wir solche Uneinigkeiten des Reichs zuvor beilegen, bevor wir in weiter entfernte Gebiete gehen. Daher haben wir aber den genannten Zug verschoben, damit im allgemeinen Rat aller unserer (*commune omnium nostrorum consilium*) erwogen wird, was von uns getan werden soll. Daher bitten wir dich bei der Zuneigung, durch die du unser Pate geworden bist, dass dich nicht die Krankheit des Leibes oder irgendein anderer Umstand hindere, zur festgesetzten Zeit zu der genannten Versammlung zu kommen und dort nach deiner großen Weisheit und deiner gewohnten Treue zu beschließen, was für unseren Nutzen und den des Reichs notwendig ist.

### 8.3.2 Belehnungen (1486)

Der kaiserliche Herold Bernhard Sittich berichtet ausführlich über mehrere Fürstenbelehnungen, die im Rahmen des Frankfurter Hoftags am 14. Februar 1486 stattfanden, zwei Tage vor der Königswahl Maximilians, dem Sohn Kaiser Friedrichs III. (RTA MR 1, Nr. 915b, S. 922–925³):

> *Hernach volgt, wie etlich Kff., Ff. und Hh., geistlich und weltlich, von der ksl. Mt. zu Frankfurt ire regalia empfangen haben: Uf mendag nach dem sonntag Invocavit, der do was der 13. tag des hornungs, ward gezymert und ufgericht am markt zu Frankfurt vor dem Romer ein gerust zu einem Ks.stul, etlich Ff. daruf zu belehenen. Und am dinstag ritten all Kff. und Ff. zu der ksl. Mt., die was gekleidet mit eim guldin stuck und halsband von perlin und edelnsteinen, besser dann 100.000 fl. wert, nemlich Ehg. Maximilian, der Ebf. zu Coln und Tryer in guldin stucken, der Pfalzgf. und der Mgf. von Brandenburg in sydin schuben, der Hg. von Sachsen in eim silberin stuck, und darnach uf den Ks. stul, da waren viel kostliche sydin tucher und guldin stuck ufgeslagen.*
>
> *[...; der Kaiser, sein Sohn Erzherzog Maximilian und die Kurfürsten zeigen sich auf dem Gerüst. Dann gehen sie ins Haus „zum Kranich", um ihre – ausführlich beschriebene – ksl., kftl. und erzherzogische kleider und gezierde anzulegen. Anschließend kehren sie auf das Podest zurück.]*
>
> *Als sich nu der Ks. in den stul, uberzogen mit eim guldin stuck, satzte, stund neben ime zur rechten hand der Pfalzgf., hielt den apfel, und Ehg. Maximilian, zur linken syten der Ebf. von Coln und der Mgf. von Brandenburg, hielt den zepter vor ime, der Hg. von Sachsen mit dem blossen swert, und gegen dem Ks. uber funf schritt stund der Ebf. von Trier in sinem stand. Darzu wurden auch geordent zur rechten hand alle geistlich Ff. als die Bff. von Babenberg, Eystat, Virdun, Worms, Spyer, Camerich, Sibenich etc., uf der linken syten die weltlichen Ff. als Hg. Albrecht, Hg. Fridrich und Hg. Hans von Sachsen, Hg. Heinrich von Brunswig, Hg. Karle von Gellern, die zwen Landgff. von Hessen, Hg. Hans und Hg. Caspar von Beyern, die dry Mgff. von Baden, der Hgg. von Osterrich, Beyern und Munchen reete. Sust stundent allenthalben der andern Ff. reete, Gff. und Fhh. ob 125.*
>
> *Und nachdem als der Ks. uf dem stul eine gute zyt gesessen was, kamen des Ebf. von Menz renner und berannten den ksl. stul. Darnach uber ein kurze zyt kam er mit sinem gezug zu dem stul gerennt und stund abe mitsampt sinen Gff., Hh. und andern. Alsbald nam der erzmarschalk das pferd und die turhuter sine kleidung, die was scharlach wie der von Trier und Coln. Vor ime trug man des stifts Mens paner und das rot blutfehlin, darzu ein roten stecken, daran hieng ein roter, leder anser, darin waren ksl. und kgl. siegel. Und alsbald er uf den stul kam, fiel er einmal uf sine knuwe, furbas aber einmal und vor dem Ks. zum dritten male, und also knuwend bat er sin Mt.,*

---

**3** Die Abkürzung entsprechen der Edition: Bf. – Bischof, Ebf. [hier statt „EB"] – Erzbischof, Ehg. – Erzherzog, F. – Fürst, Fh. – Freiherr, fl. – Gulden, Gf. – Graf, Gft. – Grafschaft, H. – Herr, Hg. – Herzog, hl. – heilig, Kf. – Kurfürst, kftl. – kurfürstlich, Ks. – Kaiser, ksl. – kaiserlich, Mgf. – Markgraf, Mt. – Majestät.

ime sine regalia gnediglich zu lyhen, als die sinen vorfarn, Bff. zu Menz, waren geliehen worden. Da ließ der Ks. ime den Waldner, sinen protonotarien, den eyd vorlesen und swur uf die brust und nam darnach den zepter vom Mgf. von Brandenburg. Den stalt er besytz uf sin beyn und lihe dem Ebf., als vil er zu lyhen het und gab ime das meinzisch fenlin in die hand. Damit ward ime ubergeben alle gerechtikeit, gnad und fryheit, so der stift Menz von dem hl. Rich hat. Darnach gab er ime das rot fenlin; damit ward ime gewalt geben, uber das blut zu richten. Darnach gab er ime den seckel mit den sigeln; dadurch ward er des Richs erzcanzler in tutschen landen. Also stund er uf und wurden beide fenlin under das volk geworfen und zerryssen, und satzt sich furbas nyder neben des Ks. zu allernest an die rechte syten, und ward sin pferd, das er die zyt geritten het, dem erzmarschalk und sine kleider den turhutern.

[...; anschließend wird der Pfalzgraf in ähnlicher Weise belehnt *und zulest mit dem ksl. apfel als ein druchsesse bestetigt. Er satzt sich neben den Ebf. von Menz, als sich geburt.*]

Nach dem kam der Hg. von Brunswig in einer brunen adlassin schuben und het auch vor ime dry baner, eins von Brunswig mit zweyen guldin lowen in rotem feld, das ander von Meckelnburg mit einem blauen lowen in guldiner feldung vermyst mit roten herzen, das dritt rot, genant das blutfenlin. Und als er auch uf sinen knuwen belehent und mit dem pferd, der kleydung und anderm, wie vorsteet, gehalten wurde, kam darnach der Bf. von Worms in einer brunen adlassin schuben mit einem paner, darin sins stifts und stames Talberg wapen waren, und mit eym blutfenlin und bat auch die ksl. Mt. knuwend, ime sine regalia zu lyhen; das geschach mit allen dingen und in der form, als vorgemelt ist. Nach dem allem schieden der Ks., die Kff. und Ff. wider vom stul in das hus zum kranch.

### 8.3.3 Fragen und Anregungen

Zu 8.3.1
– Arbeiten Sie die Gründe heraus, die im Schreiben Heinrichs IV. für das Abhalten eines Hoftags und die Notwendigkeit der Teilnahme genannt werden.
– Erläutern Sie ausgehend von dem Einladungsschreiben die allgemeinen Anforderungen, die für eine persönliche Ausübung der Königsherrschaft bestanden.

Zu 8.3.2
– Beschreiben Sie das Setting und den Ablauf der Belehnungen auf dem Frankfurter Hoftag 1486. Erläutern Sie, welche Stellung und Beziehung von Kaiser, Kurfürsten und Fürsten hierin zum Ausdruck kommt.

- Bewerten Sie allgemein die Bedeutung eines solchen Rituals für die Inszenierung der Königsherrschaft und ordnen Sie es in das weitere Feld an rituellen Handlungen ein.
- Verorten Sie die politische Bedeutung der beiden kurfürstlichen Belehnungen des Jahres 1486 in ihrem historischen Kontext. Informieren Sie sich hierzu über die Stellung der beiden Kurfürsten zum Kaiser und über den weiteren Verlauf der Ereignisse. Diskutieren Sie die diesbezügliche Aussage eines oberbayerischen Gesandten: *und der Kaiser hat die Kurfürsten mit dem lehen so lang aufgezogen, bis sein zeit worden ist* (RTA MR 1, Nr. 860, S. 780).

### 8.3.4 Lektüreempfehlungen

Quellen

Urkundenregesten zur Tätigkeit des deutschen Königs- und Hofgerichts bis 1451, verschiedene Herausgeber, 16 Bde., Köln/Wien 1986–2014. (*Die bisher erschienenen Bände umfassen den Zeitraum von 911 bis 1406*).

Spieß, Karl-Heinz, Das Lehnswesen in Deutschland im hohen und späten Mittelalter, 3. Aufl. Stuttgart 2011 (*Einführung und ausgewählte Quellen vom 11. bis zum 15. Jahrhundert samt Übersetzung, die etwa zur Hälfte das Königtum direkt betreffen*).

Literatur

Althoff, Gerd, Kontrolle der Macht. Formen und Regeln politischer Beratung im Mittelalter, Darmstadt 2016 (*Nimmt für die Zeit der karolingischen bis staufischen Herrscher die politische Teilhabe mittels Beratung anhand ausgewählter Fallbeispiele in den Blick*).

Annas, Gabriele, Hoftag – Gemeiner Tag – Reichstag. Studien zur strukturellen Entwicklung deutscher Reichsversammlungen des späten Mittelalters (1349–1471) (Schriftenreihe der Historischen Kommission bei der Bayerischen Akademie der Wissenschaften 68), 2 Bde., Göttingen 2004 (*Umfassende Aufarbeitung der Forschungsgeschichte und der personellen Struktur der spätmittelalterlichen Hoftage, mit detaillierten Verzeichnissen zu 80 Reichsversammlungen im zweiten Band*).

Dücker, Julia, Reichsversammlungen im Spätmittelalter. Politische Willensbildung in Polen, Ungarn und Deutschland (Mittelalter-Forschungen 37), Ostfildern 2011 (*Vergleichende Studie über Organisation, Ablauf und Wahrnehmung in drei Königreichen*).

Keller, Hagen, Die Investitur. Ein Beitrag zum Problem der „Staatssymbolik" im Hochmittelalter, in: Frühmittelalterliche Studien 27, 1993, S. 51–86 (*Geht den sich wandelnden Formen und Funktionen der Investitur von den Karolingern bis ins 12. Jahrhundert nach*)

Peltzer, Jörg/Schwedler, Gerald/Töbelmann, Paul (Hg.), Politische Versammlungen und ihre Rituale. Repräsentationsformen und

Entscheidungsprozesse (Mittelalter-Forschungen 27), Ostfildern 2009 (*Schwerpunkt auf dem späteren Mittelalter, berücksichtigt auch die Konzilien und die päpstliche Kurie*).

Zotz, Thomas, Präsenz und Repräsentation. Beobachtungen zur königlichen Herrschaftspraxis im hohen und späten Mittelalter, in: Herrschaft als soziale Praxis. Historische und sozial-anthropologische Studien, hg. von Alf Lüdtke (Veröffentlichungen des Max-Planck-Instituts für Geschichte 91), Göttingen 1991, S. 169–194 (*Betrachtet anhand ausgewählter Beispiele die Auswirkungen der königlichen Abwesenheit und Gegenwart sowie die Mittel der königlichen Herrschaftsrepräsentation*).

# 9 Ökonomische Grundlagen

Die Erforschung der wirtschaftlichen Grundlagen des Königtums ist in besonderem Maße durch die oft spärliche Quellenlage geprägt. Die Interpretation einzelner Quellen hat daher entscheidende Bedeutung für das Gesamtbild. Für das römisch-deutsche Reich gilt dies besonders für das sogenannte „Tafelgüterverzeichnis" aus dem hohen Mittelalter, das die königlichen Besitzungen in einer langen Reihe von Höfen und deren Abgaben verzeichnet (Brühl/Kölzer 1979, S. 53):

> Dies sind die Höfe, die zur Tafel des Römischen Königs gehören. Aus Sachsen mit all ihrem Zubehör: die Lausitz gibt 5 königliche Dienste (*servitia regalia*); der Milzengau; der Nisangau; Bautzen; Altenburg; Eisleben; Allstedt; Wolferstedt; Farnstedt; Wallhausen; Tilleda; Aschersleben; Werla; Goslar; Hornburg; Pöhlde; Grone, wozu die Sichelschmiede des Königs gehören; Eschwege; Mühlhausen; Merseburg 40 Dienste. Diese Höfe in Sachsen geben dem König gleichwohl so viele Dienste wie das Jahr Tage hat, und 40 mehr. Wir machen Euch auch bekannt, was ein königlicher Dienst in Sachsen ist: Es sind 30 große Schweine, 3 Kühe, 5 Ferkel, 50 Hühner, 50 Eier, 90 Käse, 10 Gänse, 5 Fuder Bier, 5 Pfund Pfeffer, 10 Pfund Wachs, Wein aus ihrem Keller überall in Sachsen.
> Dies sind die Höfe aus Rheinfranken: Tiel 2 königliche Dienste; Nymwegen 8; Aachen 8; Konzen 2; Düren 2; Remagen 2; Sinzig 2; Hammerstein 2; Andernach 2; Boppard 3; Ingelheim 3; Lautern 8; die Burg Briey 8; Diedenhofen 3; Flörchingen 7; Zolver 7; Sierck 7; Haßloch 1; Nierstein 1; Trebur 4; Frankfurt 3. Dies sind die Höfe aus Franken. Soviel geben sie: 40 Schweine, 7 saugende Ferkel, 50 Hühner, 5 Kühe, 500 Eier, 10 Gänse, 5 Pfund Pfeffer, 90 Käse, 10 Pfund Wachs, 4 große Fuder Wein.
> Dies sind die Höfe aus Bayern: Nürnberg gibt 2 königliche Dienste; Gründlach 1; Schübelsberg 1; Pattenhofen 1; Weißenburg 1; die Burg Nürnberg 7; Hafenberg 7; Greding 5; Neuburg an der Donau 2; Creußen 3; Neumarkt mit 1000 Hufen; Dornberg 2. Dies sind die Höfe aus Bayern. Sie geben 26 königliche Dienste, und zwar so groß wie die aus Franken.
> Dies sind die Höfe aus der Lombardei: Settimo gibt 2 königliche Dienste; Turin sein Allod; Susa 2000 Mark; die Burg Avigliana 1000 Mark; Piossasco 500 Mark; Chieri 500 Mark; Testona 500 Mark; Revello 500 Mark; Saluizo 200 Mark; Albenga 200 Mark; die Stadt Sitten 200 Mark; die Städte Tarvil, Cavallermaggiore und Canelli geben 8 Dienste; Annone 10 königliche Dienste; Revignano 1; Sangiorgio 5; Castellazzo Gamondo 4; Marengo 8; Sezze 3; Retorto 2; Pontecurone 2; Basaluzzo 2; der Edelhof Vigevano; der Edelhof Tromello; Lomello; Montiglio; Coriano mit großem Zubehör. Dies sind die Höfe aus der Lombardei. Sie geben so viel, dass es keiner erzählen oder erfahren kann, es sei denn, wir kämen zuvor in die Lombardei.

Tafelgüterverzeichnis

Die durch diese Quelle möglichen Einblicke gehen mit einer Reihe weiterer Fragen einher, so dass der erzielte Erkenntnisgewinn gleichzeitig dessen Fragilität vor Augen führt. Trotz solcher Schwierigkeiten sind diese und andere wirtschaftsgeschichtliche Quellen ein unverzichtbarer Bestandteile der Erforschung mittelalterlicher Königsherrschaft. Diese basierte neben personalen Bindungen, Anerkennung und Gehorsam eben auch auf materiellen Grundlagen, die dem König die Verwirklichung seine Ziele ermöglichten. Die wirtschaftlichen Gegebenheiten bedingten die königlichen Handlungsspielräume, wie auch die Herrscher versuchten, diese in ihrem Sinne zu gestalten. Das Ringen um Sicherung und Erweiterung der eigenen ökonomischen Machtressourcen prägte wesentlich die politische Geschichte der verschiedenen Königreiche.

## 9.1 Reichsgut und Regalien

*Reiseherrschaft*

Die ambulante Herrschaft des Königs mit ihren kontinuierlichen Ortswechseln und begrenzter Aufenthaltsdauer war lange Zeit auch der Notwendigkeit geschuldet, zur Versorgung des königlichen Hofs die landwirtschaftlichen Erträge der Wirtschaftshöfe (*villae, curiae, curtes*) vor Ort zu verbrauchen. Auf den Reisen waren die Königspfalzen (*palatium*) wichtige Stützpunkte, von denen auch die Verwaltung der umliegenden Güterkomplexen organsiert wurde. Die Karolinger hatten das Königsgut ihrer merowingischen Vorgänger übernommen und um eigene Besitzungen ergänzt, eine Praxis die auch die folgenden Dynastien praktizierten. Die Unterscheidung zwischen Haus- und Reichsgut wurde gemeinhin beachtet. Gerade bei einem Wechsel der Herrscherdynastie konnte es aber zu Konflikten kommen, wie nach dem Ende der Salier zwischen Lothar III. (1125–1137) und den Staufern.

*Reichsgut und Königsdienst*

Die Forschung gliedert das Reichsgut im römisch-deutschen Reich in Krongut, Reichslehngut und Reichskirchengut: Während Ersteres sich in unmittelbarer Verfügungsgewalt des Königs befand, wurden Letztere an Vasallen bzw. Bischöfe und Reichsäbte ausgegeben, woraus deren Verpflichtung zu Dienst und Gastung resultierte (*servitium regis*). Im hohen Mittelalter gewannen die Reichsstädte für das Königtum immer mehr an finanzieller Bedeutung. Pfalzorte wurden zu Städten ausgebaut und mit Privilegien gefördert, wie in der Wetterau (Frankfurt, Friedberg, Gelnhausen,

Wetzlar), im Elsass (Hagenau) oder im Osten (Nürnberg, Eger). Dies geschah freilich vornehmlich aus Eigennutz, von einer allgemeinen „Städtepolitik" des Königtums im Sinne einer Förderung der bürgerlichen Freiheit gegen ihre bischöflichen Stadtherren kann nicht die Rede sein. Der Auf- und Ausbau der Königs-/Reichslandschaften (*terrae imperii*) brachte den Herrscher allerdings in Konflikt mit den Fürsten. Friedrich II. musste daher deren Rechte in zwei umfangreichen Privilegien bestätigen (*Confoederatio cum principibus ecclesiasticis* 1220, *Statutum in favorem principum* 1232).

„Städtepolitik"?

In besonderer Gefahr war das Reichsgut, wenn zwei Könige um die Herrschaft kämpften. Schenkungen und Verpfändungen von einzelnen Rechten bis hin zu ganzen Städten waren der Preis, der für die Unterstützung der Fürsten zu zahlen war. Manche Herrscher wie Rudolf von Habsburg (1273–1291) versuchten dem Verlust durch Rückgewinnung (Revindikation) entgegen zu wirken, zählte die Wahrung und Mehrung des Reichsguts doch eigentlich zu den zentralen Aufgaben eines Königs (Kapitel 5.1). Obwohl der lateinische Herrschertitel *augustus* im Deutschen mit *merer des riches* wiedergegeben wurde, lief die Entwicklung im Spätmittelalter auf eine zunehmende Verringerung des Reichsguts hinaus. Besonders Ludwig IV. und Karl IV. verpfändeten in großem Maße Reichsgut, das so zwar prinzipiell dem Königtum erhalten blieb, faktisch jedoch meist nicht wieder ausgelöst wurde.[1] Die Herrscher waren daher immer stärker auf ihr Hausgut angewiesen, dass sich freilich bei freiwerdenden Reichslehen erheblich erweitern ließ: Der Aufstieg der Habsburger und der Luxemburger geht wesentlich auf die Belehnung mit Österreich und der Steiermark (1282) bzw. Böhmen (1310) zurück, die der erste König aus diesem Geschlecht für seine eigene Familie vornahm.

Verlust des Reichsguts

Neben den Erträgen aus dem Reichsgut gewannen seit dem hohen Mittelalter die übrigen königlichen Hoheitsrechte (Markt-, Münz-, Berg-, Salz-, Juden- und Zollregal, Gerichtsbarkeit) zunehmend an fiskalischer Bedeutung. Diese Regalien gingen allerdings immer mehr auf die Landesherren und Städte über, so dass dem Königtum größere Einnahmen nur noch durch die Zölle und die

Regalien

---

1 Vgl. hierzu die maßgebliche Arbeit von Landwehr 1967. Der von Schlunk 1988 für das 13. Jahrhundert unternommene Versuch einer Quantifzierung der einzelnen Teile des Kronguts fand in der Forschung keine besondere Resonanz.

"Wirtschaftspolitik"? Besteuerung der Juden zuflossen. In welchem Maße die Herrscher aktiv und gezielt in wirtschaftliche Belange eingriffen und dabei vielleicht sogar mehr als nur die Steigerung der eigenen Einkünfte im Blick hatten („Wirtschaftspolitik"), ist kontrovers diskutiert worden, zumal die gestalterischen Möglichkeiten erheblich variieren konnten (vgl. für das Frühmittelalter McCormick 2005, für Friedrich I. und Friedrich II. Fried 1984; Dirlmeier 1992; Maschke 1966; Stürner 2009, Bd. 2, S. 210–233).

## 9.2 Das römisch-deutsche Reich und Frankreich im Vergleich

*Das riche si wol riche groß und wit, aber der nütze cleine*, klagte König Sigismund im Jahr 1424 gegenüber den Kurfürsten (RTA 8, Nr. 311, S. 375, § 5). Solche und ähnliche Äußerungen aus dem späten Mittelalter nahm die Forschung zum Anlass, in vergleichender Betrachtung dem römisch-deutschen Reich insbesondere die westeuropäischen Monarchien England und Frankreich entgegenzustellen. Eine Ursache für die unterschiedliche Entwicklung der königlichen Machtbasis waren sicherlich die häufigeren dynastischen Brüche und Thronstreite im römisch-deutschen Reich, wie ein vergleichender Blick auf das Frank(en)reich des hohen und späten Mittelalters zeigt.

Frankreich　　Während östlich des Rheins die ottonischen Könige die Königsherrschaft festigten und das Kaisertum für die Zukunft mit dem römisch-deutschen Königtum verbanden (962), waren weite Teile des Westfrankenreichs dem direkten Zugriff der kapetingischen Könige (seit 987) entzogen. Ausgehend von der Krondomäne mit der Île-de-France als Kernzone gelang ihnen jedoch eine stetige Machterweiterung. Dies geschah insbesondere durch die Eroberungen des 13. Jahrhunderts (Normandie, Poitou, Auvergne, Languedoc etc.).[2] Mit der territorialen Erweiterung ging ein Ausbau der Finanzverwaltung einher. Die steigenden Einnahmen ermöglichten

---

[2] Die Forschung ist mittlerweile allerdings bemüht, die Erstarkung der Monarchie bereits für das 11. Jahrhundert nachzuweisen und damit das Gefälle zum vermeintlichen Zentralstaat der Karolinger zu nivellieren (Hägermann 1992; Große 2007).

## 9.2 Das römisch-deutsche Reich und Frankreich im Vergleich — 127

kontinuierliche Kriegszüge, die wiederum einen höheren Finanzbedarf nach sich zogen. Durch die Einführung allgemeiner indirekter und direkter Steuern flossen dem König im späteren Mittelalter erhebliche Einnahmen zu. Allerdings kam es aufgrund wirtschaftlicher Krisen zu teils deutlichen Schwankungen (Henneman 1999), wie auch der hohe Finanzbedarf für Kriege meist nur durch Kredite gedeckt werden konnte.

Dieser im Vergleich zum römisch-deutschen Reich ungleich höhere Grad an herrschaftlicher Durchdringung, zentralisierter Verwaltung und finanzieller Leistungskraft wurde von der älteren deutschen Forschung vor dem Gegenmodell des modernen Nationalstaats oft negativ im Sinne mangelnder oder zumindest verspäteter Modernisierung bewertet. Bei aller Kritik und Reformbemühen der Zeitgenossen darf das spätmittelalterliche Reich jedoch nicht als ‚failed state' aufgefasst werden – die Andersartigkeit führte zu unterschiedlichen Wegen der Herrschaftsausübung, nicht zu einem Zusammenbruch. Die Ausweitung der Finanzverwaltung war außerdem mit neuen Konflikten (Kapitel 5.2) und erhöhten Kosten verbunden, so dass es zu kurz greift, lediglich die königlichen Einnahmen miteinander zu vergleichen.

Römisch-deutsches Reich

Aussagen über den Entwicklungsstand der Finanzverwaltung sind zudem in hohem Maße von der unterschiedlichen Überlieferung abhängig. Das Vorhandensein oder Fehlen bestimmter Quellen (Rechnungen, Steuerlisten etc.) als Argument zu nutzen bedarf der Vorsicht, da die Verluste einst vorhandener Dokumente schwer abzuschätzen sind. So stammt in England die älteste Rechnungslegung königlicher Finanzen aus dem Jahr 1129/30, seit 1156 sind die sogenannten *Pipe Rolls* fortlaufend überliefert. Die erste erhaltene Rechnung aus Frankreich datiert auf 1202/03, doch ist die Überlieferung durch den Brand der *Chambre des comptes* 1737 und die Wirren der französischen Revolution stark beeinträchtigt. Im Gegensatz hierzu ist aus dem römisch-deutschen Reich für die staufische Zeit lediglich eine einzige Abrechnung eines königlichen Amtsmannes überliefert (für 1241/42; MGH Const. 2, Nr. 338, S. 446 f.). Jener Gerhard von Sinzig wird allerdings sicher auch in den anderen Jahren seiner Tätigkeit entsprechend Rechenschaft abgelegt haben (vgl. ebd., Nr. 307, S. 421 f.), wie auch die Verwalter in anderen Amtsbezirken. Gegen die herrschende Lehrmeinung eines bereits im Hochmittelalter bestehenden, mehr oder weniger stark ausgeprägten Entwicklungsunterschieds zwischen dem römisch-

Vergleichbarkeit und Überlieferungsproblematik

deutschen Reich und England bzw. Frankreich sind daher auch Zweifel vorgebracht worden (Hucker 1998).

## 9.3 Das Tafelgüterverzeichnis der römisch-deutschen Könige

So wichtig das Reichsgut als materielle Grundlage der Königsherrschaft war, so schwer fällt dessen Erforschung. Für die Karolinger geben das *Capitulare de villis* und zahlreiche Urbare Einblick in die Verwaltung der königlichen Domäne. Später tritt das Reichsgut erst dann in Erscheinung, wenn es vom König vergeben, getauscht oder erworben wird. Neben solchen einzelnen Urkunden aus ottonischer und salischer Zeit sind für die staufischen Könige umfangreichere Zeugnisse für die königliche Finanzverwaltung überliefert, die sich jedoch immer noch an zwei Händen abzählen lassen.

*Inhalt und Überlieferung*

Besonderer Bedeutung kommt hierbei dem Tafelgüterverzeichnis zu, der „wohl umstrittenste[n] Quelle der deutschen Wirtschaftsgeschichte" (Brühl 1968, Bd. 1, S. 182). Nach dem namensgebenden ersten Satz (*Iste sunt curię, quę pertinent ad mensam regis Romanorum*) listet es in geographischer Gliederung (Sachsen, Rheinfranken, Bayern, Lombardei) die königlichen Höfe samt der von ihnen zu leistenden Abgaben (*servitia regalia*) auf. Überliefert ist es als Abschrift in einer Sammelhandschrift, die im Aachener Marienstift entstand und ursprünglich Teil eines liturgischen Codex war. Für die Entstehungszeit selbst wurde eine Reihe von Daten ins Spiel gebracht, die eng mit der Deutung der Quelle zusammenhängen, aber auch interessante Einblicke in die Arbeitsweise und Verflechtung wissenschaftlicher Forschung bieten.

*Frühdatierung*

Lange Zeit ordnete die Forschung das Tafelgüterverzeichnis vornehmlich der Regierungszeit Heinrichs IV. und insbesondere dessen Frühzeit (1064/65) zu, ganz so wie es die maßgebliche Edition des Jahres 1893 tat (MGH Const. 1, Nr. 440, S. 646–649). Dem trat 1924 Johannes Haller entgegen und schlug stattdessen die Spätzeit Friedrichs I. (1185) vor, da er in dem Dokument eine Liste derjenigen Güter sah, die für den jungen König Heinrich VI. vom Reichsgut geschieden wurden. Seine methodische Vorgehensweise entsprach den von ihm kritisierten Studien: Durch eine detaillierte Untersuchung der verzeichneten Höfe und des Zeitpunkts ihrer Zugehörigkeit zum Reichsgut sollte der Nachweis erbracht werden, dass auch das Tafelgüterverzeichnis insgesamt erst dann entstanden sein konnte. Einen ähnlichen Ansatz verfolgte ein Schüler Hallers, Heinrich Dannenbauer, der im Tafelgüterverzeichnis einen 1189 aufgezeichneten Teil des Testaments Friedrichs I. sah.

Carlrichard Brühl (Brühl/Kölzer 1979, S. 32–50) stellte dagegen den Text selbst ins Zentrum. Schon die Wortwahl deute auf eine Entstehung im 12. und nicht im 11. Jahrhundert hin (*rex Romanorum* als Königstitel, *curia* statt *curtis* für den Wirtschaftshof). Die zweimalige Verwendung des Pluralis Majestatis interpretierte Brühl als Auszug aus einem Brief, der auf eine vorangehende Anfrage antwortete („Wir machen euch auch bekannt", *notificamus vobis*; „Es sei denn, wir kämen zuvor in die Lombardei", *nisi prius veniamus in Lombardiam*). Die aus dem Schlusssatz sprechende Unsicherheit über die Leistungen der italienischen Höfe und der König- statt Kaisertitel führten ihn zum Zeitraum 1138–1154. Zunächst noch vorsichtig, in späteren Publikationen immer bestimmter bevorzugte er den Regierungsantritt Friedrichs I. (1152/1153; so auch Schlesinger 1975).

*Neubewertung*

Diese Zuschreibung wird durch den Überlieferungskontext des Tafelgüterverzeichnisses gestützt: Es befindet sich in einer Handschrift des Aachener Marienstifts, die Urkunden aus der Zeit von 1158–1174 sowie ein Reliquienverzeichnis enthält und paläographisch dem Zeitraum 1166–1173 zugewiesen werden kann (so Eisenlohr 1985 gegen die zuvor übliche Datierung „um 1200"). Die Anhänger der Frühdatierung hatten diesen Umstand mit „Gedankenlosigkeit" des Abschreibers oder einem „Missverständnis" begründet (eine Erklärung, die auch in anderen Fällen bemüht wird), doch „sollten [wir] nicht unsere eigene Unfähigkeit, eine befriedigende Erklärung zu finden, dem Schreiber des 12. Jahrhunderts in die Schuhe zu schieben versuchen" (Brühl 1956, S. 528). Brühls Neubewertung der Quelle konnte sich in der Folgezeit auch gegen weitere Datierungsvorschläge durchsetzen, die als Reaktion auf seine Überlegungen formuliert wurden. Dabei mag neben sachlichen Gründen auch eine Rolle gespielt haben, dass Brühl das maßgebliche Vorwort zur Neuedition der Quelle schrieb und sein ehemaliger Schüler Theo Kölzer den entsprechenden Eintrag im Lexikon des Mittelalters verfasste.

Für die inhaltliche Interpretation der Quelle ist ihre Datierung von zentraler Bedeutung, wobei beides sowohl Prämisse als auch Ergebnis sein kann: Ging man von einer Frühdatierung auf 1064/65

*Von der Datierung zur Interpretation – und umgekehrt*

aus, waren die hohen Abgaben der italienischen Höfe in Geld ein Ausweis für die fortschrittlichere wirtschaftliche Entwicklung Norditaliens. Lehnte man hingegen die hohe finanzielle Leistungskraft für diese Zeit als unwahrscheinlich ab, wurde daraus ein Argument für eine Spätdatierung. In ähnlicher Weise konnte das Fehlen von Schwaben, Ostfranken und des Elsass entweder als Hinweis auf den fragmentarischen Charakter des Verzeichnisses gewertet oder mit der Entstehung unter einem staufischen Herrscher begründet werden (im Sinne einer für diese Zeit allerdings ungewöhnlichen Trennung von Haus- und Reichsgut). Schwierigkeiten bereiten auch die piemontesischen Höfe, die möglicherweise auf eine ältere, irrtümlich aufgenommene Liste zurückgehen, die keine regulären Servitien, sondern Sonder- und Strafzahlungen enthielt. Jan Paul Niederkorn deutete diesen Umstand dagegen als eine spätere Entstehung des italienischen Teils zu dem 1138 entstanden deutschen Teil, nämlich vor dem zweiten Italienzug Barbarossas 1158 (Niederkorn 1979).

Die hohen Leistungen der sächsischen Höfe von 405 Servitien waren bei einer Frühdatierung aufgrund der damals noch starken Stellung des Königs in Sachsen selbstverständlich, bei einer Datierung ins 12. Jahrhundert allerdings erklärungsbedürftig: Möglicherweise handelte es sich um eine von vergangenen Zeiten inspirierte „Maximalforderung" (Niederkorn 1979, S. 485) oder um eine rhetorische, nicht wörtlich zu nehmende Übertreibung (Brühl/Kölzer 1979, S. 20), würden sich die Abgaben doch insgesamt auf 12.150 Schweine, 1215 Kühe, 2025 Ferkel, 20.250 Hühner, 20.250 Eier, 36.450 Laib Käse und 4050 Gänse belaufen.

*Aussagekraft und Detailfragen*

Dies bedingt die Frage, wie die Angaben der Dienste überhaupt zu verstehen sind. So fällt auf, dass zahlreiche wichtige Güter wie Getreide, Fisch, Salz und Honig nicht genannt werden: Waren diese (oder nur das Getreide?) vollständig abzuführen, oder existierten feste Quoten? Der aufgeführte Pfeffer musste hingegen gekauft werden, so dass er anders als die übrigen Naturalabgaben einen Hinweis auf die (indirekte) Leistung von Geldzahlungen gibt. Die genannten Angaben dürften ferner nicht den direkt vor Ort verbrauchten Tagesbedarf des Hofs dargestellt haben. Sie sind vielmehr als „Rechnungseinheiten oder Bemessungsgröße" zu verstehen, die regelten, wie viel zu liefern war (so Brühl/Kölzer 1979, S. 21, gegen ältere Ansichten). Der Versuch, mittels des Nährwerts der genannten Abgaben die Größe des Hofs auf 1000 bis 1800 Personen zu berechnen (Ullrich 2006), muss vor diesem Hintergrund als methodisch fragwürdig erscheinen – zumal die Fürsten in der Regel selbst für ihr Gefolge sorgten.

Nicht auf Detailfragen, sondern auf eine vollständige Umdeutung zielte die Arbeit von Caroline Göldel ab (Göldel 1997), die dem Tafelgüterverzeichnis jeglichen wirtschaftsgeschichtlichen Wert absprach. Stattdessen deutet sie es als Ausstattung eines Aachener Königskanonikats, wobei die Auswahl der Regionen als Anlehnung an die Eroberungen Karls des Großen und die Servitienzahlen symbolisch zu verstehen seien. Die Arbeit erfuhr allerdings insgesamt wie speziell in dieser Frage eine kritische bis dezidiert ablehnende Aufnahme (auch durch Theo Kölzer). Göldels Doktorvater Bernd Hucker sah hingegen durch die von ihm betreute Dissertation „ein Vorstellungsgebäude, [...] das den Historikern überaus lieb geworden ist", zum Einsturz gebracht (Hucker 1998, S. 38).

Versuch einer gänzlichen Umdeutung

## 9.4 Quellen und Vertiefung

### 9.4.1 Römisch-deutsches Reich: Die „Reichssteuerliste" von 1241

Die auf 1241 datierte „Reichssteuerliste" („Reichssteuerverzeichnis", „Steuermatrikel") verzeichnet die Einnahmen des Königs, die Konrad IV. aus verschiedenen Quellen zuflossen (MGH Const. 3, S. 2–5; Abbildung bei Schwalm 1898, nach S. 522):

Hier beginnen die Abgaben (*precarie*) der Städte und Dörfer.

| | |
|---|---|
| Frankfurt | 250 Mark |
| Gelnhausen | 200 Mark |
| Wetzlar | 170 Mark |
| Friedberg<br>davon geht die Hälfte an den Herrn Kaiser und die Hälfte für ihre Mauern | 120 Mark |
| Wiesbaden<br>für ihre Mauern | 60 Mark |
| Seligenstadt<br>für ihre Mauern | 120 Mark |

| | |
|---|---|
| Die Juden der Wetterau | 150 Mark |
| Oppenheim | 120 Mark |
| Die dortigen Juden | 15 Mark |
| Nierstein | 10 Mark |
| Die beiden Dörfer Ingelheim<br>    davon muss Bruder Sebastian den Bau des Hofs vollenden | 70 Mark |
| Oberwesel ist für vier Jahre frei, weil es für 300 Mark die Vogtei abgelöst hat | |
| Die dortigen Juden | 20 Mark |
| Boppard | 80 Mark |
| Die dortigen Juden | 25 Mark |
| Sinzig | 70 Mark |
| Die dortigen Juden<br>    davon bezahlen sie 4 Mark für die Ausgaben des Herrn von Schmiedelfeld | 25 Mark |
| Düren<br>    davon geht die Hälfte an den Kaiser und die Hälfte für ihre Mauern | 40 Mark |
| Die dortigen Juden | 10 Mark |
| Die Juden in Aachen | 15 Mark |
| Kaiserswerth | 20 Mark |
| Die dortigen Juden | 20 Mark |
| Duisburg | 50 Mark |
| Die dortigen Juden | 15 Mark |
| Nymwegen | 40 Mark |
| Die vier Höfe bei Dortmund | 15 Mark |
| Die dortigen Juden | 15 Mark |
| Die Bürger von Dortmund | ~~300~~ 100 Mark Kölner |
| Die Juden von Worms | 130 Mark |
| Die Juden von Speyer an Hartmut | 80 |
| ~~Die Juden von Lautern~~ | |

| | |
|---|---|
| Das Amt in Lautern | 120 Mark |
| Die Vogtei in Weißenburg | 80 Mark |
| Hagenau | 200 Mark |
| Das Amt in Trifels | 150 Mark |
| Erstein | 40 Mark |
| Hochfelden | ~~20~~ 15 Mark |
| Brumath | 15 Mark |
| Geudertheim | 6 Mark |
| Kronenberg | 150 Mark |
| Ehnheim | 150 Mark |
| Schlettstadt | 150 Mark |
| Colmar | 160 Mark |
| Mühlhausen | 80 Mark |
| Kaysersberg und Gregoriental | 70 Mark |
| Basel | 200 Mark |
| Rheinfelden | 40 Mark |
| Neuenburg | 100 Mark |
| Breisach | 100 Mark |
| Mahlberg | ~~15~~ 10 Mark |
| Ortenberg | 20 Mark |
| Haslach | 40 Mark |
| Offenburg<br>    davon geht die Hälfte an den Kaiser und die Hälfte für ihre Mauern | 60 Mark |
| Die Juden von Straßburg | 200 Mark |
| Die Juden von Basel | 40 Mark |
| Die Juden von Hagenau | 15 Mark |
| Heilbronn ist frei wegen der Ummauerung | |
| Weinsberg | 60 Mark |
| Wimpfen | 40 Mark |

| | |
|---|---|
| Mosbach | 25 Mark |
| Schefflenz<br>davon erhält der Vogt 5 Mark | 15 Mark |
| Odenheim<br>davon erhält der Abt 3 Mark | 6 Mark |
| Ebersbach<br>für die Ummauerung | 20 Mark |
| Neckargemünd<br>und diese gehen für die Ummauerung | 20 Mark |
| Heidelsheim<br>für die Ummauerung | 100 Pfund Heller |
| Waibstadt ist abgebrannt | |
| Weil der Stadt<br>für die Ummauerung | 100 Pfund Heller |
| Hall | ~~200 Mark~~ 170 Mark |
| Rothenburg | 90 Mark |
| ~~Die dortigen Juden~~ | ~~10 Mark~~ |
| Die Juden von Hall | 8 Mark |
| Dinkelsbühl | 40 Mark |
| Feuchtwangen | 20 Mark |
| Aufkirchen nichts, weil es abgebrannt ist | |
| Weißenburg | 40 Mark |
| Gmünd | 160 Mark |
| Die dortigen Juden | 12 Mark |
| Augsburg nichts, weil es abgebrannt ist. | |
| Die dortigen Juden nichts, weil sie verbrannt sind | |
| ~~Schongau~~ | |
| Die Bürger ~~von Wörth~~ von Nördlingen<br>wegen des begangenen Frevels | ~~200~~ 100 Mark |
| Wörth<br>~~und weil sie verbrannt sind, sollen sie frei sein,~~<br>diejenigen, die nicht verbrannt sind | 60 Mark |
| Harburg gibt nichts, weil es abgebrannt ist | |

| | |
|---|---|
| Bopfingen | 50 Mark |
| Giengen | ~~30~~ 25 Mark |
| Lauingen | ~~90~~ 80 Mark |
| Staufen | 10 Mark |
| Essingen | 5 Mark |
| Eßlingen und sie zahlen für Ausgaben des Herrn Königs | 120 Mark 152 Mark |
| Die Bürger von Ulm | 80 Mark |
| Die Bürger von Biberach | 70 Mark |
| Die Bürger von Schongau | 30 Mark |
| Die Bürger von Kaufbeuren | 90 Mark |
| Die Bürger von Memmingen | 70 Mark |
| Die Bürger von Altdorf und Ravensburg . | 50 Mark |
| Pfullendorf für Ausgaben des Herrn Königs | 30 Mark |
| Wangen | 10 Mark |
| Buchhorn | 10 Mark |
| Lindau | 100 Mark |
| Konstanz ist frei für ein Jahr wegen des Brandes es zahlt gewöhnlich 60 Mark, die Hälfte dem Kaiser und die Hälfte dem Bischof | |
| Überlingen und sie zahlen für Ausgaben des Königs | ~~110~~ 50 Mark ~~52~~ 82 ½ Mark |
| Die Vogtei in Kempten die an Heinrich Marschall von Altmannshofen gegeben wurden, für ein Reitpferd und Streitrösser, die bei ihm gekauft wurden | 50 Mark |
| Die Vogtei St. Gallen | 100 Mark |
| ~~Rottweil~~ | ~~90 Mark~~ |

| | |
|---|---|
| Villingen für Ausgaben des Königs | 42 Mark |
| Rottweil<br>und für die Ummauerung | ~~60~~ 40 Mark 60<br>40 Mark |
| Schaffhausen zahlt für Ausgaben des Königs | 227 Mark |
| ~~Zürich übergab jüngst dem Herrn Schenk~~ Zürich gibt jetzt nichts, weil sie jüngst 150 Mark gaben, die sie dem Herrn Schenk auf Befehl des Königs übergaben | |
| Die Juden von Eßlingen | 30 Mark |
| Die Juden von Ulm | 6 Mark |
| Die Juden von Konstanz | 20 Mark |
| Die Juden von Wörth und Bopfingen | 2 Mark |
| Die Juden von Überlingen | 2 Mark |
| Die Juden von Lindau | 2 Mark |
| Die Bürger von Bern | 40 Mark |

*[Auf der Rückseite, von anderer, aber zeitgleicher Hand]*

| | |
|---|---|
| ~~Das macht in Kölner Pfennigen~~ | ~~1488 Mark~~ |
| ~~Dem Schenk müssen noch gegeben werden~~ | ~~234 ½ Mark~~ |
| ~~und dem Truchseß~~ | ~~165~~ 150 Mark |
| ~~und dem Notar Walter~~ | ~~7 ½ Mark~~ |

## 9.4.2 Frankreich: Ein Rechnungsfragment von 1221

Das Rechnungsfragment aus dem Königreich Frankreich des Jahres 1221 verzeichnet vornehmlich die Einnahmen aus der Normandie, die seit 1204 zur französischen Krone gehörte (Nortier/Baldwin 1980, S. 16–21, hier Auszüge von Beginn und Ende, S. 16–18 und S. 21)[3]:

| | |
|---|---|
| Steuer (*foagium*) der Normandie | 15.384 lb., 9 s. |

| | |
|---|---|
| *[Verwaltungsbezirk von Gisors]*[4] | |
| [...] | |
| Aleaume Hescelin für den Wald von Oissel | 200 lb. |
| Die *prévôté* [Verwaltungseinheit] von Pont-de-l'Arche und der Wald von Bord | 300 lb. |
| Das Wildgehege von Lillebonne | 150 lb. |
| Der Wald von Maulévrier | 250 lb. |
| [...] | |

| | |
|---|---|
| *[Verwaltungsbezirk von Rouen]* | |
| Die *vicomté* [Verwaltungseinheit] von Rouen | 1755 lb. |

---

**3** Die Angabe des Betrags erfolgt in lb. (Pfund), s. (Schilling) und d. (Pfennig), 1 Pfund (lat. *libra*, frz. *livre*) = 20 Schilling (*solidus*/*sou*) = 240 Pfennig (*denarius*/ *denier*). Bei Pfund und Schilling handelt es sich um Rechnungseinheiten, nicht um geprägte Münzen. Die Angabe wird wie in der Quelle ohne Umrechnung bzw. Vereinheitlichung wiedergegeben (z. B. 100 Schilling statt 5 Pfund). Die zugrundeliegende Münze ist der Pfennig von Tournois, der abschließend auch in den Pariser Pfennig umgerechnet wird. 1 Pfund Tournois waren wie die Quelle selbst angibt 0,8 Pfund Pariser Pfennige. 1 Pfund Pariser wiederum entsprach einer halben Mark (von Troyes), die ungefähr mit der Mark der Reichssteuerliste von 1241 gleichgesetzt werden kann. Die Angabe der Gesamtsumme erfolgt in Pariser Münze. Die Differenz deutet darauf hin, dass es zu diesem Abrechnungszeitpunkt noch weitere, heute nicht mehr erhaltene Rechnungen gegeben haben muss.
**4** Die Gliederung nach Verwaltungsbezirken (bailliages) stammt vom Editor; in der Quelle stehen die Einkünfte als fortlaufende Liste.

| | |
|---|---|
| Jean de La Porta [= Verwalter/*bailli* von Rouen] für die Rechnung | 400 lb. |
| [...] | |
| Der Forst von Roumare | 359 lb. |
| Die Bailliage [Amtsbezirk des Verwalters/*bailli*] von Rouen | 397 lb. |
| Das Land des Thome de Braia | 50 lb. |
| Das Land des Olivier de Albigni | 25 lb. |
| Das Land des Archidiakons von Rouen | 120 lb., 100 s. |
| Der Forst von Montfort-sur-Risle | 150 lb. |
| Die Forste von Gouffern und Exmes | 333 lb., 6 s., 8 d. |
| Der Wald von La Ferté-Saint-Samson | 32 lb., 10 s. |
| Der Wald von Ranfeugeray | 24 lb., 6 s., 8 d. |
| Der Forst von Bonneville-sur-Touques | 453 lb., 6 s., 8 d. |
| Das Erzbistum von Rouen durch Jean de La Porta | 452 lb., 6 s. |
| Die Bailliage von Bonneville-sur-Touques | 1548 lb. |
| Die andere Bailliage [wahrscheinlich von Pont-Audemer] | 3475 lb., 6 s. |
| [...] | |
| Summe | 51.278 lb., 8 s. |
| Wert in Pariser Pfennigen | 41.022 lb., 8 s. |
| Gesamtsumme | 73.657 lb., 6 s. |
| Gesamtsumme der Einnahmen mit Rücklagen | 205.480 lb., 66 s. |
| Ausgaben | 48.447 lb. |
| Und es verbleiben | 157.036 lb., 6 s. |
| sowie 5000 Mark Silber | |

### 9.4.3 Fragen und Anregungen

- Erläutern Sie das Ordnungsprinzip der beiden Abgabenverzeichnisse und erörtern Sie den Umfang und die Vollständigkeit der königlichen Einkünfte.
- Beschreiben Sie die Art und Höhe der Einkünfte. Gewichten Sie die Bedeutung der verschiedenen Zahlungsleistenden und Regionen für das Königtum.
- Vergleichen Sie das Tafelgüterverzeichnis mit der Reichssteuerliste und dem französischen Rechnungsfragment. Erläutern Sie Gemeinsamkeiten und Unterschiede und leiten Sie hieraus weitere Schlussfolgerungen ab.
- Generieren Sie Ideen, für welche weiteren Fragestellungen die Quellen herangezogen werden könnten.

### 9.4.4 Lektüreempfehlungen

Bonney, Ricahrd (Hg.), The Rise of the Fiscal State in Europe, c. 1200–1815, Oxford/New York 1999 (*Vergleichende Betrachtung des Einflusses von Fiskalpolitik und Finanzwesen auf die Entstehung des modernen Staates. Für die verschiedenen Reiche werden in der Regel Mittelalter und Frühe Neuzeit behandelt, für das römisch-deutsche Reich fehlt letztere*).

Brühl, Carlrichard, Fodrum, Gistum, Servitium regis. Studien zu den wirtschaftlichen Grundlagen des Königtums im Frankenreich und in den fränkischen Nachfolgestaaten Deutschland, Frankreich und Italien vom 6. bis zur Mitte des 14. Jahrhunderts (Kölner historische Abhandlungen 14), 2 Bde., Köln/Graz 1968 (*Materialreiche Studie, die Verfassungs- und Wirtschaftsgeschichte verbindet*).

Die deutschen Königspfalzen. Repertorium der Pfalzen, Königshöfe und übrigen Aufenthaltsorte der Könige im deutschen Reich des Mittelalters hg. vom Max-Planck-Institut für Geschichte, Göttingen 1983 ff.

Deutsche Königspfalzen. Beiträge zu ihrer historischen und archäologischen Erforschung, verschiedene Herausgeber (Veröffentlichungen des Max-Planck-Instituts für Geschichte), 8 Bde., Göttingen 1963–2007 (*Das Repertorium und die ergänzenden Sammelbände sind dem Ziel gewidmet, die Regierungsstätten der römisch-deutschen Könige unter historischen und archäologisch-baugeschichtlichen Aspekten umfassend aufzuarbeiten*).

Metz, Wolfgang, Staufische Güterverzeichnisse. Untersuchungen zur Verfassungs- und Wirtschaftsgeschichte des 12. und 13. Jahrhunderts, Berlin 1964 (*Intensive Auseinandersetzung mit den sieben zentralen Quellen dieser Zeit, darunter das Tafelgüterverzeichnis und die*

*Reichssteuerliste von 1241; aufgrund des Erscheinungsjahres um aktuelle Forschungsergebnisse zu ergänzen).*

Zotz, Thomas, Zur Grundherrschaft des Königs im Deutschen Reich vom 10. bis zum frühen 13. Jahrhundert, in: Grundherrschaft und bäuerliche Gesellschaft im Hochmittelalter, hg. von Werner Rösener (Veröffentlichungen des Max-Planck-Instituts für Geschichte 115), Göttingen 1995, S. 76–115 (*Stark quellenbasierter Überblick über die Entwicklung und Nutzung des Reichsgut im Hochmittelalter, der auch die Überlieferungsproblematik thematisiert*).

# 10 Im Dienst des Königs

> Der Fürst (*princeps*) aber hat im Gemeinwesen (*res publica*) die Stelle des Hauptes inne; er ist allein Gott untertan und denen, die an seiner statt auf Erden handeln, weil auch im menschlichen Körper das Haupt von der Seele belebt und gelenkt wird. Die Stelle des Herzens nimmt der Senat (*senatus*) ein, von dem die Anfänge der guten und schlechten Taten ausgehen. Die Pflichten (*officia*) der Augen, der Ohren und der Zunge nehmen die Richter und Provinzstatthalter für sich in Anspruch. Die Beamten und Soldaten werden mit den Händen gleichgesetzt. Diejenigen, die dem Fürsten stets zur Seite stehen, werden mit den Flanken des Körpers verglichen. Die Finanzverwalter und Aufseher [...] werden auf das Vorbild des Magens und der Eingeweide bezogen. Diese verursachen, wenn sie mit übermäßiger Gier zusammentragen und das Zusammengetragene allzu geizig zurückhalten, zahllose und unheilbare Krankheiten, so dass aufgrund ihrer Verfehlung das Verderben des ganzen Körpers droht. Mit den Füßen [...] werden aber die Bauern verglichen; [...] sie, die die Last des ganzen Körpers aufrichten, tragen und vorwärtsbewegen, wird der rechtmäßigere Beistand des Schutzes geschuldet. (Johannes von Salisbury, Policraticus, l. V, c. 2, S. 282 f.)

Kein König herrschte allein. Zwar stand er an der Spitze und im Zentrum der Regierung, in der Praxis bedurfte er jedoch einer Vielzahl von Personen, um seinen Willen in die Tat umzusetzen: „Denn Herrschaft ist im *Alltag* primär: *Verwaltung*." (Weber 2013, S. 459, Hervorhebung im Original). Dieses Zusammenwirken beschrieb Johannes von Salisbury in seiner Staats- und Gesellschaftslehre, dem *Policraticus* (1159), mittels der Körpermetapher, indem er auf eine angebliche Schrift Plutarchs an Kaiser Trajan zurückgriff. Da für die Königin kein eigener Platz vorgesehen war, stand an erster Stelle nach dem König in antikisierender Sprache der Senat (*senatus*), dem im Mittelalter der königliche Hof entsprach. Neben dieser „Zentralverwaltung" (Hofämter, Rat, Kapelle und Kanzlei) gab es die regionale und lokale Verwaltung sowie Boten und Legaten, die die Kommunikation zwischen beiden Bereichen übernahmen.

Dieses Grundgerüst der Herrschaftsorganisation wies in den verschiedenen Königreichen Ähnlichkeiten und Besonderheiten auf, wobei es auch innerhalb des jeweiligen Reichs keine gänzlich einheitliche Struktur gab. Dies zeigt die folgende vergleichende diachrone und synchrone Betrachtung der größeren und kleineren Amts- und Funktionsträger Karls des Großen (768–814), Fried-

*Herrschaft als Verwaltung*

*Diachroner und synchroner Vergleich*

richs I. Barbarossas (1152–1190) und Heinrichs II. von England (1154–1189).[1] Hierbei sollten allerdings – ganz im Sinne Johannes' von Salisbury – die ungleich zahlreicheren Menschen nicht vergessen werden, die die Felder des Königs bestellten, sein Essen kochten, seine Münzen prägten und für ihn auf seinen Kriegszügen kämpften und starben.

## 10.1 An der Seite: Die Königin

Auswahl

„Hinter jedem großen Mann steht eine große Frau" – diese weit verbreitete Redewendung hat auch für das Mittelalter ihre Berechtigung, obgleich nicht zu allen Zeiten im gleichen Maße. Die Auswahl der königlichen Ehefrau folgte politischen Zielen, um Adelige an den König zu binden, Konflikte beizulegen, den eigenen Rang zu festigen und neue Herrschaften zu erlangen. Für die fünf Ehen Karls des Großen lassen sich allerdings nur bei der Tochter des Langobardenkönigs Desiderius und bei der aus dem alemannischen Adel stammende Hildegard eindeutige politische Gründe ausmachen. Die letzten eineinhalb Jahrzehnte seines Lebens blieb Karl unverheiratet, wenn auch nicht ohne Frauen (Konkubinen).

Friedrich I. ließ kurz nach seiner Königserhebung seine erste, kinderlose Ehe annullieren, um – nach einem gescheiterten Heiratsprojekt mit dem byzantinischen Kaiserhaus – durch die Ehe mit Beatrix, der Erbin der Grafschaft von Burgund, seine Machtbasis deutlich zu erweitern. In noch größerem Maße gilt dies für die Heirat Heinrichs II. von England mit Eleonore von Aquitanien, die noch vor dessen Thronbesteigung geschlossen worden war. Nach Eleonores erster geschiedenen Ehe mit dem französischen König trug ihr umfangreicher Territorialbesitzung in Südwestfrankreich wesentlich zur Schaffung des sogenannten „Angevin Empire" bei.

---

[1] Ein solcher Vergleich wurde gerade in der älteren Forschung oft unter den Kriterien „Rückständigkeit" und „Fortschritt" vorgenommen, mit dem Grad der Zentralisierung als Maßstab. Leyser 1992, S. 529 f., betont dagegen die prinzipielle Ähnlichkeit der frühen Zeit Friedrichs I. zu zeitgenössischen oder früheren Reichen, doch wird man einen qualitativen Unterschied nicht leugnen können (vgl. Goez 1996).

Zentraler Aufgabenbereich der Königin war unter Karl dem Großen die Mitverwaltung des Königsguts und die Oberaufsicht über die Hofhaltung, insbesondere über den königlichen Schatz. Eine gewisse Einflussnahme auf die Politik kann angenommen werden (besonders für Karls vierte Frau Fastrada), ist jedoch weit weniger greifbar als beispielsweise bei der zweiten Gemahlin von Karls Sohn und Nachfolger Ludwig dem Frommen, Kaiserin Judith.

Aufgaben

Für Friedrich Barbarossas Ehefrau Beatrix von Burgund ist mehrfach urkundlich die Bezeichnung *consors* belegt, also Teilhaberin oder Gefährtin der königlichen bzw. kaiserlichen Herrschaft. Zwar trat sie anders als ihre salischen Vorgängerinnen kaum als Intervenientin in den Urkunden auf, doch ihre Rolle als Fürsprecherin bei Friedensschlüssen, als Beraterin und als Förderin des Spitalwesens ist gut belegt. Besonders für Burgund griff sie aktiv in die Regierung ein und vertrat dort von 1181 bis 1183 eigenständig die königlichen Interessen. Ihre Krönung in Vienne 1178 brachte Friedrich sogar den Vorwurf ein, ein *vir uxorius* (Pantoffelheld) zu sein. Dass diese Zuschreibung von einem englischen Chronisten stammt, mag kein Zufall sein: Königin Eleonore von Aquitanien war in den ersten eineinhalb Jahrzehnten der Herrschaft Heinrichs II. dessen wesentliche Stütze, erst als Statthalterin in England, dann in ihren Erblanden auf dem Kontinent. Als sie 1173 jedoch einen Aufstand ihrer Söhne unterstützte, ließ Heinrich sie gefangen nehmen und unter Hausarrest stellen. Erst nach seinem Tod konnte sie als Königsmutter wieder aktiv in die Politik eingreifen.

## 10.2 In der Nähe

### 10.2.1 Hofämter

Der Hof war das soziale, administrative, intellektuelle und kulturelle Zentrum königlicher Herrschaft. So wichtig er für die Königsherrschaft war, so schwer ist er fassbar, und zwar für die mittelalterlichen Zeitgenossen ebenso wie für die moderne Forschung. Schon der englische Hofkleriker Walter Map klagte Ende des 12. Jahrhunderts: „Ich bin bei Hof und spreche vom Hof, aber ich weiß nicht, was der Hof ist, nur Gott weiß es (*in curia sum, et de curia loquor, et nescio, Deus scit, quid sit curia*). Ich weiß aber, dass der Hof nicht die Zeit ist, aber zeitlich, veränderlich und vielgestaltig; ortsge-

Was ist der Hof?

bunden und umherirrend, niemals bleibt er im selben Zustand." (Walter Map, De nugis curialium, S. 2). Der ‚engere' Hof reiste mit dem Herrscher, und mit diesem räumlichen Wandel veränderte sich auch seine personale Zusammensetzung. Für eine gewisse Kontinuität sorgten dabei die königliche Familie, die wichtigsten Funktionäre und Bedienstete sowie der engere Kreis der königlichen Ratgeber.

*Unterschiedliche Quellenbasis*

Die Quellenbasis für die Erforschung des königlichen Hofs weist je nach Herrscher unterschiedliche Schwerpunkte auf. Für Karl den Großen ist es neben literarischen Texten vor allem das Werk *De ordine palatii* des Erzbischofs Hinkmar von Reims, die zwar deutlich später entstand (882), jedoch auf einer älteren Schrift Adalhards von Corbie vom Anfang des 9. Jahrhunderts basiert. Für Friedrich I. und Heinrich II. stellen die Zeugenlisten der Urkunden eine wichtige Quelle dar, ebenso wie die gerade für den englischen Königshof sehr zahlreichen historiographischen Texte. Überdies liegen für England, anders als für Kontinentaleuropa, Finanzquellen (Rechnungen) und Hofordnungen bereits in der Mitte des 12. Jahrhunderts vor. Für die Auswertung sind im Einzelnen überlieferungsspezifische Besonderheiten zu beachten, doch finden sich auch vergleichbare methodischen Schwierigkeiten, etwa die Lokalisierung des Herrscherhofs mittels Urkunden oder die Interpretation der Zeugenlisten (Zusammenstellung, Vollständigkeit, statistische Auswertung etc.).

*Karl der Große*

Die höchste Instanz in weltlichen Angelegenheiten an dem mit *palatium* oder *aula* bezeichneten Hof Karls des Großen war der Pfalzgraf, der auch für die Rechtsprechung zuständig war. Den Kern der Hofverwaltung bildeten die vier Hofämter Kämmerer (Finanzen), Seneschall/Truchsess (Versorgung, Personal), Stallgraf/Marschall (Pferde, Transport) und Schenk (Getränkeversorgung). Sie sind wohl vornehmlich als Ehrenämter zu verstehen, da ihre Inhaber einflussreiche Adelige aus verschiedenen Regionen des Reichs waren und auch anderweitig für den König wirkten. Hinzu kamen der Quartiermeister, die vier obersten Jäger und der Falkner, dazu weitere Unterbedienstete wie Türhüter oder Kellermeister.

*Friedrich I.*

Unter Friedrich I. wurden die nun auf vier begrenzten weltlichen Haupthofämter (Truchsess, Marschall, Mundschenk, Kämmerer) mit Ministerialen, also unfreien Dienstmannen, besetzt. Ihr Wirken am Hof tritt in den Quellen nur fragmentarisch in Erscheinung (vgl. Keupp 2002, S. 350–360), während ihr Dienst als Berater,

Diplomaten und Heerführer besser belegt ist. Das eigentliche Hofamt führten von ihnen beaufsichtigte niedere Hofbedienstete aus.

Heinrich II. verfügte in den Teilen seines großen Reichs über je eine eigenständige Hoforganisation: Eine *curia regis* existierte an verschiedenen Orten und auch ohne Anwesenheit des Königs. In England und in der Normandie traten neben dem Seneschall und Connétable (Stallmeister) weitere Ämter in Erscheinung (Kämmerer, Mundschenk, Marschall), wobei mehr als eine Person ein solches Amt innehaben konnte. Wie groß der Personenkreis war, der hinter einem einzelnen Amt stand, zeigt für England die *Constitutio domus regis* aus der Regierungszeit von Heinrichs II. Vorgänger Stephan (1135–1154). So stand beispielsweise dem obersten Mundschenk (*magister pincerna*) für die Verteilung ein *magister dispensator butileriae* mit weiteren *dispensatores* zur Seite, außerdem ein Türhüter, Kellermeister und Fassmacher (jeweils mit eigenen Untergebenen) sowie Arbeiter, Mundschenken, Zuständige für Obst und Fuhrleute (English Historical Documents, Bd. 2, Nr. 30).

Heinrich II.

Besondere Bedeutung kam in England dem Justitiar als dem Vizeregenten und Vertreter des Königs während dessen häufiger Abwesenheit (etwa 21 von 34 Jahren) zu. Beteiligt war er vor allem an der Rechtsprechung und an der Aufsicht über das Schatzamt (Exchequer). Mit dem Exchequer als umfassender Schalt- und Leitstelle sowie dem königlichen Schatz (Treasury) und der Kammer (Chamber) stand dem englischen König neben den üblichen Hofämtern eine umfassende Finanzverwaltung zur Verfügung. Ihre Organisation und Arbeitsweise ist durch das unter Heinrich II. entstandene Werk *Dialogus de Scaccario* (Dialog über das Schatzamt) hervorragend dokumentiert, ähnlich wie die königliche Rechtsprechung und Gesetzgebung durch den *Tractatus de legibus et consuetudinibus regni Angliae* vom Ende der Regierungszeit (English Historical Documents, Bd. 2, Nr. 70 und Nr. 58).

## 10.2.2 Rat

Dem königlichen Rat kam die wichtige Aufgabe zu, den König in seiner Entscheidungsfindung zu unterstützen und damit eine gerechte Herrschaft zu gewährleisten. Über seine personelle Zusammensetzung ist für die Zeit Karls des Großen wenig bekannt, mehr

Karl der Große

hingegen über seine Arbeitsweise (Hinkmar, De ordine palatii, c. 6): In eigenen Treffen berieten die „höheren und hervorragenden Ratgeber" (*seniores et praecipui consiliarii*; S. 84) über die längerfristigen politischen und militärischen Pläne. Die Ergebnisse wurden zunächst geheim gehalten und später auf einem Hoftag präsentiert. Im Rat waren sowohl gegenwärtige und ehemalige Angehörige der Hofverwaltung als auch Große des Reichs vertreten. Ein stetig wachsender Einfluss kam den Gelehrten zu (Alkuin, Einhard etc.), die die traditionellen Eliten jedoch nicht verdrängten, sondern diese für Fragen der Bildung und Theologie ergänzten.

Friedrich I.

Der Hof Friedrichs I. zeichnet sich durch einen fließenden Übergang von alltäglichem Hof und allgemeinem Hoftag (Kapitel 8.1) aus. Wie sich die Zusammensetzung des Hofs insgesamt wandelte, so veränderte sich auch der Kreis der engsten Berater im Laufe der fast vier Jahrzehnte währenden Regierungszeit. In der ersten Phase bis 1167 handelte es sich um eine in Größe und Zusammensetzung stark fluktuierende Gruppe von 15 bis 20 Personen (Uebach 2008). Sie bestand zu je etwa einem Drittel aus 1.) geistlichen Fürsten, 2.) weltlichen Fürsten (vom Grafen bis zum Herzog) und 3.) Angehörigen der Kanzlei, Freien und Ministerialen. Diese stammten aus verschiedenen Regionen des Reichs, vor allem aber aus dem deutschen Reichsteil. Die Auswahl der Ratgeber traf im Wesentlichen der Kaiser, doch lag die Initiative zu Beginn der Regierung eher bei einzelnen Ratgebern. Diese suchten aktiv die Herrschernähe und unterstützten den König, versuchten ihn aber auch für ihre eigenen Ziele einzunehmen. Einen Einschnitt bildete der Tod zahlreicher Fürsten und Vertrauten durch eine Seuche im kaiserlichen Heer 1167. Seit den späten 1170er-Jahren zogen sich dann die geistlichen und weltlichen Reichsfürsten immer mehr vom Hof zurück. Dieser wurde so in den 1180er-Jahren zu einem „Familien- und Freundestreff" des Kaisers (Kölzer 2002, S. 37), wobei verstärkt Ministeriale in die einstmals vom Adel ausgefüllten Positionen nachrückten.

Heinrich II.

Der Hof Heinrichs II. von England war hinsichtlich Größe und Prachtentfaltung für seine Zeit außergewöhnlich. Während der Große Rat (*magnum consilium*) unter Einbeziehung der Großen des Reichs nur gelegentlich zu bestimmten Fragen (Kriegs- und Kreuzzug, Gesetzgebung etc.) zusammenkam, war für das alltägliche Regieren der den Herrscher begleitende Rat (*curia regis*) entscheidend. Bei diesem handelte es sich noch nicht um eine fest abgegrenzte Institution wie in späteren Jahrhunderten (*King's Council*), sondern um eine offene und fluide Gruppe. Die ständigen Ratgeber des Königs wurden von diesem sowohl aus dem hohen Adel als auch aus Hofangehörigen, die aus allen Schichten stammten, rekrutiert. Als *familiares regis* wurden sie oft für diplomatische und administrative Aufgaben ausgewählt und konnten im Königsdienst in einflussreiche Positionen aufsteigen, was Ressentiments und Kritik mit sich brachte. Der König profitierte von der andauernden Loyalität der ehemaligen *curiales* in ihrer neuen Stellung, die z. B. als Bischöfe ihre Zusammenarbeit mit dem König fortsetzten – mit dem königlichen Kanzler und Erzbischof von Canterbury Thomas Beckett als die Regel bestätigende Ausnahme.

### 10.2.3 Hofkapelle und Kanzlei

Den geistlichen Belangen des Königs diente die Hofkapelle. Ihre Leitung hatte ein hoher Geistlicher inne, während die übrigen Mitglieder ihrerseits oft zu Bischöfen oder Äbten aufsteigen konnten. Die wesentliche Aufgabe der Kapläne bestand unter Karl dem Großen in Seelsorge und Gottesdienst, doch wurden sie auch in Diplomatie und Verwaltung eingesetzt. Die Ausfertigung der Urkunden lag – anders als unter den Merowingern – allein in den Händen dieser Kleriker (Kanzler, Notare), ohne dass bereits feste Organisationsformen bestanden. Indizien deuten allerdings darauf hin, dass sich nicht alle Schreiber beim König befanden, sondern in seinem Namen auch andernorts Rechtsgeschäfte beurkundeten (McKitterick 2008, S. 173–191, zurückhaltend dazu W. Hartmann 2010, S. 115).
 — Karl der Große

Die Hofkapelle spielte in den karolingischen Nachfolgereichen aufgrund ihrer geistlichen Aufgaben weiterhin eine wichtige Rolle. Ihre administrative und politische Bedeutung ging zugunsten der aus ihr hervorgegangenen Kanzlei zurück, die den stetig wachsenden Bedarf an Schriftstücken zu bewerkstelligen hatte. Über den normalen Kaplänen und Notaren standen zur Zeit Friedrichs I. die Protonotare, die vom König auch für andere wichtige Aufgaben herangezogen wurden (insbesondere für Gesandtschaften). Die Erzkanzlerwürde und damit die oberste Leitung hatten die Erzbischöfe von Mainz (für Deutschland), von Köln (für Italien) und von Vienne (für Burgund) inne. In der politischen Praxis kam dagegen dem Kanzler als Vertrautem des Königs die größere Bedeutung zu, das
 — Friedrich I.

Amt war oft mit dem Aufstieg in ein Bischofs- oder Erzbischofsamt verbunden.

*Heinrich II.*    Dies gilt auch für England, wo die Kanzlei Teil des königlichen Haushalts blieb. Die Leitungsaufgaben des Kanzlers in der Kanzlei nahmen häufig Stellvertreter wahr. Er selbst war außerdem einer der *barones de scaccario*, wie auch die Kanzleimitglieder als Schreiber an den Sitzungen des Exchequers mitwirkten. Dies verdeutlicht die enge Verknüpfung der einzelnen Verwaltungsorgane unter Heinrich II., die sich in den kommenden Jahrzehnten weiterentwickeln und ausdifferenzieren sollten.

## 10.3 In der Ferne: Legaten, Boten und Verwalter

Der Dienst für den König beschränkte sich nicht auf dessen unmittelbare Umgebung, sondern war gerade auch dort nötig, wo er nicht selbst anwesend sein konnte (vgl. Kapitel 11.3). Beide Felder überschnitten sich, wenn Mitglieder des Hofs entsandt wurden, um *Karl der Große:* den Willen des Herrschers umzusetzen. So nahmen unter Karl dem Großen geistliche wie weltliche Angehörige des Hofs insbesondere in den Sommermonaten auch außerhalb Aufgaben wahr (Gesandte, *Grafen* Heerführer, Beisitzer im Gericht etc.). Die dauerhaften Vertreter des Königs vor Ort waren die Grafen, die im königlichen Auftrag in ihrer Grafschaft Abgaben einzogen, den öffentlichen Frieden wahrten, dem Gericht vorsaßen und das Heer befehligten. Sie entstammten entweder dem lokalen Adel oder wurden vom König gezielt aus anderen Regionen entsandt, um seinen Zugriff zu stärken.

*Königsboten (missi*    Zur Kommunikation und Kontrolle seines Großreichs setzte *dominici)* Karl Königsboten (*missi dominici*) ein. Diese bereisten in regelmäßigen Abständen ihren Sprengel, um die örtlichen Würdenträger und Verwalter zu beaufsichtigen, Streitfälle zu schlichten, und die Einhaltung königlicher Anordnungen zu gewährleisten. Im Jahr 802 wurde die Frequenz der Besuche erhöht, höhere Amtsträger statt niederer Gefolgsleute als Boten ausgewählt und ein geistlicher und weltlicher *missus* zusammen entsandt, meist ein Bischof oder Abt und ein Graf. Dies dürfte die Effektivität gesteigert und Amtsmissbrauch entgegengewirkt haben, auch wenn die Forschung über das genaue Ausmaß der Veränderung (vgl. Hannig 1983) und der dadurch erzielten Verbesserung unterschiedlich urteilt.

Auf lokaler Ebene organisierten Verwalter oder Amtsmänner (*iudices, villici, actores*) die Bewirtschaftung des Königsguts. Diese Leiter eines Amtsbezirks (*ministerium, fiscus*) entstammten oft dem regionalen Adel und konnten von Königin, Seneschall oder Schenk an den Hof gerufen werden, um Rechenschaft abzulegen. Unter ihnen standen die Meier (*maiores*). Diese sollten gerade nicht den Mächtigeren (*potentiores*), sondern den darunter stehenden *mediocres* angehören (*Capitulare de villis*, c. 60, S. 61), um Treue zu gewährleisten und Entfremdungen vorzubeugen. *[Lokale Verwalter]*

Ebenso wie unter Karl dem Großen der königliche Einfluss gegenüber den lokalen Eliten je nach Region unterschiedlich stark war, muss für Friedrich I. zwischen dem Reich nördlich der Alpen und Reichsitalien differenziert werden. Im deutschen Reichsteil waren die geistlichen und weltlichen Fürsten dem König zu Dienst verpflichtet, ihre eigenen Herrschaftsgebiete regierten sie jedoch selbstständig. Das Reichsgut und die königlichen Pfalzen wurden vor allem von Ministerialen verwaltet. Ihr Wirken sah die Forschung früher als „Staats- und Reichsbeamtenschaft" und „Träger des [...] Staatsgedankens der Staufer" (Bosl 1950–1951, S. 617), heute deutet sie es dagegen eher als Wechselspiel von „Dienst, Verdienst und Belohnung" (Keupp 2002, S. 471). Die Ministerialen traten auf allen Ebenen der herrschaftlichen Erfassung des Landes in Erscheinung (Burgenbau, Städte- und Siedlungsgründung), übten vor Ort die königliche Herrschaft aus (Rechtsprechung, Einzug von Abgaben, Geleit, Verwaltung), hatten Vogteien inne, fungierten als Boten, Kontrolleure und Schiedsmänner und dienten auf Kriegszügen. Etlichen Ministerialenfamilien gelang im Reichsdienst ein beträchtlicher Aufstieg und Ausbau der eigenen Stellung. Werner II. von Bolanden beispielsweise hatte neben dem Kaiser von über 40 weiteren Personen Lehen inne und verfügte nach den Angaben eines Zeitgenossen über 17 Burgen und ein Gefolge von 1100 Rittern. *[Friedrich I.: Deutschland]*

In Reichsitalien versuchte der König seine Präsenz mittels Legaten sicherzustellen, die als Stellvertreter über umfangreiche Kompetenzen verfügten. Daneben strebte Barbarossa den Aufbau einer eigenen Verwaltungsorganisation an. Der Versuch mittels vornehmlich deutscher Ministerialer, Edelfreier und Adeliger unmittelbare Herrschaft auszuüben war in Mittelitalien weitgehend erfolgreich. In Norditalien führte er dagegen zu langwierigen Konflikten mit den Städten, die sich im Lombardenbund zusammenschlossen. Im Frieden von Konstanz 1183 konnte der Kaiser sich letztlich die *[Reichsitalien]*

Oberherrschaft sichern. Auf eine direkte Einflussnahme musste er jedoch weitgehend verzichten und sich als Ausgleich für die Überlassung der Regalien mit Steuerzahlungen zufrieden geben. Im burgundischen Reichsteil stützte sich Friedrich im Süden auf den Erzbischof von Arles und den lokalen Adel, während ihm im Norden durch Legaten, seine Frau Beatrix und seinen Sohn Otto, der Pfalzgraf von Burgund war, ein immer stärkerer Zugriff gelang.

*Burgund*

Auch Heinrich II. herrschte über ein großes und heterogenes Reich: Was im Folgenden für England geschildert wird, lässt sich nur eingeschränkt auf die festländischen Besitzungen übertragen (die wiederum nicht einheitlich organisiert waren). In England musste Heinrich nach den politischen Wirren der vorangehenden beiden Jahrzehnte zunächst die königliche Verwaltung wiederherstellen, bevor diese reformiert und weiterentwickelt werden konnte. Zentrales Bindeglied zwischen Hof und Reich waren die Sheriffs: Als lokale Vertreter des Königs in den Grafschaften (*shires*, mit den Hundertschaften, *hundreds*, als Untereinheit) nahmen sie polizeiliche Aufgaben wahr, sprachen Recht, führten königliche Verfügungen aus und zogen Abgaben ein. Diese mussten zweimal jährlich unter exakter Rechnungslegung an den Exchequer abgeführt werden, was durch die seit 1156 fortlaufend überlieferten *Pipe Rolls* dokumentiert ist.

*Heinrich II.*

Wiederholte Beschwerden über die Übergriffe der Sheriffs führten zu königlichen Untersuchungen, die Amtsenthebungen und eine stärkere Kontrolle zur Folge hatten. Dies sollte vor allem durch königlichen Reiserichter (*iudices itinerantes*, justices in eyre) erreicht werden, die für jede Visitation neu ernannt wurden. Neben der Informationsbeschaffung und Sonderaufgaben wie der Abnahme des Treueids waren sie vor allem dafür zuständig, die königliche Gerichtsbarkeit vermehrt im ganzen Land zur Geltung zu bringen. Ein weiteres wichtiges Instrument hierfür waren die in großer Zahl eingesetzten kurzen formelhaften Urkunden in Briefform (*Writs*) zur Einleitung von Untersuchungen und Gerichtsverfahren vor Ort. Nach 1170 wurden die Sheriffs vornehmlich aus dem königlichen Haushalt rekrutiert. Hierdurch gewann der zentralisierende gegenüber dem lokalen Charakter des Amts an Bedeutung, das oft den Ausgangspunkt für einen weiteren Aufstieg im Königsdienst darstellte. Neben den Grafschaften hatten die Königsforste eine eigenständige Organisation mit Richtern und untergeordneten Verwaltern.

## 10.4 Quellen und Vertiefung

### 10.4.1 Die Ratgeber Friedrichs I.

Der aus der norditalienischen Stadt Lodi stammende Chronist Acerbus Morena beschreibt in seiner Chronik zum Jahr 1163 als Anhänger Friedrich I. Barbarossas dessen engste Ratgeber im Hinblick auf ihr Aussehen (hier ausgelassen) und ihren Charakter (Acerbus Morena, Historia, S. 167–171):

> Beatrix aber, die Gemahlin des Kaisers, die aus einem edlen Geschlecht aus der Provinz Burgund stammte, [...] war sittsam bei lieblichen und schmeichelnden Reden, hatte sehr schöne Hände und einen schlanken Körper; ihrem Mann war sie völlig ergeben, und sie fürchtete ihn als ihren Herrn und liebte ihn in jeder Weise als ihren Mann; sie war gebildet und eine Verehrerin Gottes; und wie sie „die Glückselige" (*Beatrix*) genannt wurde, war sie wirklich in höchsten Maße glückselig (*beata*).
> Konrad, der Bruder des Kaisers, der auch Pfalzgraf bei Rhein ist, [...] war tugendhaft, sehr bescheiden und nicht sehr redebegabt.
> Rainald, der erwählte Erzbischof von Köln, der zuerst Kanzler genannt wurde, dann aber Erzkanzler für Italien war, [...] war beredt und bestens gebildet, wortgewandt, vorsichtig und sehr scharfsinnig, äußerst begierig, die Ehre des Kaisers zu erhöhen, so sehr allerdings, dass der Kaiser dem Rat (*consilium*) von niemand anderem mehr gewogen war als seinem; er war auch freigebig, heiter, leutselig, hochherzig, ertrug sehr geduldig die Mühen, und durch seinen Scharfsinn und sein Wirken ist die Würde des Kaiserreichs außerordentlich erhöht worden.
> Bischof Hermann von Verden aus Sachsen [...] war gütig, barmherzig und fromm, erfüllt mit Weisheit, angenehm und leutselig, heiteren Herzens; er liebte die Gerechtigkeit, fürchtete Gott und beachtete seine Gebote, und der Kaiser vertraute sehr auf seine Klugheit und seinen Rat (*prudentia et consilium*).
> Herzog Heinrich von Sachsen [...] war hochherzig, reich an Vermögen und Macht; er stammte aus hochadligem Geschlecht und war der Sohn der Tochter des früheren Kaisers Lothar.
> Herzog Friedrich von Rothenburg, der Sohn König Konrads, der Oheim Kaiser Friedrichs war, war [...] begierig, seine Tüchtigkeit zu beweisen [...], heiter und liebenswürdig [...].
> Pfalzgraf Otto von Wittelsbach, auch *pallizusgravus* genannt, [...] war streng, weise und vorsichtig im Rat und sehr stark im Kampf; [...] dem Kaiser und dem Kaiserreich war er überaus treu und er wurde vom Kaiser nicht wenig geliebt und war dessen Verwandter.
> Graf Rudolf von Lindau [...] war weise und kriegerisch, und im Heer des Kaisers konnte man niemanden finden, der schöner war.

Graf Gebhard von ... [folgt kurze Lücke] [...] war sehr stark im Kampf, ehrgeizig, freigebig, großzügig, heiter und liebenswürdig.
Graf Markward von Grumbach [...] war in allen schon genannten Redlichkeiten dem Grafen Gebhard ähnlich.
Markgraf Wilhelm von Montferat, ein Lombarde, [...] war sehr redebegabt, tugendhaft und weise, heiter und liebenswürdig, freigebig, aber nicht verschwenderisch.
Graf Guido von Biandrate war [...] ein ausgezeichneter Ritter, vorsichtig im Kampf, bewundernswert redebegabt, stürmisch kühn, einflussreich im Rat, geduldig bei großen Mühen; er diente treu dem Kaiser und wurde von ihm mehr als viele andere geliebt.
Graf Konrad von Ballhausen [...] war gebildet und weise, angenehm und leutselig, vorsichtig und im Kampf stark, sowohl der deutschen als auch der italienischen Sprache kundig und sehr mächtig bei den Beratungen des Kaisers.
Darüber hinaus gab es auch viele andere im Heer des durchlauchtesten Herrn Kaisers Friedrich, sowohl Herzöge als auch Markgrafen und Grafen, Deutsche und Lombarden, deren Eigenschaften aufzuzählen zu große Schwierigkeiten machen und mich von meinem vorliegenden Werk wegführen würde.

### 10.4.2 *Inquest of sheriffs* unter Heinrich II. von England (1170)

Im Jahr 1170 ließ König Heinrich II. von England umfassende Untersuchungen über die Amtsführung der königlichen Sheriffs durchführen (*Inquest of sheriffs*). In den *Gesta Regis Henrici Secundi* (Bd. 1, S. 4 f.) ist den königlichen Erlassen sowie den Ergebnissen der Untersuchung aus Norfolk eine kurze Einleitung vorangestellt (zur Kontextualisierung siehe Warren 1973, S. 287–291):

> Als die Osterfeierlichkeiten beendet waren, ging der König nach London und hielt dort eine große Versammlung über die Krönung seines ältesten Sohns Heinrich und die Gesetze seines Königreichs ab. Und dort setzte er fast alle Sheriffs Englands und deren Bailiffs (*vicecomites Anglie et ballivi eorum*) ab, weil sie die Untertanen seines Königreichs (*homines regni sui*) schlecht behandelt hatten.
> Und jeder der Sheriffs und jeder ihrer Bailiffs verbürgten sich, dass sie das Recht wahren und dem König und den Untertanen des Reichs das restituieren werden, was sie ihnen für ihre Vergehen restituieren müssen. Und danach ließ der König alle Untertanen seines Königreichs nämlich die Earls, Barone, Ritter, Freien/Freeholder und sogar die Leibeigenen auf die heiligen Evangelien schwören, dass sie darüber die Wahrheit sagen, was

und wieviel die Sheriffs und ihre Bailiffs von ihnen genommen hatten, und was mit Urteilsspruch und was ohne und für welche Vergehen.
Aber hierdurch entstand den Menschen Englands großer Schaden, weil der König nach den geschehenen Untersuchungen gewisse Sheriffs wieder an ihre vorherigen Position einsetzte und diese danach viel grausamer auftraten als sie es zuvor gewesen waren.

### 10.4.3 Fragen und Anregungen

- Beschreiben Sie, mit welchen administrativen Herausforderungen sich die königliche Herrschaft unter Karl dem Großen, Friedrich I. und Heinrich II. von England konfrontiert sah. Identifizieren Sie Ähnlichkeiten und Unterschiede.
- Vergleichen Sie die gefundenen Lösungen und analysieren Sie Gemeinsamkeiten und Unterschiede der Organisationsformen.
- Beschreiben Sie das Ordnungsprinzip der Darstellung bei Acerbus Morena und analysieren Sie die personelle Konstellation des kaiserlichen Ratgeberkreises.  *Zu 10.4.1*
- Charakterisieren Sie deren Eigenschaften und überlegen Sie, welche Rolle sie für die Herrschaftsausübung des Kaisers spielten.
- Diskutieren Sie den Quellenwert der Ausführungen für die Zusammensetzung und Funktionsweise des königlichen Rats.
- Beschreiben Sie die Maßnahmen, die Heinrich II. von England als Reaktion auf die Beschwerden über die Sheriffs ergriff.  *Zu 10.4.2*
- Vergleichen Sie dieses Vorgehen mit ähnlichen Maßnahmen Karls des Großen und Friedrichs I. und diskutieren Sie, welche Möglichkeiten und Grenzen solche Kontrollen hatten.

### 10.4.4 Lektüreempfehlungen

English Historical Documents. Bd. 2: 1042–1189, hg. von Dorothy Whitelock,  *Quellen*
2. Aufl. London 1981 (*Umfangreiche Auswahl in englischer Übersetzung zu „Government and Administration"*).

Hinkmar von Reims, De ordine palatii, hg. von Thomas Gross/Rudolf Schieffer (MGH Font. iur. 3), Hannover 1980 (*Maßgebliche Quelle für die Zeit Karls des Großen*).

Literatur  Ehlers, Caspar/Rueß, Karl-Heinz (Hg.), Friedrich Barbarossa und sein Hof.
22. Göppinger Staufertage 10. bis 12. November 2006 (Schriften zur
staufischen Geschichte und Kunst 28), Göppingen 2009 (*Beiträge zur
Funktion und Repräsentation des Hofs sowie zur Rolle der Ministerialen,
der Bildung und des Rittertums*).

Fleckenstein, Josef, Karl der Große und sein Hof, in: Karl der Grosse.
Lebenswerk und Nachleben, Bd. 1, Düsseldorf 1965, S. 24–50 (*Überblick
über Organisation, personelle Zusammensetzung und Entwicklung des
Hofs und seine Rolle für die Herrschaft Karls des Großen*).

Moraw, Peter (Hg.), Deutscher Königshof, Hoftag und Reichstag im späteren
Mittelalter (Vorträge und Forschungen 48), Stuttgart 2002 (*Mit Beiträgen
von Theo Kölzer, Karl-Heinz Spieß und Werner Rösener zu Friedrich I.
sowie von Ernst Schubert zu den Erz- und Erbämtern*).

Vincent, Nicholas C., The Court of Henry II, in: Henry II: New Interpretations,
hg. von Christopher Harper-Bill/Nicholas C. Vincent, Woodbridge
2007, S. S. 278–334 (*Präsentiert aktuelle Forschungsfelder zum Hof
Heinrichs II., thematisiert die verschiedenen Quellengattungen mit ihren
Erkenntnismöglichkeiten sowie methodischen Herausforderungen und
zeigt auf, wie diese sinnvoll kombiniert werden können*).

Warren, Wilfred L., The Governance of Norman and Angevin England 1086–1272
(The Governance of England 2), London 1987 (*Als Teil einer dreibändigen
Reihe, die von 500 bis 1461 reicht, werden hier im chronologischen
Durchgang die wichtigsten Aspekte und Veränderungen beschrieben. Der
Abschnitt zu Heinrich II. [S. 95–122] basiert im Wesentlichen auf der vom
selben Autor verfassten umfangreichen Biographie [Warren 1973]*).

Weinfurter, Stefan, Karl der Große. Der heilige Barbar, München/Zürich 2013
(*Umfassende Biographie, von der für Herrschaftspraxis und Verwaltung
besonders die Abschnitte über „Herrschaft durch Befehl, Kontrolle und
Repräsentation" [S. 128–152] sowie zur königlichen Familie [S. 153–177]
heranzuziehen sind*).

# 11 Herrschaft an Stelle des Königs

An der Spitze des Reichs stand zwar immer nur ein König, in der Praxis jedoch oft mehr als ein Herrscher. Eine Delegation der Regierungstätigkeit war möglich und oft auch nötig, um die Herrschaft bewahren oder effektiv ausüben zu können. So ernannte der erst dreijährige Konrad II. von Sizilien („Konradin") nach dem Tod seines Vaters Konrad (IV. als römisch-deutscher, I. als sizilianischer König) seinen Onkel Manfred im April 1255 zu seinem Statthalter im Königreich Sizilien (Böhmer, Acta imperii selecta, Nr. 972, S. 678):

> Wir machen allen Gegenwärtigen, die dieses Privileg einsehen werden, bekannt: Weil wir wegen unseres unmündigen Alters die Lenkung unseres Königreichs nicht ausreichend ausüben können und das herrliche Erbe unseres Königreichs Sizilien wegen der Kindheit unserer Zartheit ohne die Stütze eines Lenkers keinen Schaden erleiden darf, damit in diesem die Gerechtigkeit blüht, unsere Rechte unverletzt bewahrt werden und sein friedlicher Zustand erhalten bleibt, haben wir nach abwägendem Rat und sorgfältiger Überlegung zusammen mit den Herzögen von Bayern, unseren geliebten Onkeln (mütterlicherseits), und unseren übrigen Verwandten und unserer Mutter beschlossen, dass wir dem edlen Mann Manfred, Fürst von Tarent, unserem geliebten Onkel (väterlicherseits), im vollsten Vertrauen in dessen Treue, Klugheit und Tüchtigkeit die Stellvertretung (*balium*) dieses unseres Reichs bis zu unserem Erwachsenenalter anvertrauen, in dessen Hand jene Stellvertretung dem Recht nach fällt; sollte es uns innerhalb dieser Zeit gelingen, unser vorgenanntes Reich zu betreten, vertrauen wir uns seiner Vormundschaft an.
>
> Wir geben ihm freie Autorität und allgemeine Verwaltung (*auctoritas libera et generalis amminstratio*) in diesem unserem Reich, sowohl über alle unsere königlichen Domänen als auch über alle Grafschaften, Baronien und Besitzungen, die der Umfang jenes Reiches umfasst, wie auch über die Massarien [landwirtschaftliche Wirtschaftseinheit], beweglichen Dinge und alle anderen Dinge die zu uns gehören, die wir in diesem Reich ausüben würden, falls wir persönlich anwesend wären. Welche Abgaben der Städte, Burgen und Lehen, welche Verpflichtungen, Befreiungen, Abmachungen und Übereinkünfte er auch immer vornehmen wird, die wir vornehmen können bzw. könnten, halten wir für gültig und fest, so als wenn wie diese persönlich vorgenommen hätten, und wir versprechen sie immer unverbrüchlich zu beachten.

*Manfred als Statthalter seines Neffen Konrad II. von Sizilien (1255)*

Gestützt auf diese Verleihung[1] hielt Manfred als Regent in königsgleicher Stellung die staufische Herrschaft in Sizilien aufrecht und sicherte die Ansprüche des minderjährigen Königs. Eine solche Scheidung zwischen Königswürde (*regia dignitas*) und konkreter Regierung (*administratio generalis*) war stets ein schmaler Grat zwischen der Selbstständigkeit des Stellvertreters und der Wahrung der königlichen Oberherrschaft. Die damit einhergehenden Risiken brachten im Fall Konrad(in)s sogar den vollständigen Herrschaftsverlust, denn 1258 schwang sich Manfred zum König von Sizilien auf: Aus dem „Allgemeinen Stellvertreter des erlauchten Königs Konrads II. im Königreich Sizilien" (*illustris regis Conradi secundi in regno Sicilie balius generalis*) wurde der „König Siziliens von Gottes Gnaden" (*dei gratia rex Sicilie*).

*Gefahren der Stellvertretung*

Ein Reich ohne König war im Mittelalter kaum denkbar. In der politischen Praxis mussten allerdings alternative Herrschaftsformen gefunden werden. Oft genug war eine königslose Zeit zu überbrücken, weil noch kein Nachfolger bereitstand oder dieser noch nicht selbstständig regieren konnte. Häufig stand dem König außerdem ein Sohn als Mitkönig zur Seite, oder andere Familienangehörige bzw. Fürsten fungierten für ihn als Stellvertreter. Diese Grenzfälle von Königsherrschaft bieten in besonderer Weise Einblicke in deren Wahrnehmung und Funktionsweise, da sie aufgrund ihres außergewöhnlichen Charakters mehr (und andere) Quellen als der Normalfall hervorbrachten.

## 11.1 Regentschaft für minderjährige Könige

*Minderjährige Könige: Häufigkeit und Problematik*

Hatte beim Tod des Königs der Nachfolger noch nicht die Volljährigkeit erreicht (für die unterschiedliche Altersgrenzen existierten), so mussten andere bis zu dessen Mündigkeit die Regentschaft ausüben. Ein solches Königtum Minderjähriger ist keineswegs ein vernachlässigbarer Sonderfall, sondern kam überaus häufig vor – in Schottland beispielsweise vom 13. bis zur Mitte des 16. Jahrhunderts bei neun von 15 Königen. Von den Zeitgenossen wurde eine

---

1 Die Vollmacht selbst ist nicht im Original, sondern in mehreren Verträgen in zwei leicht abweichenden Fassungen als Transsumpt überliefert (RI V Nr. 4771 und 4772).

solche Herrschaft im Sinne des Bibelworts „Weh dir, Land, dessen König ein Kind ist" (Eccl. 10,16: *Vae tibi terrae, cuius rex puer est*) nicht selten als problematisch wahrgenommen. In der Tat bedeuteten die in solchen Phasen initiierten Veränderungen der politischen Ordnung vielfach eine Schwächung des Königtums. Gleichzeitig förderten sie jedoch dessen transpersonale Komponente, da neben dem individuellen König das Reich als Ganzes stärker in Erscheinung trat.

Königliche Urkunden zur Zeit der Regentschaft wurden lange Zeit allein im Namen des Königs erlassen. Dies mag aus heutiger Sicht als Fiktion zur Überdeckung mangelnder Eigenständigkeit gedeutet werden, trifft jedoch nicht das Selbstverständnis der Zeitgenossen: Für sie konnte der König trotz seines jungen Alters alle wesentlichen Aspekte seiner Herrschaft wahrnehmen, das Mitwirken der Regenten im administrativen Alltag stand hierzu in keinem Widerspruch. Dementsprechend erscheinen diese in den Urkunden wenn überhaupt nur als Intervenienten, erst seit dem 13. Jahrhundert treten sie als Mitaussteller oder zeitweise auch als eigenstände Aussteller auf. Die Regentschaft konnte von einer oder mehreren Personen ausgeübt werden. Oft entstammten sie der königlichen Familie (Königinmutter, Königingroßmutter, nahestehende männliche Verwandte), aber auch geistliche und weltliche Fürsten konnten diese Aufgabe wahrnehmen.

*Selbstverständnis der Zeitgenossen*

Welche Personen in Erscheinung traten kann viel über die Verfassungsstruktur des jeweiligen Königreichs verraten. So endete in den frühen germanischen Königreichen die Herrschaft eines Kindes regelmäßig mit dessen gewaltsamen Tod. Seit dem Ende des 6. Jahrhundert blieben die Kindkönige dagegen in der Regel unangefochten, allerdings meist als bloße Marionetten des Adels. Im 10. und 11. Jahrhundert traten besonders die weiblichen Mitglieder der Königsfamilie in Erscheinung: Für Otto III., der beim Tod seines Vaters 983 erst dreieinhalb Jahre alt war, konnte sich dessen Mutter Theophanu im Verbund mit wichtigen Fürsten gegen den nächsten männlichen Verwandten (Heinrich „den Zänker") durchsetzen. Sie übernahm bis zu ihrem Tod 991 die Regentschaft, die bis zu Ottos Selbstständigkeit 994/995 von seiner Großmutter Kaiserin Adelheid weitergeführt wurde. Auch für den sechsjährigen Heinrich IV. übernahm 1056 zunächst seine Mutter Kaiserin Agnes die Regierungsgeschäfte. Sie stieß jedoch wie ihre Nachfolger, die Erzbischöfe von

*Regentschaft als Spiegel der politischen Ordnung*

*Ottonen und Salier*

Köln und Bremen, auf den Widerstand der Fürsten, die sich dem zu großen Einfluss eines einzelnen Regenten widersetzten.

*Staufer und Spätmittelalter*

Eineinhalb Jahrhunderte später gab es mit Friedrich II. erneut einen minderjährigen König (1197). In Sizilien übernahm seine Mutter Konstanze die Regentschaft, während im römisch-deutschen Reich die staufischen Anhänger seinen Onkel Philipp erhoben, und zwar nicht zum Regenten, sondern zum König. Die Regentschaft für einen alleinigen minderjährigen König kam im Reich folglich seit dem 12. Jahrhundert nicht mehr zur Anwendung. Auch im spätmittelalterlichen Reich wählten die Kurfürsten die einzigen beiden Söhne, die noch zu Lebzeiten ihres Vaters erhoben wurden (Wenzel und Maximilian), erst, als diese bereits volljährig waren.

*Europäischer Vergleich:*

*England*

In den westeuropäischen Erbmonarchien gab es dagegen auch im späteren Mittelalter noch zahlreiche minderjährige Könige. In England wurde Heinrich III. 1216 mit neun Jahren, Richard II. 1377 mit zehn Jahren und Heinrich VI. 1422 mit nicht einmal einem Jahr König. Edward III. war bei der Absetzung seines Vaters 1327 zwar bereits volljährig, die tatsächliche Regierung konnte er jedoch erst nach der Verbannung seiner Mutter und der Hinrichtung ihres Favoriten drei Jahre später übernehmen. In Frankreich stand Ludwig IX., der 1226 mit 12 Jahren König wurde, für längere Zeit unter der Regentschaft seiner Mutter Blanca von Kastilien, wobei über den genauen Zeitpunkt des eigenständigen Regierungsbeginns unterschiedliche Forschungsmeinungen existieren (vgl. Heckmann 2002, S. 65–74). Zu Beginn des 14. Jahrhunderts waren es zwei Mal männliche Angehörige einer königlichen Nebenlinie, die zuerst kurzzeitig die Regentschaft übernahmen und dann selbst zu Königen aufstiegen (Philipp V. 1316; Philipp VI. 1328). Wegen der Minderjährigkeit des Thronfolgers übten 1380–1388 drei Onkel Karls VI. die Regentschaft aus, 1483–1491 hingegen Karls VIII. ältere Schwester und ihr Gemahl.

*Frankreich*

*Iberische Königreiche*

Die besondere Bedeutung weiblicher Regentschaft zeigt sich vor allem in den iberischen Königreichen. Hier gab es vom 10. bis zum 14. Jahrhundert insgesamt sieben Königinnen, die für ihren unmündigen Sohn, Neffen oder jüngeren Bruder regierten – und zwar in der Regel wie ein regulärer Herrscher, von der Rechtsprechung bis zur Außenpolitik und Kriegsführung. Eine solche Regentschaft konnte wenige Jahre bis zu mehr als ein Jahrzehnt dauern, wobei auch hier der Einfluss oft bis weit über die Volljährigkeit hinaus anhielt. Allerdings mussten viele Regentinnen ihre Macht mit weiteren Personen teilen oder bald gänzlich wieder abtreten, in den iberischen wie in anderen Königreichen. Trotz einer zunehmenden Verrechtlichung der Regentschaft im späteren Mittelalter konnte es weiterhin zu erheblichen Auseinandersetzungen um den realen Einfluss auf die Regierung kommen. Die Gefahr einer politischen Instabilität war zwar reduziert, nicht aber gänzlich beseitigt.

## 11.2 Thronfolger als Mitkönige

Auch volljährige Königssöhne konnten eine besondere Herausforderung für das Königtum darstellen. Lange Zeit war das Mitkönigtum, also die Königserhebung des Sohnes zu Lebzeiten des Vaters und dessen Beteiligung an der Herrschaft, weit verbreitet. Hierdurch wurde zum einen die Nachfolge gesichert und einer Thronvakanz vorgebeugt. Zum anderen konnte der Nachfolger so in die Herrschaft eingebunden und königliche Aufgaben an ihn übertragen werden. Eine solche Beteiligung bei Wahrung des väterlichen Vorrangs barg auch Risiken, doch galt dies ebenso für das gegenteilige Modell einer verhinderten Partizipation (Kapitel 6.1).

Im Frankenreich der Merowinger wurden nur zwei Königssöhne[2] zu Lebzeiten ihres Vaters zu Königen erhoben, allerdings noch als Minderjährige und nur für ein Teilreich auf Betreiben des dortigen Adels. Unter den Karolingern fand das Modell eines „Unterkönigtums" für verschiedene Reichsteile (Aquitanien, Neustrien, Bayern, Italien) Anwendung, jedoch unter sehr individueller Ausprägung und nicht als feste Institution. Dies lag nicht zuletzt an der sich verändernden Größe des Reichs. So boten sich Karl dem Großen und seinem Sohn Ludwig dem Frommen ganz andere Möglichkeiten der Einbindung als ihren Nachkommen, die nur noch über Teile des einstigen Großreichs regierten.

Merowinger und Karolinger

Der Entfaltung der Königssöhne waren deutliche Grenzen gesetzt, sie unterstanden stets der väterlichen Gewalt und waren diesem zu Gehorsam verpflichtet (*ius paternum*). Als Minderjährige stellte ihnen ihr Vater ausgewählte Regenten zur Seite, als Volljährige wurden sie kontrolliert und ihre Befugnisse begrenzt. In ihrer

---

[2] Dagobert I. (623) und Sigibert III. (633) (Offergeld 2001, S. 235–240), nach Kasten 1997, S. 18 und 55 auch Theudebert II. 589.

Zwischenstellung standen die Königssöhne außerdem in Konkurrenz mit bestehenden Mittelgewalten, vor allem den Markgrafen. Gegen diese konnten sie sich längerfristig nicht durchsetzen: „Sie wurden zwischen ihrem Vater und den regionalen Machthabern zerrieben, als die Verteilungsmittel (Land und Leute) für eine wirksame Herrschaftsausübung knapp wurden." (Kasten 1997, S. 569).

*Ottonen, Salier und Staufer*

Unter den Ottonen, Saliern und Staufern wurden die Königssöhne zu Mitkönigen erhoben, ohne dass sie von Beginn an einen speziellen Reichsteil zugewiesen bekamen. Die Erhebungen geschahen unter Beteiligung und Zustimmung der Großen und zumeist in schwierigen und unkalkulierbaren Momenten der Herrschaft (Italienzug, Kreuzzug, Krankheit oder fortgeschrittenes Alter des Königs). Da alle Mitkönige bei ihrer Wahl noch minderjährig waren, traten sie zunächst nicht aktiv als Herrscher in Erscheinung. Auch später blieben ihrer selbstständigen Regierung Grenzen gesetzt, was häufig zu Konflikten zwischen Vater und Sohn führte, zumal die Kompetenzen oft nicht klar abgegrenzt waren. Gelang hingegen wie bei Friedrich I. und Heinrich VI. oder Friedrich II. und Konrad IV. die Kooperation, waren die Söhne mit ihrem eigenen Hof eine wichtige Stütze der königlichen Herrschaft.

*Mitkönigtum zur Sicherung der Nachfolge*

Das primäre Motiv blieb jedoch die Sicherung der Nachfolge, wie das junge Alter der Mitkönige ebenso zeigt wie der europäische Vergleich: Während Mitkönigserhebungen in Dänemark erst Ende des 12. Jahrhundert aufkamen, wurden sie in den gefestigteren Erbmonarchien England und Frankreich seit dieser Zeit nicht mehr vorgenommen. Der Thronfolger erhielt hier einen eigenen Titel und Herrschaftsbereich (seit 1301 Prince of Wales/seit 1349 Dauphin de Viennois), wie beispielsweise auch im Königreich Sizilien und Neapel (Herzog von Kalabrien). Ein wichtiges Betätigungsfeld der Königssöhne war die Heerführung, in jungen Jahren oft zusammen mit ihrem Vater, später selbstständig. Im römisch-deutschen Reich des Spätmittelalters war eine Mitkönigserhebung nur möglich, wenn der Vater bereits den Kaisertitel erlangt hatte. Eine effektive Beteiligung an der Herrschaft wurde allerdings sowohl für Wenzel als auch für Maximilian explizit ausgeschlossen, so dass die Wahl wiederum vor allem die Sicherung der Nachfolge zum Ziel hatte.

## 11.3 Stellvertreter zu Lebzeiten des Königs

Durch eine Königswahl zu Lebzeiten des Kaisers wurde ein Interregnum verhindert, wie es sonst im spätmittelalterlichen Reich für mehrere Monate, ja sogar bis zu eineinhalb Jahre vorkam. Um die negativen Auswirkungen einer solchen königslosen Zeit zu verhindern, sah die Goldene Bulle vor, dass die Kurfürsten binnen vier Monaten nach Bekanntwerden des Todes zur Neuwahl zusammenkommen sollten (c. 1, § 15–16). In der Zwischenzeit übernahmen der Pfalzgraf und der Herzog von Sachsen in ihrem jeweiligen Zuständigkeitsbereich als Reichsvikare (*provisor imperii*) herrscherliche Kompetenzen, nämlich „Rechtsprechung, Vorschlag auf die Besetzung kirchlicher Pfründen, Einzug der Einkünfte, Lehnsvergabe und Empfang der Treueide".[3] Die Entscheidungen mussten allerdings anschließend vom neuen König bestätigt werden, Fürsten- und Fahnenlehen waren als dessen alleiniges Vorrecht generell ausgenommen.

*Goldene Bulle (1356)*

Ein solches Vikariat während der Thronvakanz (*vacante imperio*) war in der politischen Praxis jedoch von untergeordneter Bedeutung, zumal der Herzog von Sachsen es erst 1519 erstmals beanspruchte. Die Bestimmungen der Goldenen Bulle wiesen allerdings implizit den Anspruch der Päpste zurück, den diese vor allem für Reichsitalien zu nutzen versucht hatten. Wichtiger war das Vikariat zu Lebzeiten bei Abwesenheit des Königs (*absente rege*), mit dem der König einzelne Personen betraute. Der Grund hierfür war die vielfältige Inanspruchnahme des Königs in seinem großen Reich, was sich noch verschärfte, wenn er wie im späteren Mittelalter über ein weiteres Königreich (Sizilien, Böhmen, Ungarn) herrschte. Die Vikariate wiesen einen unterschiedlich großen Zuständigkeitsbereich auf, vom Reichsverweser über Generalreichsvikare hinab zu Gebiets- und Ortsvikaren. Der Bedeutung des jeweiligen Amts entsprach die Stellung seiner Inhaber: An höchster

*Formen des Vikariats*

*Umfang der Vikariate*

---

[3] Goldene Bulle, c. 5, § 1, S. 582: *cum potestate iudicia exercendi, ad beneficia ecclesiastica presentandi, recolligendi redditus et proventus et investiendi de feudis, iuramenta fidelitatis vice et nomine sacri imperii recipiendi*. Die deutschen Übersetzungen weisen eine gewisse Vielfalt bei der Amtsbezeichnung auf, wie *stathalter, vicar* oder *furweser* sowie Doppelungen wie *verweser und pfleger* oder *furseher und besorger* (S. 583, Anm. d).

Stelle fungierten ausschließlich Kurfürsten, an unterster Stelle oft lokale Führungspersonen. Im Rahmen der Einsetzung musste der Stellvertreter einen Amtseid leisten, seine Herrschaftsbefugnisse wurden urkundlich festgehalten, die Finanzierung geregelt und die Ernennung den Betroffenen bekannt gemacht.

Auch in früheren Jahrhunderten sowie in anderen Königreichen übernahmen regemäßig Statthalter die Aufgaben des Herrschers, während dieser sich außer Landes befand oder an der Ausübung seines Amtes gehindert war (Krankheit, Gefangenschaft). Handelte es sich um Mitglieder des Königshauses, musste dies nicht unbedingt mit einer förmlichen Ernennung verbunden sein. So konnte der zum Mitkönig erhobene Sohn beispielsweise in einer bestimmten Region oder einem Reichsteil als faktischer Statthalter fungieren, wie die Söhne Friedrichs II. im Reich nördlich der Alpen oder in Teilen Italiens.

Königin

Daneben bot sich vor allem die Königin als Vertreterin ihres Mannes an, wenn sie diesen nicht auf seinen Reisen durch das Reich begleitete. Im römisch-deutschen Reich blieb sie seit dem 12. Jahrhundert allerdings zunehmend auf ihre Rolle als Landesherrin beschränkt, also für die Regionen, auf die sie aufgrund ihrer Abstammung Erbansprüche besaß (z. B. Beatrix von Burgund, Konstanze von Sizilien, Margarete von Holland-Hennegau-Seeland). Im 15. Jahrhundert fungierte Barbara von Cilli für ihren Mann Sigismund in dessen Königreichen Ungarn und Böhmen zeitweise als Statthalterin – im römisch-deutschen Reich wurde diese Aufgabe hingegen von Kurfürsten wahrgenommen (Kapitel 11.4.1).

Europäischer Vergleich

Einen ungleich größeren Einfluss hatte die Königin beispielsweise in Aragón, wo sich aufgrund der königlichen Expansionspolitik oft die Notwendigkeit einer Statthalterschaft ergab. Während die *locum tenentes* im 13. Jahrhundert noch königliche Amtsträger oder männliche Verwandte waren, wurden im 14. und 15. Jahrhundert insgesamt acht Frauen offizielle Statthalterin mit vollen königlichen Rechten – Maria, die Frau Alfons V., sogar für zweieinhalb Jahrzehnte, da ihr Mann als Alfons I. im Königreich Neapel herrschte. Ähnlich lange regierte Margarete die skandinavischen Königreiche Dänemark, Norwegen und Schweden, denen sie zwischen 1385 und 1412 teils als offizielle Reichsverweserin, teils als Regentin für einen unmündigen Sohn und teils als faktische Herrscherin vorstand. In Frankreich stand Blanca von Kastilien zwei Jahrzehnte nach der Regentschaft für ihren minderjährigen

Sohn Ludwig IX. während dessen Kreuzzug erneut an der Spitze des Königreichs (1248–1252). Als Johann II. in englische Gefangenschaft geriet (1356–1360), übernahm hingegen der älteste Sohn und Thronfolger die Stellvertretung, während der Geisteskrankheit Karls VI. (1392–1422) auch die Königin und vor allem die jüngeren Brüder des Königs.

In ähnlichen Fällen konnten in anderen Reichen auch hohe Adelige diese Aufgabe übernehmen. Im Königreich Jerusalem beispielsweise hatte der feudale Rat des Königreichs, die *Haute Cour*, erheblichen Einfluss auf die Bestellung des Stellvertreters (Riley-Smith 1973, S. 185–228). Eine institutionalisierte Form der Statthalterschaft stellte in England zeitweise der Justitiar dar, der eine vizekönigliche Stellung innehatte und in Abwesenheit des Königs als dessen „alter ego" fungierte (Kapitel 10.2.1).

## 11.4 Quellen und Vertiefung

### 11.4.1 Die Einsetzung des Mainzer Erzbischofs Konrad III. zum Reichsvikar in Deutschland (1422)

Am 25. August 1422 ernannte König Sigismund den Mainzer Erzbischof Konrad III. zum Statthalter in Deutschland (*rechter warer ordenlicher und gemeiner stathalter durch alle und igliche Deutsche lande*) und führte dabei dessen Befugnisse näher aus (RTA 8, Nr. 164, § 4, S. 188–191). Das Vikariat war auf 10 Jahre angesetzt, wurde jedoch bereits weniger als ein Jahr später durch den Mainzer Erzbischof nach einem Streit mit dem Pfalzgrafen niedergelegt:

> [4] *und wir haben ouch demselben Conrat unserm und des reychs stathalter von der yczgenanten unserer kuniglicher machtvolkomenheit mit rechter wissen verlehen und gegeben lyhen und geben mit disem brieve volle gancze rechte nemliche gemeyne und sunderliche macht und gewalt und ouch lauter und vermyschte freyhe und ungebunden gancze vollefurunge und ußrichtunge in allen und iglichen unsern und des rychs hyenach geschriben sachen und stucken.*
> [4a] *mit namen alle und igliche willige und czweytrechtige sache an unserr stat und in unsern und des rychs namen in allen und iglichen vorgenanten Deutschen landen gemeinlich und sunderlich und in in allen sunderlich und sunderlich in ir iglichem zu richten und zu urteyln durch sich selbs odir andere den er dann das zu tun und zu uben bevelhet, eynen seines stathal-*

terampts richter, der eyn grave odir herre sey; und schriber dorczu zu kiesen und zu seczen als oft des not ist; ouch solichs gerichts sigel zu machen; und dasselb gerichte, wo er gegenwurtig ist odir sußt an eyner benanten stat, zu halden lassen; und das ouch mit syben rittern uff das mynnest odir, so er so vil rittere nicht gehaben mochte, rittern und edlen mannen zu beseczen; alle und igliche sache dorann zu richten und zu urteyln; und ouch acht zu sprechen und zu tun; und brieve doruber zu geben lassen; und in alles das zu tun, das dorinn notdurft zu tund ist, und als sich das geburet. und wir meynen ouch seczen und wollen von Romischer kuniglicher macht und gewalt mit disem brieve: was an demselben gerichte gesprochen und geurteylt wirt, das das in- und ußwendig gerichts an allen enden kraft und macht haben, zu ewigen czyten weren, und vesticlichen gehalden werden solle, on allermeniclichs irrung intrege und widersprechen.

[4b] *item alle und igliche regalia wertlikeyt und lehen geistlichen personen als ebbten ebbtissen und preleten zu verlyhen und zu bestetigen, und ouch allen und iglichen rittern knechten burgern und gemeinen luten alles, das ir iglicher von uns und dem ryche zu lehen hat, es sy manlehen burglehen odir erblehen, worann odir wie dann die genant sint (nichts ußgenomen, ane alleine lehen erczbisschove bischove fursten graven und herrenlehen, die wir uns selber vorbehalden), zu verlyhen, und, wo des not ist, zu schicken, und gewonliehe glubde und eyde von in zu nemen (uns und dem ryche holde getrew gehorsam undertenig und gewertig zu sein, und uns vor unsern schaden zu warnen, und unser bestes zu werben, und ouch alles das zu tund das solichen vorgenanten preleten und manne iren lehenherren von irer lehen wegen pflichtig zu tund sin von rechte odir gewonheit).*

[4c; 4d; 4e] [...; Rechtsprechung durch *unser und des rychs manne*; Einsetzung von *dienere, manne und lehenlute* und von *verweser stathalter voygte schultheissen lantrichtere richtere und allerley amptlute*]

[4f] *item alle und igliche, die einicherley furstentum erczbischtum bischtum ebbtey prelature stete slosse lande lute merckte dorffere wyler huser hove odir ander gutere, wie dann die genant sint, die uns und dem ryche zugehoren, innehalden odir sich der underczogen haben, zu manen, das sie die ledig lassen und widergeben, und, ob sie des nicht tun wolten, samenung wider sie zu machen und dorczu zu tun als sich geburet, ouch die selben und alle andere ungehorsame, odir die das verschult haben, zu straffen und zu twingen, wann wie dick und in welicher weyse und an welichen steten das ist.*

[4g] *item alle und igliche gemeinschefte und sunderliche persone, mit odir on wirdikeyt, durch den vorgenanten Conrat odir die odir den die er seczen wirdet zu urteyln zu pynigen so und zu straffen an iren personen und gutern.*

[4h] *item alle und igliche böse schuldigung und widersponige menschen zu bußen zu versenden und zu toden zu czeychen das land zu verbieten und sie zu czwingen und zu czuchtigen als das dem vorgenanten Conrat nach seiner vernumft gevellet.*

[4i] *item alle und igliche schulde ubertretung und missetat der ubeltetigen, die vor gerichte bracht sint, und ouch pyne, den, die noch lebent, angelegt, odir, ob sye tot sint, iren kindern die dann das angehoret, und ouch die missetat, die nicht für gerichte bracht sint, odir furbracht und nicht gestraffet sint,*

zu vergeben odir der vergebung zu erwerben, und, die ußer landen steten odir slossen verbannet sint, dorynn wider zu komen lassen.

[4k] [...; Restitution in Gut und Würde von Verurteilten und Verbannten]

[4l] *item was ouch yemand, wer der odir die sint, von unsern vorfaren am ryche odir uns verseczet odir uff widerkauff verpfendet ist, wie dann das namen hat, nichts außgenomen, und wo das gelegen ist, es sey in landen steten slossen merckten odir dorffern: das alles odir eynsteyls, williches im dann gefellet, zu losen, und nach der brieve doruber gegeben lute und sage ledig zu machen, und, was er ouch also von so unserm und des rychs gelte loset, uns und dem ryche ledichlich zu verliben lassen, wo im aber dorann abgienge, mit seinem gelte zu losen, und, was er also mit seinem gelt losen wirdet, im und seinen nachkomen in pfandsweyse ynnezubehalden und zu geniessen, odir das, als teure es geloset ist, furbaß wider zu verseczen, und in aller der maße und rechten als dann das die odir der, dem odir den es dann verseczet gewest ist, ynnegehalden und genoßen haben, on geverde.*

[4m] *item was ouch yemands, wer der odir die sint geistlich odir werntlich, von unsern vorrfaren am ryche odir uns uff wideruffen verschreben verlyhen odir gegeben ist, worann odir wie das genant ist, nichts ußgenomen, des alles sol er moge und macht han zu widerruffen und zu seinen handen von unsern und des reychs wegen zu nemen, domyt zu tun und zu lassen was im zu willen ist und das wir selber tun mochten ob wir gegenwurtig weren.*

[4n; 4o; 4p] [...; Festsetzung von Strafen; Erlass und Vollzug von Urteilen; Rehabilitation schlecht beleumundeter Personen und unehelicher Kinder, so dass diese Würden und Ämter erlangen können]

[4q] *item edele ritiere rittermessige lute burgere offembare schribere und richtere zu ordnen zu seczen und zu machen.*

[4r] *item von allen und iglichen sachen schulden und pynen und irn beruffungen an in clage und entwurt durch sich selbs odir andere zu verhoren und die ouch zu bevelhen zu erkennen und zu urteyln.*

[4s] *item muncze gulden und silbern und allerley andere zu slahen heissen und erlauben, doch das die an korne wage imd uffczale gerechte genge und gebe sin, munczmeister zu seczen, und allerley muncze, wo und wie dick er wil, ufczuseczen zu verlyhen zu ordnen zu verkunden zu nemen heissen und ouch zu widerruffen, nach seinem willen.*

[4t] *item geleyd und friede durch die vorgenante Deutsche lande zu geben.*

[4u] *item prelaturen probstey priorate wirdikeyt chorherren-pfrunde capelle eltere personate und ampte wilcherley und wie groß die sint und ouch pfarkirchen und alle und iglich gotsgabe, die dem ryche ledig sint odir ledig werden, an unserer stat zu verlyhen, und togliche persone doruff zu presentieren.*

[4v] [...; Einfordern ausstehender Schulden]

[4w] *item friede lantfriede eynung und verbuntnusse mit fursten, geistlichen und werntlichen, steten und gemeinden zu unsern und des rychs eren und nuez anczugeen ufczunemen zu tund und zu machen, die gemacheten abczunemen und zu widerruffen, als im dann das allerbest sein bedunkt.*

[4x] *item alle und igliche gabe belehnuß und gebnusse und allerley freyheid, die vor czyten gegeben sint, durch ungehorsamikeit undangsamkeyt und*

*unredlicher sache willen zu widerruffen ufczuheben und die untogelich zu machen.*
[4y] *item eyde von allen und iglichen lehen mannen, die uns und dem ryche zugehoren, und domit man uns und dem reyche trew und holt zu sein verbunden ist, zu empfahen, und ouch brieve doruber zu nemen und zu geben, und doryn zu ordnen und zu tun nach seinem willen.*
[4z] *item mit allen und iglichen ubeltatern zu teydingen sich zu befrieden odir zu berichten, kriege und urloge zu bewegen, samenung here und hauffunge zu machen, unser und des reychs banyr odir vane wider allerley person ufczuwerffen, und mit ganczem vollen kuniglichem gewalt wider alle widerspenysche und ungehorsame czu czyehen zu gebieten und zu follenfuren, nachdem den vorgenanten Cunrat das beste und nuczlichste sein bedunket.*

### 11.4.2 Fragen und Anregungen

- Beschreiben Sie die Aufgaben des Reichsvikars (und damit des Königs) und ordnen Sie diese nach thematischen Gesichtspunkten. Vergleichen Sie diese detaillierten Bestimmungen mit den allgemeinen Ausführungen der Goldenen Bulle.
- Benennen Sie die Besonderheiten, die sich aufgrund der Auswahl des Stellvertreters aus den Reichsfürsten anstatt aus der Königsfamilie ergaben? Diskutieren Sie (auch im Licht früherer Jahrhunderte), welche Vor- und Nachteile eine solche Auswahl mit sich brachte.
- Nehmen Sie Stellung zu der Aussage, Regenten, Mitkönige und Stellvertreter seien Zeichen für die Schwäche des Königtums und bedeuteten den Verfall der Königsherrschaft.

### 11.4.3 Lektüreempfehlungen

Beem, Charles (Hg.), The Royal Minorities of Medieval and Early Modern England, New York 2008 (*Die sechs Beiträge behandeln die Herrschaft minderjähriger Könige vom 13. bis zum 16. Jahrhundert, ergänzt um allgemeine Überlegungen*).

Busch, Jörg W., Thronvakanzen als Spiegel der Entwicklung des Deutschen Reiches zwischen dem 10. und dem 14. Jahrhundert, in: Majestas 3, 2005, S. 3–33 (*Beschreibt den verfassungsgeschichtlichen Wandel von gentilen Personenverbindungen zum Dualismus von König und Reich*).

Heckmann, Marie-Luise, Stellvertreter, Mit- und Ersatzherrscher. Regenten, Generalstatthalter, Kurfürsten und Reichsvikare in Regnum und Imperium vom 13. bis zum frühen 15. Jahrhundert (Studien zu den

Luxemburgern und ihrer Zeit 9), 2 Bde., Warendorf 2002 (*Umfassender Vergleich zwischen Frankreich und dem römisch-deutschen Reich für verschiedene Formen der Regentschaft mit abschließender systematischer Zusammenstellung der Einzelergebnisse [S. 651–732]*).

Kasten, Brigitte, Königssöhne und Königsherrschaft. Untersuchungen zur Teilhabe am Reich in der Merowinger- und Karolingerzeit (Schriften der Monumenta Germaniae Historica 44), Hannover 1997 (*Zum sogenannten „Unterkönigtum" [zur Begriffsproblematik S. 567] der Merowinger und vor allem der Karolinger, arbeitet die Funktion der Königssöhne als Mittelgewalt und die familiäre Komponente ihrer Herrschaft heraus*).

Offergeld, Thilo, Reges pueri. Das Königtum Minderjähriger im frühen Mittelalter (Monumenta Germaniae Historica Schriften 50), Hannover 2001 (*Diachrone Behandlung der minderjährigen Könige von den Merowingern bis zu den Ottonen mit Ausblick bis ins 13. Jahrhundert, die den konkreten politischen Kontext dieser Form von Königsherrschaft deutlich werden lässt*).

Vogtherr, Thomas, ‚Weh Dir, Land, dessen König ein Kind ist.' Minderjährige Könige um 1200 im europäischen Vergleich, in: Frühmittelalterliche Studien 37, 2003, S. 291–314 (*Vergleichende Betrachtung von vier Königreichen, die zu weiterführenden Schlussfolgerungen führen*).

# 12 Das Ende: Tod und Memoria

**Abb. 10:** Grabmal König Rudolfs von Rheinfelden (gest. 1080). Die Umschrift lautet:
REX HOC RODVLF(VS) PATRU(M) P(RO) LEGE P(ER) E(M)PTUS / PLORANDUS MERITO CONDITVR IN TUMVLO. / REX ILLI SIMILIS SI REGNET TEMPORE PACIS / CONSILIO GLADIO NON FUIT A KAROLO. / QVA VICERE SUI RVIT HIC SACRA UICTIMA BELLI. / MORS SIBI UITA FVIT ECCLESIAE CECIDIT + /
„König Rudolf, der gefallen ist für das Recht der Väter und verdientermaßen zu beweinen ist, liegt in diesem Grab bestattet. Hätte er in Friedenszeiten geherrscht, käme ihm kein König seit Karl in Rat oder Kampf gleich. Als die Seinen siegten, fiel er als heiliges Opfer des Krieges. Der Tod war ihm Leben, er fiel für die Kirche."

**Grabmal Rudolfs von Rheinfelden**

Das bronzene Grabmal König Rudolfs von Rheinfelden („von Schwaben"; 1077–1080) im Chor des Merseburger Doms zeigt den bekrönten Herrscher annähernd lebensgroß in frontaler Ansicht gleichzeitig stehend und liegend, versehen mit den königlichen Insignien (Bügelkrone, Lilienzepter, Reichsapfel, Mantel, Sporen). Diese älteste erhaltene figürliche Grabplatte eines Laien im mittelalterlichen Europa war einst vergoldet und mit Edelsteinen versehen, was ihre prachtvolle und majestätische Wirkung noch verstärkt haben muss. Der Verstorbene war 1077 im Zuge des Investiturstreits von einer Fürstengruppe gegen Heinrich IV. zum König erhoben worden. Sein Tod in Folge von Schlachtverletzungen und insbesondere der Verlust der rechten Hand wurden von seinen Gegnern als Gottesurteil und gerechte Strafe gedeutet, hatte er mit dieser Hand doch einst Heinrich die Treue geschworen. In Merseburg hingegen bewahrte man die Hand auf (bis heute) und deutete die Herrschaft Rudolfs als Kampf für die Kirche und das bestehende Recht. Sein Tod wurde als Erlösung und „heiliges Opfer" stilisiert.

**Kontroversen**

Doch nicht nur die Zeitgenossen bewerteten das Herrschaftsende Rudolfs unterschiedlich, auch die moderne Forschung kommt zu kontroversen Ansichten über das Grabmal. Dies gilt sowohl für die Lesart der Umschrift[1] als auch für die Deutung insgesamt, bei der entweder die Funktion der politischen Propaganda oder der liturgisch-kirchlichen Memoria betont wurde. Gegenüber diesen meist isolierten Betrachtungsweisen lässt die Verbindung verschiedener Fachdisziplinen (Archäologie, Geschichts-, Kunst- und Liturgiewissenschaft) die vielfältigen Bezüge und deren zeitlichen Wandel erkennen (Handle/Kosch 2006). Zu einer Heiligsprechung Rudolfs ist es entgegen der einen Märtyrertod nahelegenden Umschrift nie gekommen. Sein Andenken wurde jedoch in den folgenden Jahrhunderten in Merseburg weiter gepflegt, schon durch die prominente Position seines Grabs war der tote Herrscher stets beim Chorgebet präsent.

**Tod und Grablege als Spiegel des Lebens**

Der Tod markierte das Ende der Herrschaft und war gleichzeitig ein Spiegel des Lebens, er bündelte die Herrschaft auf einen

---

[1] Die obige Transkription entstammt Schubert/Ramm 1968, S. 3. Bücking 1968 wollte dagegen „PATRI REG(IS) EREPTUS" („dem Königsamt entrissen") sowie später „CONSILIO GLADIO NON RUIT A KAROLO" (im Sinne von „Karl nicht an Rat und Schwert nachstehen"), doch fand er damit gemeinhin keinen Zuspruch.

Moment und bot einen Ausblick auf die Zeit danach, auf Vergebung oder Verdammnis. Der König starb als Christ, aber eben auch als Herrscher, so dass seinem Tod, seinem Begräbnis und seiner Grablege ebenso wie seiner Sorge um Nachlass, Seelenheil und Andenken besondere Bedeutung zukamen. Gerade bei umstrittenen Herrschern vermittelten die Berichte ihres Sterbens Botschaften über ihre Person und Regierung, und auch die Überlieferung der Testamente und die Interpretation der Begräbnisse bedarf in besonderem Maße der Quellenkritik. Die Grablegen wiederum bieten einen Zugang zur Entwicklung und dem Wandel der Königsherrschaft.

## 12.1 Der Tod des Königs als Brennglas

Wie starb der König? Diese Frage lässt sich auf unterschiedlichen Wegen angehen, wobei je nach Ansatz verschiedene Quellen zur Verfügung stehen und bestimmte Lesarten bevorzugt werden. Geht es um die Diagnose der Todesursache, so lassen sich die historiographischen Quellen auf Indizien für mögliche Krankheiten prüfen und (falls vorhanden und zugänglich) die Knochen naturwissenschaftlich untersuchen. Den Chronisten ging es in der Regel allerdings nicht um eine medizinische Bestandsaufnahme, sondern um eine moralische Deutung des Todes: Die Darstellung konnte mit bestimmten Urteilen unterlegt und so die Herrschaft insgesamt bewertet werden. Für die politische Instrumentalisierung des Todes gewinnen Briefe, Urkunden oder Totenklagen neben den historiographischen Quellen an Relevanz.

*Quellen und Zugänge*

Der Umgang mit dem Tod des Königs spiegelt auch dessen Bedeutung für die Zeitgenossen wider. Begünstigt wurde die Überlieferung durch besondere Umstände (Friedrich I. auf dem Kreuzzug, gest. 1190), eine kontroverse Persönlichkeit und Regierungszeit (Johann von England, gest. 1216; Friedrich II., gest. 1250) oder die negativen Folgen des Ablebens für das Reich (Heinrich VI., gest. 1197). Oft fehlen jedoch ausführliche Schilderungen. Trotz der gegen Ende des Mittelalters steigenden Überlieferungsdichte sind beispielsweise nur für vier von zwölf französischen Königen des 14. und 15. Jahrhunderts entsprechende Darstellungen des Todes überliefert.

*Unterschiedliche Überlieferungsdichte*

Die explizite Reflexion über unterschiedliche Nachrichten zum Tod des Königs und dessen Bedeutung findet sich schon im Mit-

*Guter und schlechter Tod*

telalter: „Über den Grund seines Todes aber ist die Meinung des Volks widersprüchlich und daher das Urteil uneinheitlich" heißt es beispielsweise zu Friedrich I. Der Tod Ludwigs des Frommen (gest. 840) endet mit dem Augustinuszitat „Es kann nicht schlecht sterben, wer gut gelebt hat", dessen Gegenteil „Der Tod des Sünders ist sehr schlimm" (Psalm 33,22) fand unter anderem für Kaiser Friedrich II. Verwendung.[2]

Ein Blick auf dessen Tod macht deutlich, in welch vielfältige Bezüge eine vermeintlich objektive Schilderung des königlichen Sterbens eingebunden sein kann. So berichtet der Franziskaner Salimbene de Adam in seiner bis 1287 reichenden *Cronica*, der Leichnam Friedrichs habe wegen des zu großen Gestanks nicht nach Palermo gebracht werden können, wo eigentlich die Könige von Sizilien bestattet würden. Dies wird im Stile einer Predigt ausgedeutet: So habe sich das Bibelwort „Wie ein zertretener Leichnam wirst du mit ihnen im Grab keine Gemeinschaft haben" (vgl. Jes 14,19–20, außerdem Pred 6,3) ebenso bewahrheitet wie der mit Würmern und Gestank einhergehende Tod des Seleukidenkönigs Antiochus aus den Makkabäerbüchern (2 Mak 9,9) – „was alles buchstabengetreu bei Friedrich erfüllt wurde" (*que omnia ad litteram in Friderico impleta fuerunt*; S. 530 f.). Die Schilderung ist dabei Teil einer ganzen Reihe von insgesamt „zehn Unglücken des abgesetzten einstigen Kaisers Friedrichs II." (*decem [...] infortunia Friderici secundi condam imperatoris depositi*; S. 530), die dessen Wirken unter Heranziehung zahlreicher Bibelstellen deuten.

Ganz anders ist die Darstellung des Todes in der bis 1259 reichenden *Chronica maiora* des englischen Benediktinermönchs Matthaeus Parisiensis: Vor seinem Tod habe Friedrich sein Testament gemacht und „wie man sagt" (*ut dicitur*) das Gewand der Zisterzienser angelegt. Er sei von der Exkommunikation losgesprochen und „in wunderbarer Weise zerknirscht und sich demütigend" gestorben (*et mirifice compunctus et humiliatus*; Bd. 5, S. 190). Hier wird der Tod also ungleich positiver dargestellt, ganz im Sinne

---

**2** Cronica Reinhardsbrunnensis, S. 545: *Quae sit autem causa mortis eius, opinio vulgi dissona et inconcinna abinde sententia est.* Astronomus, Vita Hludowici imperatoris, c. 64, S. 552: *Non potest male mori, qui bene vixerit.* Nicolaus da Calvi [de Carbio], Vita Innocentii IV papae, c. 29, S. 102: *mors enim peccatorum pessima.*

des Verstorbenen als „der größte der Fürsten der Welt" und „das Staunen und der wunderbare Verwandler der Welt" (*principum mundi maximus Frethericus, stupor quoque mundi et immutator mirabilis*; ebd.). Auch wenn der Autor an der Mönchskutte gewisse Zweifel lässt, steht der gute Tod des Kaisers hier außer Frage. Dies befindet sich im Einklang mit der Gesamtkonzeption des Kaiser-Papst-Konflikts in der Chronik: Der Reue des Kaisers in seinen letzten Lebensjahren steht die Verbohrtheit des Papstes gegenüber, dessen Bann jedoch letztlich wirkungslos bleibt.

Neben solchen Darstellungen und Deutungen aus der Ferne finden sich für manche Herrscher auch Schilderungen, die auf eine besondere Nähe zu den letzten Ereignissen hindeuten, ja sogar von Augenzeugen verfasst wurden. Trotz der Ausführlichkeit und Detailliertheit sollte aber auch hier nicht vorschnell von einer objektiven Darstellung der Geschehnisse ausgegangen werden, sondern nach dem Anlass der Abfassung (*causa scribendi*) und der Darstellungsabsicht gefragt werden. Bei guter Parallelüberlieferung lässt sich der Wahrheitsgehalt der einzelnen Angaben prüfen. So erweist sich der Bericht Philipps de Commynes über die letzten Tage und den Tod Ludwigs XI. von Frankreich (1479) als ausgesprochen faktentreu und frei von „schwerwiegende[n] Fehlern", obgleich manches unausgesprochen bleibt und den Ereignissen eine moralisch-theologische Bedeutung beigegeben wird. „Anstatt literarischer Tradition, Norm, Stilisierung begegnen wir einem von pietätvoller Rücksichtnahme auf den ehemaligen Herrn und Gönner kaum gemilderter Blick auf die Wirklichkeit des Todes." (Paravicini 1993, S. 102, S. 112).

*Augenzeugenberichte*

## 12.2 Testament, Begräbnis und die „Zwei Körper des Königs"

„Nichts ist gewisser als der Tod, nichts ungewisser als die Stunde" (*Nihil certius morte, nihil incertius hora mortis*) lautete ein mittelalterliches Sprichwort. Es galt daher Vorsorge zu treffen. So tätigte Heinrich IV. am Tag vor der entscheidenden Schlacht gegen Rudolf eine Schenkung an die Kirche und das Domkapitel von Speyer, für das Seelenheil seiner Eltern, Großeltern und sein eigenes ([...] *et pro nostra salute*; MGH D H IV. 325, S. 427). Solche Schenkungen an geistliche Institutionen finden sich auch in den Testamenten,

*Vorsorge für das Seelenheil*

die außerdem die Belange des Königreichs und die Versorgung der Nachkommen regelten.

*Überlieferung und Inhalt der Testamente*

Wenn für die etwa fünfzig fränkischen und römisch-deutschen Könige annähernd ebenso viele Testamente gezählt worden sind, dann heißt dies keineswegs, dass es sich um eine gleichförmige Überlieferung handelt: Für manche Herrscher ist mehr als ein Testament, für andere überhaupt keines erhalten. Auch inhaltlich können sie einen stärker politischen oder „privaten" Charakter aufweisen, wie die Reichsteilung Karls des Großen (*Divisio regnorum*, 806; Kapitel 7.1) und das ausschließlich aus Seelgerätstiftungen bestehende Testament Friedrichs des Schönen (1327; Proetel 2000). Die Frage der Authentizität stellt sich besonders, wenn das Testament in Abschrift überliefert ist, wie für Heinrich VI. in der Lebensbeschreibung Papst Innozenz' III. Bei der Umsetzung des letzten Willens konnten außerdem vielfache Hindernisse auftreten, besonders finanzieller und politischer Natur: Nicht immer ließen sich die großzügigen Schenkungen verwirklichen, nicht immer folgten die Nachkommen den Wünschen des Vaters.

*Begräbnisse*

Neben dem Testament betraf auch das königliche Begräbnis als ein wesentliches Element des Herrschaftsübergangs den Nachfolger unmittelbar. Gerade in umstrittenen Situationen ließ sich hierdurch die Legitimation als neuer König betonen, wozu auch nachträgliche Umbettungen dienen konnten. Im Idealfall kam es zu einer nahtlosen Fortführung der Herrschaft, was in Frankreich im 15. Jahrhundert in dem bekannten Ausspruch „*Le roi est mort, vive le roi!*" zum Ausdruck kam. Die mit der Beisetzung verbundenen Akte gewannen im Mittelalter zunehmend an Komplexität, neben dem religiösen trat immer stärker auch das politische Element in Erscheinung. Dass sich die Bestattungen des späten Mittelalters als inszenierter darstellen als diejenigen früherer Jahrhunderte, dürfte aber auch der Überlieferungssituation geschuldet sein: Für lange Zeit lässt sich nur schwer abschätzen, was genau sich hinter einem Begräbnis „nach königlicher Art" (*regio more*) verbarg (anders Meyer 2000).

*Das Begräbnis als Botschaft*

Analog zum Tod des Königs ist ferner stets nach den spezifischen Darstellungsabsichten der Quelle zu fragen: Sollte man es tatsächlich wörtlich nehmen (Hallam 1982, S. 366: „The writer adds incidentally ..."), wenn berichtet wird, dass dem toten Heinrich II. von England (gest. 1189) Blut aus der Nase trat, als sein Sohn Richard sich der Leiche näherte – zumal der Autor selbst hinzufügt: "und so ärgerte sich sein Geist über dessen Ankunft" (*ac sic indignaretur spiritus eius de adventu illius*; Gesta regis Henrici secundi, Bd. 2, S. 71)? Ausgehend von der verbreiteten Vorstellung, dass der Körper eines Ermordeten in der Gegenwart seines Mörders zu bluten beginnt, wurde auf diesem Weg die drastische Anklage des Vatermords erhoben. Explizit sprach dies der spätere Chronist Matthaeus Parisiensis in einem eigenständigen Zusatz aus: "von dem geglaubt wurde, das er der Grund seines Todes war" (*qui mortis ipsius causa esse credebatur*; Chronica maiora, Bd. 2, S. 345). In einer anderen Fassung wurde dies als Nachtrag sogar noch einmal erweitert: "so schien das Blut zu Gott aufzuschreien" (*ut videretur sanguis clamare ad Deum*; Historia Angelorum, Bd. 1, S. 465).

Beim Begräbnis des Königs verwendete man besonders im spätmittelalterlichen Frankreich und England Effigien, naturgetreue figürliche Abbilder des Verstorbenen. In seinem einflussreichen Werk *The King's Two Bodies* (Kantorowicz 1957; deutsch: Kantorowicz 1990)[3] brachte Ernst Kantorowicz diese mit den Doppelgräbern der Zeit zusammen, die oben einen stilisierten lebenden Körper und unten einen verwesenden natürlichen Leichnam zeigen. In ihnen sah er die Umsetzung des von spätmittelalterlichen Rechtsgelehrten formulierten Gedankens *Dignitas non moritur*: die Unterscheidung zwischen einem natürlichen, sterblichen und einem übernatürlichen, unsterblichen Körper, zwischen der ewigen Dignität und ihrem jeweiligen zeitlichen Inhaber. Für die Begräbniszeremonien konnte Kantorowicz sich dabei auf die Arbeit Ralph E. Gieseys stützen, der wiederum sein Material anhand der Thesen seines Mentors interpretiert hatte: Eine außergewöhnliche Verschränkung zweier Studien, die des kleinteilig arbeitenden Giesey und die des in großen Linien denkenden Kantorowicz.

*Ernst Kantorowicz, Die zwei Körper des Königs*

Elizabeth A. R. Brown, die selbst mehrere Jahrzehnte zu den französischen Königen und ihren Begräbnissen forschte, stellte allerdings unlängst die vorgebrachten Deutungen der Effigien und Doppelgräber in Frage und sprach dem Paradigma der "Zwei Körper" eine besondere Relevanz für die Interpretation dieser Quellen ab (Brown 2014, S. 119–132). Diese Kritik betrifft zwar

*Elizabeth A. R. Browns Kritik*

---

[3] Vgl. hierzu Jussen 2009, S. 103–105, mit Kritik an Werk und Argumentation S. 110–115. Zu Entstehung, Inhalt und Wirkung Lerner 2017, S. 344–357.

nicht jene „Studie zur politischen Theologie des Mittelalters" (so der Untertitel) als Ganzes, sie mahnt jedoch nachdrücklich zur Vorsicht, das sicherlich sehr eingängige und oft bemühte Bild der „Zwei Körper" ohne eingehende Prüfung zur Interpretation mittelalterlicher Königsherrschaft heranzuziehen.

## 12.3 Grablegen als Spiegel der Herrschaft

*Unterschiedliche Betrachtungsebenen*

Die Betrachtung der königlichen Grablege kann auf verschiedenen Ebenen erfolgen, von einer Makro- zur Mikroperspektive: Von der Wahl des Ortes über die genaue Position innerhalb der jeweiligen Kirche bis zur Gestaltung und dem Inhalt des Grabmals, vom Königtum insgesamt über einzelne Reiche und Zeiten bis zum individuellen Herrscher. Um der Überbewertung einzelner Gegebenheiten vorzubeugen, kommt hierbei der vergleichenden Analyse besondere Bedeutung zu.

Die königliche Grablege hatte neben der religiösen immer auch eine politische Dimension. Sieht man ihre Entwicklung als Spiegel für die Monarchie, lassen sich an ihr Prozesse der Verdichtung, Auflösung oder Schwerpunktverlagerung festmachen, ebenso wie unterschiedliche Grade von Transpersonalität und Institutionalisierung. Lange Zeit war die Wahl des Begräbnisortes eine individuelle Entscheidung des Herrschers bzw. seiner Umgebung. Dies hatte zur Folge, dass zunächst nur sehr wenige Könige neben einem ihrer Vorgänger beigesetzt wurden. Entscheidend war die persönliche Beziehung des Herrschers zu bestimmten Klöstern oder Stiftskirchen. Die Grablege war der letzte Schritt der besonderen Förderung zu Lebzeiten, durch die gleichzeitig das besondere Andenken, die Memoria, an diesem Ort gesichert war.[4] So wurden

*Von Individuellen Grablegen...*

---

4 Die Träger dieser Memoria waren in der Regel Benediktiner oder Domkanoniker, in manchen Reichen auch die jüngeren Mönchsorden, vor allem die Zisterzienser und dann die Franziskaner. Auch die seit dem hohen Mittelalter vorkommenden separaten Bestattungen des Herzens (und der Eingeweide) lassen sich in den religiösen Kontext einordnen, wobei hier zwischen praktischer Notwendigkeit und persönlichem Wunsch des Herrschers zu unterscheiden ist. Um das Totengedenken sorgten sich die Geistlichen des Begräbnisortes (wie in Speyer die Stuhlbrüder; Gütermann 2014), das Andenken an den Verstorbenen wurde durch Gebetsverbrüderungen und Stiftungen aber auch andernorts

die ottonischen Könige an einem königlichen Zentralort (Quedlinburg, Heinrich I.), einem von ihnen gegründeten (Erz-)Bistum (Magdeburg, Otto I.; Bamberg, Heinrich II.), einem Todesort in der Ferne (St. Peter in Rom, Otto II.) und bei ihrem großen Vorbild Karl dem Großen (Aachen, Otto III., gestorben ebenfalls bei Rom) beigesetzt (J. Ehlers 2000).

Die salischen Könige schufen dagegen mit dem Speyerer Dom eine zentrale Familien- und Königsgrablege (C. Ehlers 1996, S. 84–166), an die spätere Könige vereinzelt anknüpften. Letztlich hatte Speyer jedoch nicht gegen die stärkere Verortung im ursprünglichen Herrschaftsbereich (Hausmacht) bestand. Ganz ähnlich verhielt es sich zunächst in England, wo sowohl der Normanne Wilhelm I. und seine Frau als auch die Anjou-Plantagenets Heinrich II. und Richard Löwenherz (sowie die Ehefrauen Heinrichs und Johann Ohnelands) nicht auf der Insel, sondern auf ihren kontinentalen Besitzungen begraben wurden (Evans 2003, auch zu den Königinnen).

... zur dynastischen Grablege

Eine mit Speyer vergleichbare Konzentration toter Könige an einem Ort hatte es in Frankreich bereits im Benediktinerkloster Saint-Denis gegeben, wo etliche merowingische und karolingische Könige sowie einige Königinnen bestattet waren. Hier wurden von Hugo Capet (gest. 996) bis ins 19. Jahrhundert fast alle verstorbenen französischen Könige und immer öfter auch deren Ehefrauen beigesetzt. Im 13. Jahrhundert erfuhr die Anordnung der Grabmäler im Kircheninneren unter Ludwig IX. eine wohlüberlegte Neugestaltung. Im Zentrum standen seine beiden unmittelbaren Vorgänger Philipp II. August und Ludwig VIII., um die herum die neu gestalteten Gräber der Karolinger und frühen Kapetinger platziert wurden: Hiermit wurde das Programm eines Rückbezugs der herrschenden Dynastie auf Karl den Großen (*reditus regni Francorum ad stirpem Caroli*) raumfüllend verwirklicht und die besondere Stellung der

Saint-Denis in Frankreich

---

gepflegt. Eine besondere Rolle für die Memoria kam oft der Königin zu, wie beispielsweise Mathilde mit dem Kanonissenstift Quedlinburg für ihren Mann Heinrich I. oder Elisabeth von Görz-Tirol mit dem Kloster Königsfelden für den an dieser Stelle ermordeten Albrecht I. Für Rudolf von Rheinfelden übernahm dies hingegen der Merseburger Bischof Werner, der hierfür Einnahmen seiner Kirche verwendete, die ihr eineinhalb Jahrzehnte zuvor pikanterweise Heinrich IV. für das Seelenheil einer Verwandten überlassen hatte.

französischen Könige hervorgehoben, die beide Dynastien vereinten.

Die modernen Schaubilder dieser Anordnung dürfen allerdings nicht vergessen lassen, dass ihre Rekonstruktion auf älteren Beschreibungen, Zeichnungen und Plänen beruht, da sie selbst nur begrenzt bestand hatte:[5] Schon wenige Jahrzehnte später wurde das ursprüngliche Programm durch Verlegungen abgewandelt und auch später immer wieder Veränderungen vorgenommen. Besonders gravierend waren die Zerstörungen und Plünderungen 1793/94 in Folge der Französischen Revolution und die anschließenden Restaurierungen.

Saint-Denis als dynastische Grablege entwickelte für viele europäische Monarchien Vorbildcharakter. Die zentralen königlichen Begräbnis- und Memorialorte in fast allen europäischen Königreichen sind das Resultat des späteren Mittelalters (Bijsterveld 2011; Zusammenstellung bei www.royaltombs.dk). In England ließ Heinrich III. (gest. 1272), ein Zeitgenosse Ludwigs IX., die Benediktinerabtei Westminster umbauen und dort mehrere seiner Kinder sowie sich selbst bestatten. In Westminster fehlte zwar die Fülle früherer Königsgräber, doch bot der dort begrabene heilige König Edward der Bekenner einen Anknüpfungspunkt, um die Krönungskirche zu einem königlichen Memorialort auszubauen. Die Bemühungen hatten Erfolg: Die meisten der englischen Könige des 14. und 15. Jahrhunderts wurden hier beigesetzt oder später hierher umgebettet (Fehrmann 2008).

*Westminster in England*

*Parallele Entwicklungen in anderen Königreichen*

Eine ähnliche Verbindung von Inaugural- und Bestattungsort (inklusive dem Ruhm eines heiligen Königs) entstand in Ungarn mit der heute nicht mehr erhaltenen Stephansbasilika in Székesfehérvár/Stuhlweißenburg. Vergleichbares gab es in Böhmen mit dem Prager Veitsdom, wo sich auch das Grab des heiligen Landespatrons Wenzel befand, sowie in Polen mit der Wawel-Kathedrale in Krakau, hier allerdings ohne heiligen Herrscher. Im Königreich

---

5 Auch die Grablegen der Könige und Königinnen in Speyer entsprechen heute nicht mehr dem mittelalterlichen Erscheinungsbild. Die Gräber wurden im Laufe des Mittelalters neu arrangiert (bis hin zu Zusammenlegungen) und in späterer Zeit teilweise beschädigt und geplündert. Die Grabungen von 1900 bildeten sowohl den Startpunkt für einer vertiefende wissenschaftliche Erforschung als auch für die heutige Gestaltung.

Aragón errichtete Peter IV. in der Mitte des 14. Jahrhunderts im Zisterzienserkloster Poblet zwei gigantische, auf Bögen ruhende Sarkophage. Hiermit knüpfte er an zwei seiner bereits in diesem Kloster bestattete Vorgänger an, und auch fast alle seine Nachfolger wurden hier beigesetzt.

In anderen Reichen bildeten sich ebenfalls zentrale Begräbnisstätten aus. Allerdings wurde innerhalb einer Stadt nicht immer dieselbe Kirche gewählt (wie in Neapel im Königreich Sizilien-Neapel) oder es kam zu Rivalitäten zwischen einzelnen Orten, wie in Sizilien mit Cefalù, Palermo (Kathedrale, Cappella Palatina) und Monreale. Unter bestimmten Umständen konnten bestehende Traditionsorte zugunsten anderer aufgegeben werden (einschließlich Umbettungen), wie im späteren Mittelalter in Kastilien (Kathedralen von Sevilla, Córdoba und Toledo) und in Dänemark (Benediktinerklöster Ringsted und Sorø, Kathedrale von Roskilde).

Traditionsorte in Konflikt und Wandel

## 12.4 Quellen und Vertiefung

### 12.4.1 Der Tod Karls des Großen (814) in Einhards Vita Karoli Magni

Karls Biograph Einhard beendete seine Vita mit dem Tod des Kaisers. Er verfasste sein Werk etwa eineinhalb Jahrzehnte später unter dessen Sohn und Nachfolger Ludwig, nachdem er sich schon seit längerem vom Hof zurückgezogen hatte (c. 30–33, S. 34–41):

> c. 30. Gegen Ende seines Lebens, als ihn schon Krankheit und Alter bedrückten, rief er seinen Sohn Ludwig, den König von Aquitanien, der als einziger der Söhne Hildegards noch am Leben war, zu sich und nachdem aus dem gesamten Frankenreich die Großen feierlich zusammengekommen waren, setzte er ihn mit Zustimmung aller zum Mitherrscher des gesamten Reichs und zum Erben des kaiserlichen Namens ein. Und nachdem er ihm das Diadem aufs Haupt gesetzt hatte, befahl er ihn Kaiser und Augustus zu nennen. Dieser sein Beschluss wurde von allen, die dabei waren, mit großer Zustimmung aufgenommen, denn er schien durch göttliche Eingebung für den Nutzen des Reichs inspiriert zu sein. Und diese Tat vergrößerte seine Würde und flößte den auswärtigen Völkern keinen geringen Schrecken ein. Nachdem er darauf seinen Sohn nach Aquitanien entlassen hatte, ging er, obgleich vom Alter geschwächt, wie gewöhnlich nicht weit von der Pfalz Aachen auf die Jagd. Und nachdem er hiermit den Rest des Herbsts verbracht hatte, kehrte er um den 1. November nach

Aachen zurück. Und als er dort den Winter verbrachte, lag er im Januar von einem heftigen Fieber befallen krank danieder. Sogleich ordnete er für sich einen Nahrungsverzicht an, wie er es beim Fieber zu tun pflegte, in der Meinung, er könne durch diese Enthaltsamkeit die Krankheit besiegen oder doch wenigstens lindern. Als aber zum Fieber noch Seitenschmerzen (die die Griechen ‚Pleuresis' nennen) hinzukamen und er weiterhin an seinem Fasten festhielt und seinen Leib nur durch sehr seltenes Trinken stärkte, starb er, nachdem er die heilige Kommunion empfangen hatte, am siebten Tag nachdem er sich niedergelegt hatte, im 72. Jahr seines Lebens und nachdem er vor 47 Jahren zu herrschen begonnen hatte, am 28. Januar in der dritten Stunde des Tages.

c. 31. Sein Leichnam wurde in feierlicher Weise gewaschen und gepflegt, und er wurde unter sehr großem Wehklagen des gesamten Volks in die Kirche getragen und dort begraben. Zuerst war es ungewiss, wo er beigesetzt werden sollte, weil er zu Lebzeiten hierüber nichts festgelegt hatte. Schließlich beschlossen alle, dass er nirgendwo ehrenvoller begraben werden könne als in jener Kirche, die er selbst aus Liebe zu Gott und unserem Herrn Jesus Christus sowie zu Ehren der heiligen und ewigen Jungfrau, der Gottesmutter, auf eigene Kosten an jenem Ort erbaut hat. In dieser wurde er am selben Tag, an dem er gestorben war, begraben, und über dem Grab wurde ein vergoldeter Bogen mit einem Bild und einer Inschrift errichtet. Diese Inschrift war wie folgt verfasst: „Unter dieser Grabstätte liegt der Körper Karls, des großen und rechtgläubigen Kaisers, der das Frankenreich rühmlich vergrößerte und für 47 Jahre glücklich regierte. Er starb als Siebziger im Jahre des Herrn 814, in der 7. Indiktion, am 28. Februar."

c. 32. Es gab mehrere Vorzeichen seines bevorstehenden Todes, so dass nicht nur andere, sondern auch er selbst spürte, dass dieser drohte. In den letzten drei aufeinanderfolgenden Jahren seines Lebens gab es zahlreiche Sonnen- und Mondfinsternisse, und an der Sonne erschien für sieben Tage ein gewisser schwarzer Fleck. [...; etliche weitere Vorzeichen werden geschildert] In dieser Kirche [in Aachen] gab es auf dem Rand der Krone, die zwischen den oberen und den unteren Bögen im Inneren Teil der Kirche umlief, eine in roter Farbe geschriebene Inschrift, die beinhaltete, wer der Urheber dieses Gotteshauses sei, der in der letzten Zeile zu lesen war: „Der Fürst Karl" (*Karolus princeps*). Von einigen wurde bemerkt, dass in seinem Sterbejahr wenige Monate vor seinem Tod die Buchstaben, die „Fürst" (*princeps*) bezeichneten, so getilgt wurden, dass sie überhaupt nicht sichtbar waren. Aber alle diese Vorzeichen verleugnete er entweder oder verachtete sie, als ob keines von ihnen ihn in irgendeiner Weise beträfe.

c. 33. Er hatte angeordnet ein Testament zu machen, in dem er seine Töchter und die Kinder seiner Konkubinen einigermaßen zu Erben machen wollte, aber weil es zu spät begonnen worden war, konnten sie es nicht vollenden. Er hatte jedoch drei Jahre bevor er starb eine Teilung der Schätze, des Geldes, der Kleider und des sonstigen Hausrats in Gegenwart seiner Freunde und Diener vorgenommen und diese dazu ermahnt, dass nach seinem Tod die von ihm durchgeführte Verteilung durch ihre Unterstützung gültig bleibe. Und was er verteilt haben wollte, ließ er in einem kurzen Verzeichnis festhalten, dessen Inhalt und Wortlaut folgender ist: [...; ausführliche Bestimmungen über die Verteilung der Schätze unter den Kirchen des Reichs, den Söhnen und Enkeln sowie als Almosen für die Armen]. Nach seinem Tod hat sein Sohn Ludwig, der ihm auf göttliche Anordnung nachfolgte, nach Durchsicht dieses Verzeichnisses so schnell er konnte mit der größten Ehrerbietung dafür gesorgt, dass dies alles erfüllt wurde.

### 12.4.2 Der Tod Karls des Großen (814) in Thegans Gesta Hludowici imperatoris

Die Lebensbeschreibung von Karls Sohn und Nachfolger Ludwig entstand noch zu dessen Lebzeiten, wohl zwischen 835 und 838. Nachdem ausführlich die Erhebung Ludwigs zum Nachfolger geschildert wird, wendet sich Thegan dem Tod und der Beisetzung Karls zu (l. I, c. 7–8, S. 186/188).

> c. 7. Im folgenden Jahr, das 46. seiner Herrschaft, befiel im Januar den Herrn Kaiser nach dem Bad ein Fieber. Als sich die Krankheit von Tag zu Tag verschlimmerte und er weder aß noch trank, außer ein wenig Wasser zur Erholung des Körpers, befahl er am siebten Tag, nachdem er begonnen hatte zu sehr zu leiden, dass der ihm eng vertraute Bischof Hildebald zu ihm komme, damit er ihm die Sakramente des Leibs und des Bluts des Herrn reiche, um sein Lebensende zu bestärken. Nachdem dies geschehen war, litt er in Krankheit noch diesen Tag und die darauffolgende Nacht. Als aber das Licht des nächsten Tages kam, streckte er im Wissen dessen, was geschehen werde, die rechte Hand aus und machte mit der noch verbleibenden Kraft das Zeichen des heiligen Kreuzes auf die Stirn, über die Brust und den ganzen Körper. Zuletzt aber legte er seine Füße zusammen, breitete die Arme und Hände über seinen Körper aus, schloss die Augen und sang leise den Psalmvers: „In deine Hände, Herr, befehle ich meinen Geist." [Ps 30,6] Gleich danach verschied er in Frieden, im guten hohen Alter in Erfüllung seiner Tage. Und am selben Tag wurde sein Leib in der Kirche, die er selbst in der Pfalz von Aachen errichtet hatte, beerdigt, im 72. Lebensjahr, in der 7. Indiktion.
>
> c. 8. Nach dem Hinscheiden des glorreichen obengenannten Kaisers Karl brach sein Sohn Ludwig aus Aquitanien auf, kam in die Pfalz Aachen und empfing ohne jeden Widerspruch alle Königreiche, die Gott seinem Vater übertragen hatte.

### 12.4.3 Fragen und Anregungen

- Beschreiben Sie die wesentlichen Elemente des Herrschaftsendes und identifizieren Sie das der Darstellung zugrundeliegende Deutungsschema. Vertiefen Sie Ihre Überlegungen anhand der Hinweise in der kritischen Edition.
- Erörtern Sie, welches Bild des Herrschers vermittelt werden soll.
- Vergleichen Sie die Schilderungen Einhards und Thegans hinsichtlich Gemeinsamkeiten und Unterschieden. Erörtern Sie den Stellenwert, der ihr jeweils für das Werk zukommt.
- Verorten Sie den Stellenwert, dem Tod, Begräbnis und Grablege in den Berichten zukommt, im größeren Kontext des mittelalterlichen Königtums.

### 12.4.4 Lektüreempfehlungen

Quellen — Florilegium testamentorum ab imperatoribus et regibus sive principibus nobilibus conditorum ab anno 1189 usque ad annum electionis Rudolfi illustris regis Romanorum perductum, hg. von Gunther Wolf, Heidelberg 1956 (*Zusammenstellung von 17 Testamenten des 12. und 13. Jahrhunderts aus dem römisch-deutschen Reich, Frankreich und England im Original*).

Literatur — Erlande-Brandenburg, Alain, Le roi est mort. Étude sur les funérailles, les sépultures et les tombeaux des rois de France jusqu'à la fin du XIIIe siècle (Bibliothèque de la Société Française d'Archéologie 7), Genève 1975 (*Grundlegende Arbeit zu den Begräbnisorten der französischen Könige*).

Hack, Achim Thomas, Alter, Krankheit, Tod und Herrschaft im frühen Mittelalter. Das Beispiel der Karolinger (Monographien zur Geschichte des Mittelalters 56), Stuttgart 2009 (*Über die Prägung königlicher Herrschaft durch biologischen Faktoren*).

Hallam, Elizabeth M., Royal Burial and the Cult of Kingship in France and England, 1060–1330, in: Journal of Medieval History 8, 1982, S. 359–380, 393 (*Über die Herausbildung eines zentralen Begräbnisortes in England und Frankreich, mit Seitenblicken auf das römisch-deutsche Reich und Sizilien*).

Kamenzin, Manuel, Die Tode der römisch-deutschen Könige und Kaiser (1147–1349), Diss. masch. Heidelberg 2017 (*Umfassende Aufarbeitung der Überlieferung zu den Toden neunzehn römisch-deutscher Könige und Kaiser*).

Kasten, Brigitte (Hg.), Herrscher- und Fürstentestamente im westeuropäischen Mittelalter (Norm und Struktur 29), Köln/Weimar/Wien 2008 (*Mit Schwerpunkt auf dem fränkischen und römisch-deutschen Reich,*

*zahlreiche Beiträge widmen sich jedoch auch anderen Königreichen und Fürstentümern*).
Leistenschneider, Eva, Die französische Königsgrablege Saint-Denis. Strategien monarchischer Repräsentation 1223–1461, Weimar 2008 (*Zeitliche Weiterführung der Arbeit von Erlande-Brandenburg, der Sachlage entsprechend mit dem Fokus auf Saint-Denis*).
Meier, Thomas, Die Archäologie des mittelalterlichen Königsgrabes im christlichen Europa (Mittelalter-Forschungen 8), Stuttgart 2002 (*Vergleichende Behandlung der Sachquellen um das Königsgrab im mittelalterlichen Europa*).

# 13 Heilige Herrscher

**Abb. 11:** Könige und Bischöfe ersuchen den Papst um die Kanonisation Ludwigs IX. von Frankreich (Zweites Viertel 14. Jahrhundert)

Er war von berühmtem Geschlecht, großer Macht, reichen Fähigkeiten, außergewöhnlichen Tugenden, auserlesenen Sitten, für Ehrlichkeit bekannt, hielt Unsittliches und Schändliches gänzlich von sich fern. Denn er widmete sich so sehr den Taten der Keuschheit, strebte so sehr danach den verderblichen Einfluss des Fleisches zu vermeiden, dass er nach der sicheren Überzeugung vieler Menschen in jungfräulicher Reinheit geglänzt hätte, wenn nicht die eheliche Verbindung hinzugekommen wäre. Für lange Zeit hatte er die Herrschaft des genannten Reichs inne und lenkte dessen Steuer mit größter Sorgfalt und vorausschauender Umsicht. Er bewahrte und pflegte die Grenzen der Gerechtigkeit (*iustitia*) mit großer Mühe, ohne Schaden, Unrecht oder Gewalt gegen irgendjemanden, niemals den Weg der Billigkeit (*aequitas*) verlassend. [...] Während seiner glücklichen Regierung, nachdem überall die Wogen beruhigt, die Schäden beseitigt und die Stürme vertrieben waren, leuchtete den Bewohnern jenes Königreichs die Morgenröte der süß fließenden Ruhe und es lächelte die fröhliche Heiterkeit des gelobten Gedeihens. [...]

Es freue sich das ruhmreiche Haus Frankreichs (*domus inclyta Franciae*), das solch einen großen Fürsten hervorgebracht hat, durch dessen Verdienste es erhaben verherrlicht wird. Das allerfrommste Volk Frankreichs (*devotissimus Franciae populus*) freue sich, dass es würdig war einen solch auserwählten und tugendhaften Herrn zu erhalten. Die Herzen der Prälaten und Kleriker mögen jubeln, dass das vorgenannte Reich durch die glänzenden Zeichen der Wunder dieses Königs hervorragender geschmückt wird. Mögen auch die Herzen der Vornehmen, Großen, Adeligen und Ritter sich erfreuen, dass durch die allerheiligsten Taten des genannten Königs die Stellung jenes Reichs mit dem Vorrecht mannigfacher Ehre emporgehoben wird und wie durch die Strahlen der Sonne hervorleuchtet. (*Gloria laus*, S. 154 f., 159)

*Ludwig IX. „der Heilige" von Frankreich (gest. 1270)*

Der hier in den höchsten Tönen gelobte König ist Ludwig IX. von Frankreich, der nach über vierzigjähriger Regierungszeit im Jahr 1270 auf seinem zweiten Kreuzzug in der Nähe von Tunis den Tod fand. In der Kanonisationsbulle „Gloria laus" (1297) werden zunächst die zitierten Tugenden des Königs aufgeführt, bevor dann eine ausführliche Lebensbeschreibung geliefert und die frommen Taten referiert werden, gefolgt von einigen postmortalen Wundern. Diese päpstliche Darstellung des Heiligen, die in ganz Europa verbreitet wurde, stützte sich auf Viten und Zeugenaussagen. Sie setzte jedoch in Auswahl und Gewichtung eigene Akzente, indem sie beispielsweise die Bereitschaft zum Martyrium besonders heraus- und die Wunder zurückstellte.

*Bemühungen um die Kanonisation*

Dass eine solche Kanonisation kein Selbstläufer war, sondern gewichtiger Fürsprecher bedurfte, verdeutlicht eine Miniatur in einer Vita Ludwigs, die der Franziskaner und Beichtvater der Königin, Guillaume de Saint-Pathus, verfasste. Die Darstellung zeigt Ludwigs Sohn und Nachfolger Philipp III. sowie Ludwigs Bruder Karl von Anjou, König von Sizilien, die den Papst um die Heiligsprechung ersuchen und dabei von mehreren Bischöfen und Geistlichen unterstützt werden. Zum Abschluss kam der Kanonisationsprozess allerdings erst unter Ludwigs Enkel Philipp IV., der nach Konflikten mit Papst Bonifaz VIII. die Heiligsprechung im Zuge eines Kompromisses erreichte. Diese Verbindung von Herrschaft und Glauben, von Königtum und Heiligkeit, durchlief im Mittelalter unterschiedliche Phasen, und auch die heiligen Könige selbst wandelten sich in der Erinnerung. Ihre Taten wirkten über ihren Tod hinaus, ja die Verehrung und politische Instrumentalisierung machten das Nachleben mancher Könige bedeutsamer als ihre Herrschaft zu Lebzeiten.

## 13.1 Königtum und Heiligkeit: Annäherung und Hochkonjunktur

Am Ende des Mittelalters waren zahlreiche Könige aus verschiedenen Zeiten und Reichen im Heiligenhimmel versammelt. Während manche schon zu Lebzeiten im Ruf der Heiligkeit standen, wären andere sicherlich verwundert gewesen, hätten sie um ihr späteres Schicksal gewusst. Auch fielen die Zeiträume zwischen Tod, (nachweisbarer) Verehrung und Kanonisation unterschiedlich lange aus, von wenigen Jahren bis zu mehreren Jahrhunderten. Der Frankenkönig Chlodwig I. beispielsweise, der um 500 den katholischen Glauben angenommen hatte, wurde erst im Spätmittelalter als Heiliger verehrt, und dies mangels offizieller Heiligsprechung auch nicht in der gesamten lateinischen Christenheit, sondern nur vereinzelt in Frankreich. Die Verbindung von Königtum und Heiligkeit war keineswegs selbstverständlich, sondern fasste erst langsam Fuß, um im 11. und 12. Jahrhundert europaweit ihren Höhepunkt zu erreichen.

*Vielfalt des Phänomens*

Der erste heilige König des Mittelalters war Sigismund von Burgund, der 523/524 zusammen mit seiner Familie vom fränkischen König Chlodomer ermordet wurde. Vor allem wegen des gewaltsamen Todes wurde er bald als Heiliger verehrt, eine weite Verbreitung seines Kultes erfolgte jedoch erst 500 Jahre später, mit einem erneuten Schub im 14. Jahrhundert. Einflussreicher für die Verbindung von Königsherrschaft und Heiligkeit waren die merowingischen Frauen, wie Chrodechild (gest. 544), die Ehefrau Chlodwigs I., Balthild (gest. 680), die Frau Chlodwigs II., und insbesondere Radegunde (gest. 587). Diese thüringische Prinzessin wurde mit Chlothar I. vermählt, verließ ihn jedoch nach der Hinrichtung ihres Bruders. Von da an widmete sie sich karitativen Aufgaben und trat in ein von ihr und ihrem Mann gegründetes Kloster ein. Radegunde war also sowohl Königin als auch Nonne, zwei Seiten, die ihre beiden frühen Viten unterschiedlich akzentuierten (Gäbe 1989).

*Sigismund von Burgund (gest. 523/524)*

*Heilige Königinnen der Merowingerzeit*

Venantius Fortunatus, Dichter und enger Vertrauter der Königin, betonte vor allem ihre Askese und Selbsterniedrigung bereits vor ihrem Eintritt ins Kloster: Sie „mied den königlichen Prunk" (*evitans pompam regalem*; c. 2, S. 39) und „diente als Magd den Armen", obwohl sie doch „durch Geburt und Ehe eine Königin und Herrin des Hofs" war (*Sic devota femina nata et nupta regina,*

*Radegunde (gest. 587) und ihre Biographen*

*palatii domina pauperibus serviebat ancilla;* c. 4, S. 39). In der Lebensbeschreibung Baudovinias, die als Nonne im selben Kloster wie Radegunde lebte und ihr Werk explizit als Ergänzung zu Fortunatus bezeichnete, erscheint der königliche Rang dagegen nicht als etwas zu Überwindendes, sondern als essentiell: Radegunde nutzte ihre Stellung sowohl für ihr Kloster als auch für ihr Vaterland (*patria*) und blieb als Heilige gleichzeitig Königin (*sancta/ beata regina*) (l. II, passim).

Darstellungslogiken

Die ältere Forschung gab bei ihrer Suche nach der ‚historischen' Radegunde in der Regel der Darstellung Baudovinias den Vorzug. Beide Viten sind allerdings dem jeweiligen Horizont ihres Autors verpflichtet und folgen einer eigenen Darstellungslogik: Bei Fortunatus eine kontinuierliche Steigerung der Heiligkeit bis zur Vollkommenheit, bei Baudovinia eine von Anfang an vorhandene, stets gleichbleibende Heiligkeit. Während Fortunatus die Heiligkeit Radegundes erst (im doppelten Wortsinn) begründen und daher stärker an allgemeine Topoi anknüpfen musste, konnte Baudovinia hierauf aufbauend direkt zu einer detaillierteren Darstellung schreiten. Königliche Würde und Heiligkeit ließen sich also zumindest in Ansätzen zusammenbringen. Dies war bei Königinnen offenbar leichter möglich als bei ihren Ehemännern, da ihrem frommen Lebenswandel und ihrer Förderung der Kirche keine Kriegsführung und Strafgewalt entgegenstanden.

Angelsächsische heilige Könige

Dies sollte sich in den angelsächsischen Königreichen ändern, die besonders im 7. und 8. Jahrhundert zahlreiche heilige Könige hervorbrachten. Viele von ihnen verzichteten auf ihre Herrschaft und traten ins Kloster ein, folgten also in gewisser Weise dem Weg Radegundes. Zahlreiche andere aber wurden wie Sigismund aufgrund ihres gewaltsamen Todes zu Heiligen, insbesondere wenn sie im Kampf gegen heidnische Gegner starben. So erlitten sowohl Edwin von Northumbria (gest. 633) als auch dessen Nachfolger Oswald (gest. 642) das Martyrium in der Schlacht gegen den heidnischen König Penda von Mercien. Auch im 9. und 10. Jahrhundert führten Mord (Edward der Märtyrer, gest. 978) oder Tod in der Schlacht (Edmund, gest. 869) zur Verehrung als Heiliger.

Nord- und Osteuropa

Dem angelsächsischen Modell folgte in Norwegen der heilige Olaf (Haraldsson, gest. 1030), dessen Schlachtentod im Kampf um die Herrschaft bald als Kampf für das Christentum gegen die Heiden dargestellt wurde. In den vergleichsweise spät christianisierten skandinavischen und osteuropäischen Reichen gab es mit

Knut von Dänemark (gest. 1086) und Stephan I. von Ungarn (gest. 1038) bald ebenfalls eigene heilige Herrscher, wie schon in Böhmen mit Herzog Wenzel (gest. 929/935). Ihnen folgten im 12. Jahrhundert in Ungarn Ladislaus I. (1192; gest. 1095) und in Schweden Erich IX. (vor 1198, gest. ca. 1160[1]).

Besonders in den westeuropäischen Monarchien stiegen mehrere Könige und Königinnen zu Heiligen auf, deren Tod bereits länger zurücklag: In England Edward der Bekenner (1161; gest. 1066), im römisch-deutschen Reich Heinrich II. (1146; gest. 1024) und dessen Frau Kunigunde (1200; gest. 1033) sowie Karl der Große (1165; gest. 814), in Schottland Margarete (1251, gest. 1093) und in Frankreich Ludwig IX. (1297, gest. 1270) als letzter heiliger König des Mittelalters.

*Westeuropa*

## 13.2 Heilige Könige im Wandel

Es gab im Mittelalter verschiedene Wege zur Heiligkeit, die wiederum unterschiedliche Konjunkturen hatten. Dies galt auch für Könige: Sie fielen im Kampf gegen die Heiden, wurden unschuldig ermordet, förderten die Kirche, verbreiteten den Glauben und führten ein mönchisch-asketisches Leben oder entsagten sogar ganz der Herrschaft. Aufgrund des Martyriums oder ihres frommen Lebenswandel erfuhren sie nach ihrem Tod besondere Verehrung und bewiesen durch Wunder ihre Heiligkeit. Neben diesen idealtypischen Voraussetzungen bedurfte es der Pflege und Förderung des Kults durch Personen und Institutionen, wie die Dynastie des Verstorbenen oder die Geistlichkeit am Ort der Grablege. Die lokale Verehrung wurde durch die Kirchenoberen anerkannt und gefördert, wobei die Päpste im Laufe des 12. Jahrhunderts die Kanonisation immer mehr an sich zogen und schließlich im 13. Jahrhundert als ihr alleiniges Recht durchsetzen konnten.

*Wege zur Heiligkeit*

Wie die Wege zur Heiligkeit veränderten sich die Heiligen selbst, ihr Bild passte sich zumindest graduell an die jeweilige Gegenwart an. Dies begann schon mit den ersten Darstellungen als Heiliger, weisen diese hagiographischen Quellen im Vergleich mit der Histo-

---

[1] Die Überlieferung für den frühen Kult Erichs von Schweden ist (ebenso wie zu seinem Leben) spärlich und wenig eindeutig, vgl. Oertel 2016, S. 67–95.

riographie doch fundamentale Unterschiede in Schwerpunkt- und Zielsetzung auf.² Allerdings ist eine solche Differenzierung nicht immer eindeutig zu treffen, wie auch für manche heiligen Könige aufgrund eines Quellenmangels nur schwer zwischen dem König als historischem und als heiligem Herrscher zu trennen ist. War der Status als Heiliger erst einmal etabliert, konnten spätere Generationen Ergänzungen und Modifizierungen vornehmen und so das Bild des Heiligen in immer neuen Farben malen: Nicht mehr das eigentliche Wirken als König wird hier greifbar, wohl aber die zeitgenössischen Vorstellungen und Diskurse dieser Rezeptionen und Adaptionen.

*Edmund von Ostanglien (gest. 869):*

So ist beispielsweise über das Leben König Edmunds von Ostanglien aus nichthagiographischen Quellen wenig mehr bekannt, als dass er 869 bei einem Wikingerangriff in der Schlacht den Tod fand (Asser, De rebus gestis Aelfredi, S. 26: *contra ipsum exercitum atrociter pugnavit*). Die ersten Nachweise für seine Verehrung als Heiliger stellen einige Jahrzehnte später in England geschlagene Münzen dar, die als Aufschrift die Anrufung *SCE EADMUND REX* tragen.³

*Von der Nachfolge Christi ...*

Die erste Vita des Heiligen vom Ende des 10. Jahrhunderts lässt dem Tod Edmunds eine Aufforderung zur Unterwerfung durch die heidnischen Dänen vorausgehen.⁴ Der König erklärt jedoch (gegen den bischöflichen Rat), er wolle mit und für sein Volk sterben und

---

2 Bei der *Vita Ædwardi Regis* ist dies sogar innerhalb eines Werks der Fall: Ihr erstes Buch entstand noch zu Lebzeiten Edwards des Bekenners und schildert die Geschichte seiner Familie, das zweite Buch widmet sich bald nach dem Tod den Wundern des Königs und legte so die Grundlage für die späteren Ausgestaltungen in der Hagiographie.
3 Ihre Prägung wurde in der Forschung zumeist mit der Förderung des Kults durch König Alfred den Großen in Zusammenhang gebracht, doch dürfte es sich eher um Nachprägungen der dortigen Wikinger handeln, die Edmund offenbar als Heiligen verehrten; vgl. gegen Klaniczay 2002, S. 89, schon Grierson/Blackburn 1986, S. 319 f.
4 Als Zeugen für seine ausführliche Schilderung, die mehrere längere, in wörtlicher Rede wiedergegebene Ansprachen des Königs beinhaltet, nennt der Autor den Erzbischof Dunstan von Canterbury, der sich wiederum auf den Bericht eines sehr alten Waffenträgers von König Edmund stützte. Während manche Forscher dies als verlässliche und glaubwürdige Überlieferung werteten, wurde von anderen der Realitätsgehalt in Frage gestellt: Nicht nur würde die Erinnerung so über ein Jahrhundert zurückreichen, die angelsächsischen Könige zur

dadurch allein Christus dienen: „Ob ich lebe oder sterbe, nichts soll mich von der Liebe Christi trennen." (*me seu vivum seu mortuum nichil separabit a caritate Christi*; Abbo von Fleury, Passio Sancti Eadmundi, c. 8, S. 12). Dem „Beispiel Christi" (*exemplum Christi*) folgend lässt sich der König „ohne Befleckung der reinen Hände" gefangen nehmen (*nolo puras commaculare manus*; c. 9, S. 13) und wird zum Anführer der Dänen gebracht, „fast wie Christus vor Pilatus" (*quasi Christus ante Pilatum*, c. 10, S. 15). Wie Christus verspottet und verhöhnt, wird Edmund an einen Baum gebunden und mit Pfeilen verwundet, „in seinem Leiden dem vortrefflichem Märtyrer Sebastian ähnlich" (*in passione similis Sebastiano egregio martyri*; c. 10, S. 15). Mit seiner Enthauptung folgt er „den Fußstapfen seines Herrn Christus" (*Christi Domini sui secutus vestigia*, c. 11, S. 16), bis zuletzt standhaft im Glauben „betrat er als König und Märtyrer die Versammlung des himmlischen Hofs" (*rex et martyr intravit senatum curiae coelestis*, c. 10, S. 16).

In den folgenden Jahrhunderten sollte sich das Bild eines christusgleich sein Martyrium erwartenden Königs schrittweise wandeln, so dass Edmund schließlich zu einem der englischen Schlachtenheiligen stilisiert und sein Banner auf Kriegszügen mitgeführt wurde. In einer Mirakelsammlung vom Ende des 11. Jahrhunderts nahm Edmund persönlich tödliche Rache an einem späteren dänischen Eroberer. Im 12. Jahrhundert trat er vermehrt als Ritter auf, was in späterer Zeit weiter gesteigert wurde: Edmund stellte sich nun den Dänen in der Schlacht entgegen und opferte sich nur zur Verhinderung weiteren Blutvergießens oder wurde sogar erst nach mehreren siegreichen Schlachten durch heidnische Zauberei besiegt.

... zum kämpfenden Heiligen

Musste Edmund im 10. Jahrhundert noch kampflos sterben, so wurden in Zeiten der Kreuzzüge ein gewaltsamer Einsatz für Glauben und Volk im Sinne eines „gerechten Krieges" unerlässlich. Andere heilige Herrscher durchliefen eine ähnliche Entwicklung, wie Wenzel von Böhmen als böhmischer Schlachtenheiliger oder Oswald von Northumbria, der seit dem Ende des 12. Jahrhundert in der deutschen Spielmannsdichtung zum ritterlichen Brautwerber wurde. In der Verbindung mit der Bekehrung eines heidnischen

---

Zeit Edmunds hätten außerdem wohl überhaupt keine Waffen- oder Schwertträger gehabt; vgl. Cavill 2005.

*Neue Ideale: Mission und Jungfräulichkeit*

Königs und dem letztlichen Nichtvollzug der Ehe zeigen sich Motive, die im 12. Jahrhundert auch bei anderen heiligen Herrschern eine besondere Rolle spielten, z. B. bei Heinrich II. und Kunigunde. Gerade die Kinderlosigkeit eines königlichen Paares, die auch als Makel hätte aufgefasst werden können, ließ sich als Zeichen der Heiligkeit interpretieren, auch wenn dies zu Lebzeiten nicht oder zumindest zunächst nicht beabsichtigt war.[5] So wurde die Jungfräulichkeit Edward des Bekenners und seiner Frau Edith in der frühen Vita des 10. Jahrhunderts nur an-, nicht aber ausgedeutet.[6] Für die Bemühungen um die Kanonisation im 12. Jahrhundert und die spätere Verehrung war sie hingegen ein zentrales Element.

*Ludwig IX. als letzter heiliger König des Mittelalters*

Das Weiterwirken älterer Modelle zeigt sich bei Ludwig IX.: Aufgrund seiner elf Kinder könnte man meinen, dass bei ihm die Keuschheit keine besondere Rolle spielte, doch hebt die zu Beginn des Kapitels zitierte päpstliche Kanonisationsbulle genau diese einleitend hervor. Die zuvor verfasste Vita führt hierzu näher aus, der König und seine Frau hätten sich für weite Teile des Jahres des ehelichen Verkehrs enthalten[7] und hebt die religiöse Erziehung der Kinder hervor (c. 13–15). Ludwig habe außerdem lange vor seinem Tod das Königsamt niederlegen und in ein Kloster eintreten wollen, sei dann aber von seiner Frau überzeugt worden, dass Gott ihm eine andere Rolle zugedacht habe (c. 12). Der Schritt, den manche

---

5 So finden sich für Heinrich II. mehrere Urkunden, in denen er über sich und Kunigunde sagt, dass sie „zwei in einem Fleisch" seien (*duo sumus in carne una*; MGH D H II. 368, S. 470, vgl. auch das Register zu „caro", S. 834).

6 Vgl. Baxter 2009, S. 84 f., der sich gegen eine vermeintlich eindeutige Intention der ersten Vita wendet, wie sie in der Forschung vertreten wird. Für ihn deutet die Formulierung „*caelebs vita*" primär auf ein unverheiratetes, nicht aber auf ein verheiratetes und zölibatäres Leben hin. Diese für verschiedene Interpretationen offene Fassung sei als Versuch Ediths zu werten, sich gegen mögliche Vorwürfe zu rechtfertigen, die aus den wegen der Kinderlosigkeit entstandenen Konflikte um die Nachfolge erwachsen konnten: „It is therefore probable that Edward's supposed ‚celibacy' is the product of eleventh-century distortion and twelfth-century hagiography." (S. 85).

7 Und zwar im Advent und in der Fastenzeit, außerdem an bestimmten Wochentagen und Festtagen (sowie am Tag davor), am Tag des Empfangs der Eucharistie sowie an vielen Tagen davor und danach; Geoffrey de Beaulieu, Vita Ludovici noni, c. 11, S. 6 f.

angelsächsischen Könige vollzogen hatten, blieb bei Ludwig also ein frommer, jedoch aus wichtigeren Gründen unerfüllter Wunsch.

## 13.3 Vom Nutzen heiliger Herrscher

Der Anerkennung als königlicher Heiliger ging ein vielschichtiger Prozess mit ungewissem Ausgang voraus. So finden sich für etliche Herrscher entsprechende Ansätze, die letztlich aber ohne Ergebnis blieben, wie bei Robert II. dem Frommen von Frankreich (gest. 1031), Heinrich IV. (gest. 1106), Erich IV. Plovpenning von Dänemark (gest. 1250) oder Heinrich VI. von England (gest. 1471). Durch die zentrale Rolle des Papstes wurde die Kanonisierung im Sinne eines *do ut des* Teil der politischen Beziehungen zwischen den Päpsten und Königen. So scheiterte beispielsweise der erste Versuch zur Heiligsprechung Edwards des Bekenners Ende der 1130er Jahre auch an den politischen Spannungen zwischen König und Kurie. Das Papstschisma zwei Jahrzehnte später stellte dann eine weitaus günstigere Ausgangslage für die Kanonisation dar.

*Gescheiterte Kanonisationsversuche*

Wie schwierig es ist, die genauen Motive hinter der Propagierung und Förderung eines Kults zu ergründen, zeigen die Forschungsdiskurse zu verschiedenen Heiligen.[8] So gilt es heute als wahrscheinlich, dass nicht Kaiser Friedrich I., sondern das Aachener Marienstift die treibende Kraft hinter der Heiligsprechung Karls den Großen war (Görich 2015). Was früher als politische Strategie des Herrschers gesehen wurde, die im Investiturstreit verlorene Sakralität des Königtums durch einen Reichsheiligen zurückzugewinnen und sich gleichzeitig vom Papsttum unabhängig zu machen, wird so zu einem Akt der kaiserlichen Frömmigkeit, basierend auf der Verbindung von lokaler Verehrung und dem Streben nach besonderer Königsnähe.

*Motive der Kanonisation*

Von diesem zeitgenössischen Bezugsrahmen ist die spätere Wirkung und Rezeption des Heiligen zu unterscheiden. Friedrich II. beispielsweise ließ nach der weitgehenden Durchsetzung seiner Herrschaft zwei Tage nach seiner erneuten Krönung in Aachen

*Instrumentalisierung und Rezeption heiliger Könige*

---

[8] Vgl. beispielsweise zu Olaf von Norwegen E. Hoffmann 1975, S. 83, Anm. 1, zu Stephan I. von Ungarn Klaniczay 2002, S. 123–133, zu Ludwig IX. von Frankreich Krafft 2005, S. 664 f.

(1215) die Gebeine Karls des Großen in einen Reliquienschrein überführen und verschloss diesen persönlich mit einem Nagel.[9] Die Bedeutung Karls äußert sich auch in der Zuschreibung mehrerer Reichsinsignien (*Kaiser Karls kron, swert, zepter, apfel und Kaiser Karls kleider*; RTA MR 1, Nr. 932, S. 1016, zu 1486), was zuvor bereits mit dem Aachener Karlsthron geschehen war. Die Königserhebung war somit stets auch ein Eintreten in die Nachfolge dieses Heiligen. Ähnliche Verbindungen gab es in England mit der Edwardskrone und besonders in Ungarn mit der Stephanskrone, die zu einem Symbol für das gesamte Königreich wurde.

Vom heiligen Könige zur heiligen Sippe

Die Monopolisierung der Heiligsprechung durch das Papsttum führte im späteren Mittelalter allgemein zu einem deutlichen Rückgang an Kanonisationen. Statt Königen und Königinnen waren es nun vor allem die Königstöchter, die insbesondere aufgrund ihres gelebten Armutsideals und Klostereintritts als Heilige verehrt und oft auch selig- oder heiliggesprochen wurden (Klaniczay 2002, S. 194–294). Nicht ein heiliger königlicher Ahnherr stand jetzt im Vordergrund, sondern die Heiligkeit der gesamten Dynastie: Heiligkeit wurde quasi erblich, die Zugehörigkeit zu einer solchen „heiligen Sippe" (*beata stirps*) zeichnete alle ihre Angehörigen aus. Besonders populär wurde dieses Konzept im Königreich Ungarn der Árpáden und im Königreich Sizilien-Neapel der Anjou. Die Anjou förderten insbesondere den Kult Ludwigs von Toulouse (gest. 1297), der zugunsten seines jüngeren Bruders auf die Herrschaft verzichtet hatte und in den Franziskanerordnen eingetreten war. Als Alfons V. von Aragón Anfang der 1420er-Jahre versuchte, das Königreich Neapel zu erobern und dabei auch Marseille einnahm, wurde der Heilige Teil dieser Herrschaftsübernahme: Seine Reliquien wurden entwendet und nach Valencia überführt.

---

9 Einen anderen Weg gingen die französischen Könige mit den Reliquien Ludwigs IX. Schon bald nach der Kanonisation ließ Ludwigs Enkel Philipp IV. einen Teil des Kopfs von Saint-Denis nach Paris in die Sainte-Chapelle überführen – das Haupt des Heiligen wanderte in die Palastkapelle als Haupt des Reichs (*caput regni*). In den folgenden Jahrzehnten und Jahrhunderten verschenkten Philipps Nachfolger im Sinne einer Reliquienpolitik immer wieder einzelne Knochen an hochrangige Personen und Kirchen; vgl. Le Goff 2000, S. 269–274.

## 13.4 Quellen und Vertiefung

### 13.4.1 Die Heiligsprechung Karls des Großen (1165)

In einer Urkunde Friedrichs I. für die Stadt Aachen und das Marienstift vom 8. Januar 1166 wird einleitend über die am 29. Dezember 1165 vorgenommene Heiligsprechung Karls des Großen berichtet (MGH D F I. 502, S. 430–434, hier S. 432 f.; inseriert MGH D Ka I. 295, S. 439–443, hier S. 442):[10]

> In nomine sancte et individue trinitatis. Fredericus divina favente clementia Romanorum imperator et semper augustus.
> [...], precipue maximum et gloriosum imperatorem Karolum quasi formam vivendi atque subditos regendi sequeremur et sequendo pre oculis semper haberemus, ad cuius imitationem ius ęcclesiarum, statum rei publicę incolumem et legum integritatem per totum imperium nostrum servaremus.
> Ipse enim tota cordis intentione ad ęternę vitę premia anhelans ad dilatandam gloriam christiani nominis et cultum divinę religionis propagandum, quot episcopatus constituerit, quot abbatias, quot ęcclesias a fundamento erexerit, quantis prediis ac beneficiis illas ditaverit, quantarum largitate elemosinarum non solum in cismarinis, sed etiam in transmarinis partibus resplenduerit, ipsa eius opera et gestorum volumina, quę plurima et maxima sunt, fide oculata plenius declarant. In fide quoque Christi dilatanda et in conversione gentis barbaricę fortis athleta fuit et verus apostolus, sicut Saxonia et Fresonia atque Westphalia, Hispani quoque testantur et Wandali, quos ad fidem catholicam verbo convertit et gladio. Licet etiam ipsius animam gladius non pertransierit, diversarum tamen passionum tribulatio et periculosa certamina et voluntas moriendi cotidiana pro convertendis incredulis eum martyrem fecit. [...]
> Inde est, quod nos gloriosis factis et meritis tam sanctissimi imperatoris Karoli confidenter animati et sedula peticione karissimi amici nostri Heinrici illustris regis Anglię inducti assensu et auctoritate domini pape Paschalis et ex consilio principum universorum tam secularium quam ęcclesiasticorum pro revelatione et exaltatione atque canonizatione sanctissimi corporis eius sollempnem curiam in natali domini apud Aquisgranum celebravimus, ubi corpus eius sanctissimum pro timore hostis exteri vel inimici familiaris caute reconditum, sed divina revelatione manifestatum ad laudem et gloriam

---

[10] Am darauffolgenden Tag verlieh Friedrich der Stadt unter Verweis auf den dort ruhenden Körper des heiligen Karl weitere Rechte. Die Zollfreiheit der Kaufleute auf den beiden dortigen Jahrmärkten wird eigens mit der „Verehrung des heiligen Kaisers Karl" (*pro reverentia domni Karoli sanctissimi imperatoris*) begründet (MGH D F I. 503, S. 434 f., hier S. 434).

*nominis Christi et ad corroborationem Romani imperii et salutem dilectę consortis nostrę Beatricis imperatricis et filiorum nostrorum Frederici et Heinrici cum magna frequentia principum et copiosa multitudine cleri et populi in ymnis et canticis spiritalibus cum timore et reverentia elevavimus et exaltavimus IIII° kal. ianuarii. [...]*
*Illic vero domno apostolico et omnibus predictis nobilibus et egregiis personis congregatis merui ab omnibus obtinere [...], ut in templo eodem regia sedes locaretur et locus regalis et caput Gallie trans Alpes haberetur ac in ipsa sede reges, successores et heredes regni, initiarentur et sic initiati iure dehinc imperatoriam maiestatem Rome sine ulla interdictione planius assequerentur. [...]*

Im Namen der heiligen und unteilbaren Dreifaltigkeit. Friedrich durch göttliche Milde Römischer Kaiser und allzeit Augustus.

[...; Friedrich wünscht seinen Vorgängern], vor allem aber dem größten und glorreichen Kaiser Karl gleichsam als einem Leitbild im Leben und in der Lenkung der Untertanen zu folgen und in der Nachfolge immer vor Augen zu haben. In seiner Nacheiferung wollen wir das Recht der Kirchen, den Bestand des Staats und die Unantastbarkeit der Gesetze in unserem ganzen Reich erhalten.

Er strebte nämlich von ganzem Herzen nach der Belohnung des ewigen Lebens. Wie viele Bistümer er einrichtete, wie viele Klöster, wie viele Kirchen er von Grund auf errichtete, um den Ruhm des christlichen Namens zu vergrößern und den Kult der göttlichen Religion zu verbreiten, durch wie viel Grundbesitz und Lehen er diese bereicherte, von welch großer Freigebigkeit an Almosen nicht nur diesseits, sondern auch jenseits des Meeres er erstrahlte, das verkünden als Augenzeugen vollständiger seine Werke und Bücher der Taten, von denen es sehr viele und große gibt. Auch war er in der Ausbreitung des christlichen Glaubens und in der Bekehrung der barbarischen Völker ein starker Kämpfer und wahrer Apostel, so wie es Sachsen, Friesland und Westfalen sowie die Spanier und Wandalen bezeugen, die er mit Wort und Schwert zum katholischen Glauben bekehrte. Auch wenn das Schwert seinen Geist nicht durchtrennte, machten ihn dennoch die Beschwerden verschiedener Leiden, die gefährlichen Kämpfe und der tägliche Wille, für die Bekehrung der Ungläubigen zu sterben, zu einem Märtyrer.

[...; Karl wird als „heiliger und wahrer Bekenner" (*sanctus confessor et verus confessor*) angesehen]

Daher haben wir in unserem Vertrauen, ermutigt durch die glorreichen Taten und Verdienste des so heiligen Kaisers Karl und auf die inständige Bitte unseres sehr teuren Freundes, des erlauchten Königs Heinrich [II.] von England, mit Zustimmung und Willen Papst Paschalis [(III.)] und nach dem Rat sämtlicher Fürsten, der weltlichen wie der geistlichen, zur Enthüllung, Erhebung und Heiligsprechung seines heiligsten Leibs einen feierlichen Hoftag an Weihnachten zu Aachen gehalten. Dort haben wir seinen heiligen Leib [...] zu Lob und Ruhm des Namens Christi, zur Festigung des

Römischen Reichs und zum Heil unserer geliebten Gattin, der Kaiserin Beatrix, und unserer Söhne Friedrich und Heinrich mit großem Fürstengefolge und unter zahlreicher Anteilnahme von Klerus und Volk in Hymnen und geistlichen Gesängen mit Furcht und Ehrerbietung am 29. Dezember [zur Ehre der Altäre] erhoben.
[...; Friedrich bestätigt das ihm von den Brüdern (*fratres*) des Marienstifts vorgelegte (gefälschte) Privileg Karls des Großen, das der Stadt Aachen verschiedene Freiheiten und Rechte gewährt und im Wortlaut wiedergegeben ist, darunter auch:]
Als nun dort der Papst und alle genannten Adeligen und erlauchten Personen versammelt waren, wurde ich [Karl der Große] für würdig befunden von ihnen allen zu erlangen [...], dass in dieser Kirche der königliche Thron aufgestellt und der Ort als Königssitz und als Haupt Galliens diesseits der Alpen angesehen wurde, und dass an diesem Sitz die Könige als Nachfolger und Erben des Reichs geweiht werden und als so rechtmäßig Geweihte danach die kaiserliche Herrschaft in Rom ohne irgendwelchen Einspruch und ohne Schwierigkeiten erlangen sollen.
[...; Friedrich I. bestätigte der Stadt Aachen und dem Marienstift alle von Karl und seinen Nachfolgern verliehenen Rechte, insbesondere die Zoll- und Abgabenfreiheit im gesamten Reich sowie die persönliche Freiheit der Bürger]

### 13.4.2 Fragen und Anregungen

- Charakterisieren Sie die Darstellung Karls des Großen als Heiliger. Ordnen Sie dieses Bild in die Gesamtentwicklung königlicher Heiligkeit im Mittelalter ein.
- Vergleichen Sie die Darstellung anhand der Forschungsliteratur mit der tatsächlichen Herrschaft Karls des Großen.
- Analysieren Sie die verwendeten Begriffe und Formulierungen und setzen Sie diese zu Anlass und Zweck der Urkunde in Beziehung.
- Bewerten Sie die möglichen Motive für die Kanonisation und diskutieren Sie, wer von ihr in welchem Maße profitieren konnte.

### 13.4.3 Lektüreempfehlungen

Quellen

Blessed Louis, the most glorious of Kings. Texts relating to the Cult of Saint Louis of France, hg. von Marianne Cecilia Gaposchkin (Notre Dame Texts in Medieval Culture), Notre Dame, Ind. 2012.

The Sanctity of Louis IX. Early Lives of Saint Louis by Geoffrey of Beaulieu and William of Chartres, hg. von Marianne Cecilia Gaposchkin/Sean L. Field, Ithaca 2014. (*Zentrale Quellen zu Ludwig IX. in englischer Übersetzung*).

Literatur Folz, Robert, Les saints rois du Moyen Âge en Occident (VIe–XIIIe siècles) (Subsidia hagiographica 68), Bruxelles 1984.

Folz, Robert, Les saintes reines du Moyen Âge en Occident (VIe–XIIIe siècles) (Subsidia Hagiographica 76), Bruxelles 1992 (*Grundlegende Werke zu den heiligen Königen und Königinnen des Mittelalters*).

Gaposchkin, Marianne Cecilia, The Making of Saint Louis. Kingship, Sanctity, and Crusade in the Later Middle Ages, Ithaca 2008 (*Arbeitet die verschiedenen Bilder dieses Heiligen und damit die Komplexität seines Kults heraus*).

Klaniczay, Gábor, Holy Rulers and Blessed Princesses. Dynastic Cults in Medieval Central Europe (Past and Present Publications), Cambridge 2002 (*Fokus auf Mitteleuropa, unter Einbeziehung der Grundlagen und des europäischen Kontexts*).

Petersohn, Jürgen (Hg.), Politik und Heiligenverehrung im Hochmittelalter (Vorträge und Forschungen 42), Sigmaringen 1994 (*Beiträge zu ganz Europa, nicht nur zu heiligen Königen, sondern zur politischen Dimension des Heiligenkults insgesamt*).

Vauchez, André, La sainteté en occident aux derniers siècles du moyen âge d'après les procès de canonisation et les documents hagiographiques (Bibliothèque des Écoles Françaises d'Athènes et de Rome 241), 2. Aufl. Roma 1988 [Englische Übersetzung: Sainthood in the later Middle Ages, Cambridge 1997] (*Umfassendes Werk zu Heiligen und Kanonisationsprozess im späten Mittelalter, zu heiligen Königen bes. S. 187–197*).

# 14 Rezeption und Forschung

**Abb. 12:** Kyffhäuserdenkmal (Ende 19. Jahrhundert)

Zwei Kaiser zieren das monumentale Denkmal auf dem thüringischen Kyffhäuserburgberg („Kyffhäuser"): Unten der thronende Staufer Friedrich I. Barbarossa (1152–1190), versehen mit der Krone des Heiligen Römischen Reichs, über ihm zu Pferde der Hohenzoller Wilhelm I. (1861–1888) mit Pickelhaube, zu seinen Füßen zwei allegorische Figuren, die Geschichte (links) und der Krieg (rechts). Die sieben Jahrhunderte, die beide Herrscher trennen, sind in dem 1896 eingeweihten Denkmal überbrückt: Der preußische „Barba-

Kyffhäuserdenkmal: Wilhelm I. und Friedrich I.

blanca" erscheint durch die Vollendung der Reichseinheit 1871 als würdiger Nachfolger des staufischen Barbarossas, den er in Stellung und Größe noch überragt. Das hochmittelalterliche Kaisertum diente der Stiftung geschichtlicher Kontinuität und der Legitimation des neuen Herrschers.

*Die Instrumentalisierung Friedrichs I.*

Möglich war eine solche Rezeption und politische Instrumentalisierung im Sinne des neu geschaffenen Nationalstaats durch die weitverbreitete Legende, Friedrich I. sei nicht wirklich gestorben, sondern schlafe nur im Kyffhäuser, um das Reich zu alter Größe zurückzuführen: „Er hat hinabgenommen / Des Reiches Herrlichkeit, / Und wird einst wiederkommen, / Mit ihr, zu seiner Zeit", dichtete Friedrich Rückert 1817. Im Mittelalter glaubte man hingegen an die Rückkehr von Barbarossas Enkel Friedrich II. Erst im 16. Jahrhundert ging diese Vorstellung auf Friedrich I. über, der sich besser als nationale Identifikationsfigur eignete. Die Einweihung des bald nach dem Tod Wilhelms I. begonnenen Monuments am 18. Juni 1896 war gleichzeitig eine Nationalfeier, an der neben Kaiser und Bundesfürsten über 30.000 Personen (davon etwa 18.000 Veteranen) teilnahmen, am Jahrestag der Schlacht von Waterloo und 25 Jahre nach der Reichsgründung. In der Folgezeit wurde das Denkmal ein Symbol der Reichsidee, unter seinem Namen schlossen sich die deutschen Kriegerverbände zum „Kyffhäuser-Bund" zusammen. Barbarossa selbst musste unter den Nationalsozialisten als Deckname für die Pläne zum Überfall auf die Sowjetunion herhalten („Fall/Unternehmen Barbarossa").

Die Vereinnahmung lange verstorbener Könige für politische Zwecke war folglich nicht auf heilige Herrscher oder das Mittelalter beschränkt – kollektive Erinnerung, wissenschaftliche Forschung und Propaganda konnten in der Neuzeit eng verbunden sein. Auch über Königsherrschaft an sich wurde – nicht zuletzt wegen ihrer Nähe zum Konzept des Staats – weiter nachgedacht, mit unterschiedlichen Graden persönlicher Einbindung und wissenschaftlichen Anspruchs. Gerade in bestehenden Monarchien waren entsprechende Aussagen auch Positionierungen im politischen Diskurs der Zeit. Man sollte sich jedoch nicht der Illusion hingeben, dass die moderne Forschung in königsfreien Republiken ohne eine solche Standortgebundenheit vonstattengeht.

## 14.1 Könige in Erinnerung und Rezeption

Mittelalterliche Könige sind in der breiten Bevölkerung heute wohl vor allem als abstraktes Bild und weniger als konkrete Herrscher präsent. Vom Schulunterricht bleiben meist nur wenige Namen wie Karl der Große oder Friedrich Barbarossa in Erinnerung. Die Faszination scheint jedoch ungebrochen, zahlreiche historische Großausstellungen der letzten Jahrzehnte erzielten mit entsprechenden Themen hohe Besucherzahlen.[1] Die kulturpolitische wie touristische Dimension solcher Ausstellungen ist fest etabliert, ihre Schirmherrschaft übernehmen politisch hochstehende Persönlichkeiten bis hin zum Bundespräsidenten. Auch in anderen Ländern finden bestimmte Herrscher oder mit diesen verbundenen Ereignisse breite öffentliche Aufmerksamkeit, wie in England 2015 die 800-Jahr-Feier der Magna Charta oder in Frankreich 1996 die 1500-Jahr-Feier der Taufe Chlodwigs (inklusive 100-Francs-Gedenkmünze), die nicht zuletzt wegen des Papstbesuchs in Reims mit heftigen Debatten verbunden war.

*Erinnerungspolitik*

Kaum ein anderer Herrscher hat die Nachwelt so in seinen Bann gezogen wie Karl der Große (768–814), vom Mittelalter bis in unsere Gegenwart (Fried 2013, S. 591–633; Fuchs/Klein 2015). Wie andere heilige Könige wandelte sich Karl vom friedliebenden Herrscher zum Ritterkönig. Weit stärker wurde die Erinnerung an ihn aber durch Historiographie und besonders Dichtung, Literatur und Sage geprägt. Die hiermit einhergehende politische Instrumentalisierung reicht von der Darstellung als erster Kreuzfahrer bis zum Herrscher über ein geeintes Europa. Was im hochmittelalterlichen Frankreich mit dem Rückbezug auf Karl und seiner Idealisierung als König des „süßen Frankreichs" (*douce France*) begann, fand seine Fortsetzung in den Eroberungen Ludwigs XIV. und Napoleons.

*Karl der Große*

---

[1] Als Auswahl seien genannt: „Karl der Große – Werk und Wirkung" (Aachen 1965, 224.000 Besucher), „Zeit der Staufer" (Stuttgart 1977, 671.000 Besucher), „Kaiser Heinrich II." (Bamberg 2002, mehr als 205.000 Besucher), „Die Staufer und Italien" (Mannheim 2010/11, 237.000 Besucher). Den Anlass solcher Ausstellungen bieten zumeist Jubiläen wie das Geburts-, Krönungs- oder Sterbejahr einzelner Herrscher; vgl. Große Burlage 2005.

Auf deutscher Seite bewegten sich die Deutungen Karls im 19. und beginnenden 20. Jahrhundert zwischen nationaler Einigung und europäischer Universalität sowie zwischen Germanen- und Christentum. Im Nationalsozialismus wurde Karl als „Sachsenschlächter" diffamiert, vor allem aber zu einem germanischen Wegbereiter eines durch Gewalt vereinten deutschen Volks stilisiert. Nach 1945 stieg Karl unter nunmehr friedlichen Vorzeichen zum Vater Europas auf – eine Zuschreibung, die viele gegenwärtige Historiker kritisch sehen, die aber alljährlich durch die medial präsente Verleihung des „Internationale Karlspreis zu Aachen" für Verdienste um die „Einheit Europas" aktualisiert wird. Auch als Heiliger wird Karl in der katholischen Kirche weiterhin verehrt, als ein Gläubiger, „der seinen Glauben ernsthaft in sein politisches Amt hineingenommen hat, wenn er sich in seinem Leben auch als sündigen Menschen wusste" (Predigt des päpstlichen Nuntius in Deutschland, Erzbischof Dr. Jean-Claude Périsset, am 26. Januar 2013 in Frankfurt).

Eine ähnliche Rolle kam in Ungarn Stephan I. (1001–1038) zu, der ein halbes Jahrhundert nach seinem Tod heiliggesprochen wurde und dessen Wirkungsgeschichte bis in die Gegenwart reicht. Auch bei ihm begann die erste Phase der Stilisierung und Instrumentalisierung bereits mit seinen frühesten Viten. Von seinen Nachkommen, den Árpáden, wurde er ebenso verehrt und vereinnahmt wie von den späteren ungarischen Herrscherdynastien der Anjou und Habsburger.[2] Stephans Heiligentag, der 20. August, wurde 1891 zum nationalen Feiertag, blieb wegen der Verbindung mit der Prozession einer Armreliquie („Heilige Rechte") für die zahlreichen Nichtkatholiken allerdings problematisch.

Unter der kommunistischen Herrschaft wurde die Verehrung aus dem öffentlichen Raum verbannt und versucht, den beibehaltenen Feiertag neu zu besetzen („Tag des neuen Brotes", „Tag der Verfassung"). Im Zeichen einer veränderten Kulturpolitik erzielte

---

[2] Noch 1764 gründete Kaiserin Maria Theresia den „königlich ungarische[n] Orden des Heiligen apostolischen Königs Stephan", um ihren ungarischen Reichsteil an sich zu binden. Nach dem Ende der k. u. k.-Monarchie wurde der Orden zwei Mal im nationalistisch-populistischen Sinne erneuert, 1938 von Reichsverweser Miklós Horthy (bis 1944) und 2011 unter Ministerpräsident Viktor Orbán (als Ungarischer Sankt-Stephans-Orden).

jedoch seit 1983 die Rockoper „König Stephan", die Raum für systemkonforme bis kritische Interpretationen bot, große Erfolge. Nach dem politischen Umbrüchen 1989 gewann Stephan nicht nur auf religiöser, sondern auch auf politischer Ebene als Landespatron wieder stärker an Bedeutung: Der rote Stern des Staatswappens wich erneut einer Darstellung der Stephanskrone, die im Jahr 2000 anlässlich der 1000-Jahrfeier der „Staatsgründung" in einer feierlichen Prozession vom Nationalmuseum ins Parlament überführt wurde und seitdem dort aufbewahrt wird.[3]

## 14.2 Von der Monarchie der Frühen Neuzeit zum Königtum in der modernen Geschichtswissenschaft

Wenn gängige Periodisierungen das Mittelalter um 1500 enden und die Frühe Neuzeit beginnen lassen (vgl. Goetz 1999, S. 39–46, zu neueren Ansätzen Kohl/Patzold 2016; Le Goff 2016), so gilt das nicht für die Königsherrschaft als die vorherrschende Form der politischen Ordnung in Europa. In den folgenden vier Jahrhunderten gab es vielfältige Entwicklungen innerhalb der einzelnen Reiche und große Unterschiede zwischen den verschiedenen Monarchien: Die Spanne reichte von „absoluten" Monarchien wie Frankreich und Spanien über Mischverfassungen (*monarchia mixta*) wie in England und dem römisch-deutschen Reich bis zu Adelsrepubliken mit monarchischer Spitze, wie in Polen oder den „Ersatzmonarchen" in Venedig (Doge) oder den Niederlanden (Stadtholder). Die Herrschaftsstrukturen und -diskurse des späten Mittelalters wirkten über die in der Rückschau gesetzte und etablierte Epochengrenze hinaus. Selbst der Verlust des einheitlichen Glaubens in Folge der Reformation stellte das königliche Gottesgnadentum nicht unmittelbar in Frage.

Monarchie in der Frühen Neuzeit

---

[3] Dem heiligen Edmund blieb die Rückkehr in seine einstige Stellung als Landespatron hingegen bisher verwehrt: Eine 2006 ins Parlament eingebrachte Petition war ebenso erfolglos wie die wohl vor allem wirtschaftlich motivierte Initiative einer britischen Brauerei, die ihren Sitz in Bury St Edmunds, der einstigen Grablege des Heiligen, hat.

*Kontinuitäten und Wandel*

Es sind eher langfristige Prozesse, die den nachmittelalterlichen Wandel markieren, ohne einheitlich, linear oder zielgerichtet (teleologisch) zu verlaufen: Die Verdichtung von Herrschaft über einen zunehmend vereinheitlichten Untertanenverband (jedoch ohne vollständige, „absolutistische" Erfassung), der Bedeutungsverlust des Lehnswesens und die Stärkung der königlichen Stellung als Gesetzgeber, der Ausbau der Verwaltung und des Steuerwesens, die Infragestellung der königlichen Sakralität, insbesondere im Zuge der Aufklärung seit dem 18. Jahrhundert.

*Politische Theorie*

Die politische Theorie behandelte prinzipiell ähnliche Themen wie insbesondere seit dem hohen Mittelalter, allerdings mit neuen Akzenten und Schwerpunktsetzungen, wie bei Niccolò Machiavelli (Primat des Politischen) und Giovanni Botero (Staatsräson), Jean Bodin (Souveränität, volle Amtsgewalt des Monarchen), Thomas Hobbes (Gesellschaftsvertrag), John Locke und Montesquieu (Gewaltenteilung) sowie Jean-Jacques Rousseau (*volonté générale*, auf das Allgemeinwohl gerichteter Gemeinwille). Die theoretischen Reflexionen über Herrschaft stützten sich immer weniger auf die Bibel und kirchliche Autoritäten, sondern ausgehend von einem imaginierten Urzustand (und dem damit verbundenen Menschenbild) zunehmend auf das Naturrecht. Ihr Gegenstand verschob sich vom Monarchen auf den Staat, aus dem Nachdenken über Könige und Monarchie wurde Staatstheorie: Das übermächtige, mit weltlichem Schwert und kirchlichem Stab versehene Wesen auf dem Titelblatt von Hobbes' Leviathan trägt zwar noch eine Krone, zusammengesetzt ist es jedoch aus der Gesamtheit einzelner Menschen, die in den Gesellschaftsvertrag eingewilligt haben.

*Monarchie im 19. und 20. Jahrhundert*

Nach den Umbrüchen am Ende des 18. und zu Beginn des 19. Jahrhunderts (Französische Revolution 1789, Ende des Heiligen Römischen Reichs Deutscher Nation 1806, Wiener Kongress 1815) gelang es den europäischen Königen unter veränderten Bedingungen an frühere Traditionen anzuknüpfen und durch eine beachtliche Anpassungsfähigkeit den Fortbestand der Monarchie zu sichern. Dem Anspruch des Bürgertums auf politische Teilhabe wurde im „langen 19. Jahrhundert" (1789–1918/22) mit der konstitutionellen Monarchie Rechnung getragen. Auf diese Mischverfassung mit einer zwischen König und Volk geteilten Souveränität folgte im 20. Jahrhundert die weitgehende Beschränkung der politischen Rolle des Königs auf repräsentative Funktionen oder sogar die gänzliche Abschaffung der Monarchie.

## 14.2 Von der Frühen Neuzeit zur modernen Geschichtswissenschaft

Parallel zu diesen Veränderungen vollzogen sich Entstehung, Aufstieg und Professionalisierung (sowie Professoralisierung) der modernen Geschichtswissenschaft, die sich von Beginn an besonders der politischen Geschichte widmete.[4] In Deutschland verbanden sich Anfang des 19. Jahrhunderts die Mittelalterbegeisterung der Romantik mit dem Streben nach nationaler Einheit nach dem Ende des Alten Reichs 1806. Dies äußerte sich in zahlreichen populärwissenschaftlichen Darstellungen, Theaterstücken und Historienmalereien ebenso wie in der wissenschaftlichen Forschung. Bei der nun einsetzenden Erschließung und Edition der mittelalterlichen Quellen kam dem Königtum stets besondere Bedeutung zu, sei es bei den 1819 gegründeten *Monumenta Germaniae Historica* (MGH), sei es bei der Sammlung der Herrscherurkunden durch den Frankfurter Stadtbibliothekar Johann Friedrich Böhmer (1795–1863), aus der das heute unverzichtbare Grundlagenwerk der *Regesta Imperii* (RI) hervorging. Gemäß den politischen Sehnsüchten der Zeit galt die Vorliebe meist den Germanen, Karolingern und Kaisern des Hochmittelalters,[5] die gegenüber dem oft als Zeit des Niedergangs empfundenen Spätmittelalter den Vorzug erhielten.

Auch die Interpretation folgte aktuellen politischen Gegebenheiten und Debatten, indem Themen der Gegenwart auf das Mittelalter projiziert wurden. Die hochmittelalterliche Kaiserzeit fungierte als glanzvolles Gegenmodell zu dem bis 1871 fehlenden Nationalstaat. Mittelalterliche Herrschaftsorganisation wurde im Sinne des preußischen Beamtenstaats, die hochmittelalterlichen Hoftage vor dem Hintergrund des 1871 neu geschaffenen Reichstags und die Teilhabe der Fürsten an der Herrschaft als Niedergang der Zentralgewalt und Vorbote eines deutschen Partikularismus

---

Die moderne Geschichtswissenschaft

Quellenedition und -erschließung

Gegenwart und Vergangenheit

---

4 Um die Wende zum dritten Jahrtausend entstand eine Reihe von Studien und Sammelbänden zu Stand und Perspektiven der deutschen und internationalen Mittelalterforschung (vgl. Müller 2004). Siehe auch die Ausgabe „The State of Medieval Studies" des „The Journal of English and Germanic Philology" (Band 105.1, 2006) sowie Guyot-Bachy/Moeglin 2015.

5 So schrieb Georg Waitz (1813–1886) eine umfassende „Deutsche Verfassungsgeschichte" von den Germanen bis zum 12. Jahrhundert (1. Aufl. 1844–1878). Wilhelm Wattenbach (1819–1897), wie Waitz Mitarbeiter bei den MGH, schuf die später mehrfach überarbeitete und erweiterte Quellenkunde „Deutschlands Geschichtsquellen im Mittelalter bis zur Mitte des dreizehnten Jahrhunderts" (1. Aufl. 1858).

gedeutet. In stärkerem Maße konfessionell geprägt waren die Forschungen zum Kaiser-Papst-Verhältnis. Besonders der Gang nach Canossa Heinrichs IV. führte hier – nicht zuletzt vor dem Hintergrund des Kulturkampfs der 1870er-Jahre – zu polarisierenden Deutungen und Vereinnahmungen. Die Kontroverse um 1860 zwischen dem Protestanten Heinrich von Sybel (1817–1895) und dem Katholiken Julius von Ficker (1826–1902) über die universale Kaiserpolitik des Hochmittelalters war gleichzeitig eine Auseinandersetzung über die Klein- oder Großdeutsche Lösung unter preußischer oder österreichischer Führung.

*Mediävistik im Dritten Reich*

Diese Debatte wurde im Dritten Reich unter veränderten Vorzeichen wiederaufgegriffen: Da die nationale Sehnsucht „im Großdeutschen Reich durch Adolf Hitler erfüllt worden" sei, könne nun „aus der neu gewonnenen Größe und Sicherheit des Reichs die Geschichte des ersten Reichs der Deutschen mit anderen, von all dem, was den Generationen vor uns den Blick trübte, befreiten Augen" gesehen werden (F. Schneider 1943, S. XXXV). In diesem Sinne arrangierten sich weite Teil der deutschen Mediävistik mit dem Nationalsozialismus.[6] Als bevorzugte Themen widmete man sich dem Germanentum, der ins Völkische gewandten früheren Staatsfixierung, dem Reich als europäischer Ordnungsmacht und der Ostforschung. Für die Nachkriegszeit anschlussfähig sollten sich die Forschungen von Otto Brunner und Theodor Mayer erweisen, die – nicht frei von nationalsozialistischem Gedankengut – die Andersartigkeit des mittelalterlichen Staats betonten und das konkrete und personelle Ordnungsgefüge an die Stelle abstrakter Rechtsnormen und Institutionen setzten („Neue Deutsche Verfassungsgeschichte").

*In der BRD*

Nach dem Zweiten Weltkrieg konnte die westdeutsche Mediävistik ihre Forschungen in weitgehender personeller Kontinuität fortsetzen. Im Zentrum standen weiterhin Verfassungsgeschichte, politische Geschichte und der Staat (und damit auch das Königtum), nun allerdings verstärkt in landesgeschichtlichem Zugriff. Auf die Erfahrung der ideologischen Vereinnahmung reagierte man mit der Meidung des Machtbegriffs und der Betonung des Objek-

---

6 Eine über einzelne Historiker hinausgehende Aufarbeitung der ideologischen Verwicklungen erfolgte in größerem Stile erst seit den 1990er-Jahren; W. Schulze/Oexle 1999; Nagel 2005.

tivitätsideals („Wille zur Objektivität", Herbert Grundmann), nicht mit methodischen Innovationen. Der Fokus lag auf faktengesättigten Einzelstudien, während die zahlreichen Neuauflagen älterer Gesamtdarstellungen sich statt Neudeutungen meist auf sprachliche Anpassungen an den gewandelten Zeitgeist beschränkten.[7] Die Westintegration der Bundesrepublik ermöglichte eine neue Einbettung der deutschen Geschichte in einen europäischen Kontext, doch spielten nationalgeschichtliche Deutungen weiterhin eine wichtige Rolle. Eine wirkliche Neuausrichtung der deutschen Mediävistik brachten erst die Hochschulreform und die Ausweitung des Universitätssystems seit Mitte der 1960er- Jahre sowie der innerfachliche Generationswechsel: Die historisch einzigartige „Vorherrschaft alter Männer" (Hans Mommsen, in: Hohls/Jarausch 2000, S. 183) ging zu Ende.

In der DDR kam dagegen der Mediävistik insgesamt und der Königsherrschaft im Besonderen nur eine untergeordnete Rolle zu.[8] Eckhardt Müller-Mertens und seine Schüler konnten allerdings mit Begriffsgeschichte und Itinerarstudien weitgehend unbeeinflusst von ideologischen Vorgaben wesentliche Beiträge zur früh- und hochmittelalterlichen Königsherrschaft vorlegen.

in der DDR

---

[7] Es ist bezeichnend, dass die Ausgabe von Haller 1923 aus dem Jahr 1950 das Vorwort der ersten Auflage in Auszügen reproduziert und so wie damals die Hoffnung ausspricht: „Möge diesem Buche beschieden sein, mit der nüchternen Selbsterkenntnis, der es dienen will, zugleich den Glauben und den festen Willen in unserem Volke zu stärken, daß aus dem Elend der Gegenwart eine bessere Zukunft hervorgehen muß und daß ein neues Geschlecht mit neuer Kraft auch der deutschen Geschichte ihren Sinne wiedergeben wird." In der Ausgabe des Jahres 1940 hatte Haller dagegen noch verkündet: „Was Glaube und Hoffnung war, ist Wirklichkeit geworden, der Tag ist gekommen!".
[8] Für mögliche Themenfelder vgl. den kurzen Überblick bei Engel 1981, die auf die noch nicht abgeschlossene Verbindung von der singulären Herrscherpersönlichkeit und den sozioökonomischen und gesellschaftlichen Zusammenhängen verweist: „Zur Erforschung und zum Bewußtmachen von deren [der mittelalterlichen Könige] reaktionärer Politik haben Historiker der DDR einen wichtigen Beitrag geleistet. Ihre Aktionen, Impulse und Äußerungen im Interesse des gesellschaftlichen Fortschritts harren hingegen in vielem noch der Integration in das marxistisch-leninistische Geschichtsbild." (S. 823). Allgemein zur Mittelalterforschung in der DDR Grunwald 2016.

## 14.3 Aktuelle Paradigmen und Debatten – Möglichkeiten und Grenzen

Der 1931 von Marc Bloch gegen die deutsche Mediävistik erhobene Vorwurf, einen Staatskult („le culte de l'état") zu betreiben und nicht vergleichend zu arbeiten, hatte sicher seine Berechtigung. Mittlerweile hat die deutsche Geschichtsforschung „die Wendung von der nationalgeschichtlichen Orientierung [...] zu neuen pluralen Horizonten Europas" vollzogen.[9] Der auch nach 1945 virulente Bezug auf den germanischen Charakter des frühmittelalterlichen „Staats" wurde endgültig dekonstruiert (Graus 1986). Die Vorstellungsgeschichte stellte die Weltwahrnehmung der Zeitgenossen vor die von modernen Historikern gesetzten Themen (Goetz 2007). Aus den rückschauenden Konstruktionen der Verfassungsgeschichte wurde die Erforschung von politischer Ordnung und Ordnungskonfigurationen (Schneidmüller/Weinfurter 2006) und eine Kulturgeschichte des Politischen (für die Frühe Neuzeit Stollberg-Rilinger 2005; Stollberg-Rilinger 2010).[10] Aus vernachlässigbaren, scheinbar bedeutungslosen zeremoniellen Akten wurden die Spielregeln der Politik und der symbolischer Kommunikation (Althoff 1997).[11]

*Gewandelte Sichtweisen*

---

[9] Schneidmüller 2005, S. 486. Ein wichtiger Schritt auf diesem Weg war das Forschungsprojekt „Nationes. Historische und philologische Untersuchungen zur Entstehung der europäischen Nationen im Mittelalter" der 1970er- und 80er-Jahre (dazu ebd., S. 493–496).

[10] Das „Handbook of Medieval Culture. Fundamental Aspects and Conditions of the European Middle Ages" (Classen 2015) behandelt das Königtum allerdings lediglich auf 20 von 1800 Seiten und fast ausschließlich im Zusammenhang mit „Medieval Courts and Aristocracy"; ein eigener Beitrag ist ihm anders als dem Papsttum nicht gewidmet.

[11] Zu jeder Neubewertung gehören freilich auch mahnende Stimmen, die vor einer Überinterpretation warnen. Vgl. neben Buc 2001 beispielsweise Pohl 2006, S. 27: „Doch sollte einzelnen anthropologischen Kategorien (etwa der des Rituals) kein zu hoher Erklärungswert aufgebürdet werden. Vor allem nicht-diskursive und nicht-reflexive Formen der Kommunikation und Interaktion können kaum aus sich heraus zur Erklärung des sozialen Gesamtzusammenhangs dienen. Zudem ist Achtsamkeit geboten: Der Import ethnologischer Theorien in die Mediävistik kann Bilder von einem archaischen, schriftlosen und unbewußten Frühmittelalter verfestigen, ähnlich wie früher die Projektion moderner Staats- und Rechtsvorstellungen die Modernität des Mittelalters überzeichnete."

Die Anerkennung der Andersartigkeit mittelalterlicher Staatlichkeit machte die Mediävistik anschlussfähig für aktuelle staatsrechtliche und politikwissenschaftliche Diskurse (Governance-Forschung) – und zwar nicht nur rezeptiv, sondern auch als Beitrag zur Theoriebildung.[12] Die mittelalterlichen Besonderheiten, die früher im Vergleich zu dem als Höhepunkt der Entwicklung gesehenen modernen Territorialstaat lediglich als defizitär wahrgenommen wurden, erscheinen so als Ko-Produktion von Staatlichkeit, die sich auf verschiedene Akteure und Gruppen verteilte. Hiermit verbindet sich die Forderung, Herrschaft nicht als gegeben vorauszusetzen, sondern stärker nach ihrer Legitimität und Legitimierung sowie ihrer Funktion und Leistung für die Beherrschten zu fragen, das Thema also nicht von oben, sondern von unten anzugehen (so schon Vollrath 1998, S. 50 f.; vgl. dazu Vogel 2011).

Governance-Forschung

War der königliche Machtzuwachs nicht mehr der alleinige Maßstab für herrscherliches Regieren, dann musste fürstliches Handeln nicht mehr notwendigerweise als gegen die Zentralgewalt gerichtetes Eigeninteresse erscheinen, sondern es ließ sich das Miteinander von König und Untergebenen in den Blick nehmen. Das Konzept einer konsensualen Herrschaft (Schneidmüller 2000) erfuhr in der Forschung starken Zuspruch, aber auch kritische Anmerkungen und weiterführende Gedanken, insbesondere hinsichtlich des „kompetitiven Unterbau[s]".[13] Es stelle sich die Frage, „ob Begriffe wie ‚Beratung' (*consilium*) oder ‚Konsens' (*consensus*) nicht vorrangig Schlagwörter der politischen Kultur des Mittelalters waren, die die Funktion erfüllten, durch Euphemismen agonale Vorgänge akzeptabler zu machen, deren Ablauf in der Realität nicht zuletzt dadurch gekennzeichnet war, dass die Mächtigsten das Heft in der Hand zu behalten versuchten" (Althoff 2016, S. 25 f.).

Konsensuale Herrschaft

---

[12] Vgl. das bemerkenswerte staatsrechtlich-geschichtswissenschaftliche Gemeinschaftswerk Esders/Schuppert 2015, das aber letztlich noch zweigeteilt bleibt und „Herrschaft im Mittelalter" vornehmlich auf die Karolinger- und Ottonenzeit reduziert.

[13] Als Auswahl seien genannt: Patzold 2007, das Zitat S. 89, 90, 102; Uebach 2008, S. 254–262; Patzold 2012; Ausgabe 19.2 des „The Medieval History Journal" (2016): „Command versus Consent: Representation and Interpretation of Power in the Late Medieval Eurasian World"; Freund 2017. Ergänzend für das 13. Jahrhundert zur „Verschränkten Herrschaft" jetzt Schneidmüller 2017.

*Quellen und Theorie*  Konsens als Handlungsmodell oder als Verschleierungstaktik, so ließe sich als Gegensatz formulieren, was in der politischen Praxis eine Fülle von Nuancen und Schattierungen aufwies. Letztlich steht hinter solchen Bewertungen die Verbindung von klassischer Quellenkritik und theoriegeleiteter Fragestellung: Welche Überlieferung wird für wie glaubwürdig erachtet, welchen Quellen oder Quellengattungen wird gegenüber anderen der Vorzug gegeben? Wo werden Plausibilitätsschlüsse und Rekonstruktionen über konkrete Angaben der Quellen gestellt? Welche Aussagen werden im Licht eines etablierten Paradigmas wie bewertet?

*Die Aufgabe des Historikers*  Muss der Historiker also klüger sein als die Quellen, und kann er das überhaupt? In welchem Maße ist er an sie gebunden, in welchem Maße kann oder muss er über sie hinausgehen oder sogar gegen sie argumentieren? Wo greift das „Vetorecht der Quellen" (Reinhart Koselleck), wo werden lediglich jahrhundertealte Wirklichkeitsentwürfe nacherzählt? Statt endgültigen Antworten auf diese Fragen kann die Geschichtswissenschaft „nur" zeitgebundene Interpretationen bieten, statt kontinuierlichem Fortschritt steht die fortdauernde Diskussion über Methodik, Deutung und Bewertung bestimmter historischer Fragestellungen. Das Wissen um die gegenwartsbezogenen Geschichtsbilder vergangener Forschergenerationen bedeutet gleichzeitig, die Endlichkeit des eigenen Horizonts anzuerkennen und mahnt zur kritischen Verortung der eigenen Gegenwart, will man nicht der Selbsttäuschung anheimfallen.

*Neue Ansätze und methodisches Fundament*  Dies gilt für die Beschäftigung mit mittelalterlicher Königsherrschaft ebenso wie für jeden anderen Gegenstand der historischen Forschung. Es bedarf der Offenheit für neue Ansätze und Theorien, die es mit bekannten, neu gelesenen oder bisher nicht oder zu wenig beachteten Quellen zusammenzubringen gilt. So lassen sich stets neue Bilder königlicher Herrschaft malen, vom porträthaften Einzelfall über großformatige Darstellungen einzelner Aspekte, Reiche oder Epochen bis hin zu abstrakten Typologien und Modellen. Bei jedem Schritt gehen notwendigerweise Details verloren, gleichzeitig entstehen neue Einsichten, die für weitergehende Fragestellungen zur Verfügung stehen. Doch ganz gleich, ob man die minutiösen Feinheiten eines Pinselstrichs, ein einzelnes Kunstwerk oder eine ganze Gemäldesammlung betrachtet, die Grundlage ist stets die Kenntnis der verwendeten Materialien und Techniken, um die Ergebnisse angemessen interpretieren und daran anknüpfend eigene Werke schaffen zu können.

## 14.4 Quellen und Vertiefung

### 14.4.1 Königsherrschaft im Wandel der Deutungshorizonte

Die Deutung der Königsherrschaft in der Forschung unterlag und unterliegt einem Wandel, der auch aus dem Gegenwartsbezug jeglichen wissenschaftlichen Arbeitens resultiert. Die folgenden Interpretationen der Zeit Ottos I. stammen aus der Weimarer Republik des Jahres 1923, der DDR des Jahres 1986 und der BRD des Jahres 1985.

> Haller 1923, S. 25 und 29:
> „Der altdeutsche König [konkret ist hier von Otto I. die Rede] ist ja schon dem Rechte nach nichts weniger als ein unumschränkter Herrscher. Er ist oberster Richter und Heerführer; im Übrigen aber, in allem, was wir Politik nennen, ist er an die Zustimmung der Großen gebunden. Nur ‚mit Rat und Willen der Großen' kann er handeln, in Krieg und Frieden. Man kann in ihm viel weniger den Alleinherrscher als den Führer und Vertreter der herrschenden Aristokratie sehen. Umso mehr wird davon abhängen, wie groß das Gewicht materieller Macht ist, das der König in die Wagschale der Beratungen werfen kann, wenn es ihm darum zu tun ist, seinen Willen durchzusetzen. Alle Staatsmacht ruht in letzter Linie im freiwilligen Gehorsam der Untertanen und in der Möglichkeit, Gewalt auch gegen die Widerwilligen anzuwenden, das heißt in den Waffen. Was für den freiwilligen Gehorsam die Unterstützung der Kirche bedeutete, ist uns ohne weiteres verständlich. Sie beherrschte ja die Gemüter noch hundertmal sicherer und ausschließlicher als heute selbst in den klerikalen Ländern. Aber auch auf dem Felde der bewaffneten Gewalt ist ihre Leistung für den König kaum geringer. [...]
> Eine gewaltige Macht war es für damals, die der deutsche König in seiner Hand vereinigte, als es ihm einmal gelungen war, die Herrschaft im ganzen Land, gestützt auf die Kirche, zu erringen. Nirgends ringsum gab es ein Reich, das sich mit dem deutschen hätte messen können, da im Westen das französische Königtum zur selben Zeit in Ohnmacht versank und im Süden, in Italien, die Zersplitterung noch nicht überwunden war, die der Zerfall des fränkischen Reiches dort hinterlassen hatte. Deutschland war, modern gesprochen, im Abendland die einzige Großmacht der Zeit."

Stern/Bartmuß 1986, S. 191 f. und 193:
„So wurden die Bischöfe seit den fünfziger Jahren des 10. Jh. immer mehr zu Exekutivorganen in der Reichsverwaltung und damit zu Eckpfeilern der königlichen Politik. Das Königtum wurde dadurch immer unabhängiger von den weltlichen Feudalherren, zumal die Kirchenfürsten auch bei Heeresaufgeboten die Hauptmacht stellen mußten. Durch die der Kirche übertragene Macht verloren die weltlichen Feudalherrschaften einen wesentlichen Teil ihrer Machtgrundlage, weil sie zusehends von Kirchenherrschaften durchsetzt wurden. So hat Otto I. zwischen Bischöfen und Herzögen ein Gleichgewicht geschaffen, das ihm ermöglichte, beide in Unterordnung zu halten. Die Macht der geistlichen Feudalherren hat er dabei sowohl durch den weltlichen Feudaladel als auch durch die Stärkung der Reichsklöster – deren reichsunmittelbare Stellung den bischöflichen Gewalten schon immer ein Dorn im Auge war – zu begrenzen gewußt. Auf der Basis dieses Gleichgewichts in der Feudalherrenklasse erwies sich das ottonische Staatskirchentum als ein relativ gut funktionierendes und zuverlässiges königliches Herrschaftssystem. Damit war die Konsolidierung des frühfeudalen deutschen Staates im wesentlichen abgeschlossen. [...]
Kurzum: Der Italienpolitik der deutschen Könige, die mit Otto I. begann, lag das Streben nach Beute, Macht und erhöhtem Ansehen zugrunde. Sie war eine Expansionspolitik, die sich schon ein Jahrhundert später als ein schweres Hemmnis für die gesellschaftliche, wirtschaftliche und staatliche Entwicklung Deutschlands erweisen sollte. In dem sozialökonomisch fortgeschrittenen Italien hat die ottonische Expansionspolitik die feudalstaatliche Zersplitterung begünstigt und die Herausbildung eines unabhängigen italienischen Königtums verhindert."

Althoff/Keller 1985, Bd. 2, S. 230–233 und S. 241 f.:
„Jeder König mußte sich einen Anhang schaffen, andere herrschaftstragende Kräfte an sich binden, um seine Gewalt zur Geltung bringen zu können. Größe und Verläßlichkeit dieses Anhangs bestimmten Macht und Ansehen des Herrschers wesentlich. Das Funktionieren einer Königsherrschaft hing somit nicht zuletzt davon ab, inwieweit es dem König gelang, die Großen des Reiches zufriedenzustellen und zu einer wirkungsvollen Unterstützung seiner Herrschaft zu veranlassen. [...]
Im Reich gab es die Königs- und die Fürstenmacht, gab es Herrschaftsrechte und -ansprüche von König, Adel und Kirchen; und erst im Zusammenwirken all dieser Kräfte unter der Führung des Herrschers von Gottes Gnaden konstituierte sich gewissermaßen das Reich als transpersonale Größe, wurden die konkreten Machtverhältnisse zur Herrschaftsordnung, die als Teil der von Gott gewollten Weltordnung gelten konnte. Dem Königtum stellte sich daher stets die Aufgabe, neben seinem eigenen Herrschaftsinteresse im Reich den Anspruch der Großen im Auge zu behalten und den Königsdienst durch Freigiebigkeit so attraktiv zu machen, daß ein Großteil der weltlichen und geistlichen Großen hier ein lohnendes, der eigenen Stellung und Ehre dienendes Engagement sah. [...]

Zweifellos lassen sich viele reale und ideelle Gründe anführen, die Otto bewogen haben könnten, die Herrschaft über Italien und Rom zu übernehmen und das Kaisertum zu erneuern. [...]. Es bleibt fraglich, ob wir mit solchen Erwägungen [...] die damaligen Motive, den damaligen Entscheidungshorizont jemals erreichen. Nicht nur die zeitgenössischen Geschichtsschreiber, sondern auch Johannes XII. und Otto der Große scheinen sich darüber einig gewesen zu sein, daß ein enger Zusammenhang zwischen den Otto von Gott gewährten Erfolgen, zuletzt dem Ungarnsieg, sowie seiner Missionstätigkeit, die selbst auch ein Dank für diese Erfolge war, und der Kaiserkrönung bestand. [...] Man muß die Entscheidung von 962 zweifellos in diese religiöse Dimension hineinstellen, wenn man sie von der Persönlichkeit des Herrschers her würdigen will."

### 14.4.2 Die Rolle der Geschichtswissenschaft

Neben der Reflexion über bestimmte Gegenstände der Geschichtswissenschaft lohnt auch das Nachdenken über deren Rolle und Stellenwert insgesamt (Orwell, 1984, S. 228; der Begriff „Partei" wurde durch „Geschichtswissenschaft", der Begriff „Wirklichkeit" durch „Vergangenheit" ersetzt):

> „Sie glauben, Vergangenheit sei etwas Objektives, äußerlich Vorhandenes, aus eigenem Recht Bestehendes. Auch glauben Sie, das Wesen der Vergangenheit sei an sich klar. Wenn Sie sich der Selbsttäuschung hingeben, etwas zu sehen, nehmen Sie an, jedermann sehe das gleiche wie Sie.
> Aber ich sage Ihnen [...], die Vergangenheit ist nicht etwas an sich Vorhandenes. Die Vergangenheit existiert im menschlichen Denken und nirgendwo anders. Nicht im Denken des einzelnen, der irren kann und auf jeden Fall bald zugrunde geht, nur im Denken der Geschichtswissenschaft, die kollektiv und unsterblich ist. Was immer die Geschichtswissenschaft für Wahrheit hält, *ist* Wahrheit. Es ist unmöglich, die Vergangenheit anders als durch die Augen der Geschichtswissenschaft zu sehen."

### 14.4.3 Fragen und Anregungen

- Erörtern Sie Unterschiede und Gemeinsamkeiten in der Rezeption und politischen Inanspruchnahme von Königen und ihrer Herrschaft in Mittelalter und Neuzeit.

Zu 14.4.1 – Geben Sie die unterschiedlichen Charakterisierungen königlicher Herrschaft wieder. Erörtern Sie die dahinterliegenden Vorstellungen und Erwartungen.
– Erläutern Sie den Wandel der Sichtweise und verorten Sie die Ausführungen in ihrem größeren politischen Kontext.
– Generieren Sie Ideen, welche neuen Aspekte und Fragestellungen in den kommenden Jahren die Beschäftigung mit dem Thema „Königsherrschaft" prägen könnten.

Zu 14.4.2 – Diskutieren Sie vor dem Hintergrund des abgewandelten Zitats aus George Orwells Roman „1984" die Rolle, die der Geschichtswissenschaft für die Rekonstruktion der Vergangenheit zukommt.
– Reflektieren Sie die sich hieraus ergebenden Anforderungen an jegliche historische Forschung.

### 14.4.4 Lektüreempfehlungen

Asch, Ronald G./Leonard, Jörn, Monarchie, in: Enzyklopädie der Neuzeit 8, Stuttgart 2008, Sp. 675–696 (*Überblick über Erscheinungsformen und Entwicklung der neuzeitlichen Monarchie. Für die begriffsgeschichtliche Seite der neuzeitlichen Entwicklung siehe die Beiträge von Werner Conze und Hans Boldt in „Geschichtliche Grundbegriffe", Bd. 4, S. 168–216*).

Bak, János M. et al. (Hg.), Gebrauch und Missbrauch des Mittelalters, 19.–21. Jahrhundert. Uses and Abuses of the Middle Ages: 19th–21st Century. Usages et Mésusages du Moyen Âge du XIXe au XXIe siècle (MittelalterStudien des Instituts zur Interdisziplinären Erforschung des Mittelalters und seines Nachwirkens, Paderborn 17), München 2009 (*Zahlreiche Beiträge zur politischen Instrumentalisierung des Mittelalters, insbesondere im östlichen Europa*).

Böckenförde, Ernst-Wolfgang, Die deutsche verfassungsgeschichtliche Forschung im 19. Jahrhundert. Zeitgebundene Fragestellungen und Leitbilder (Schriften zur Verfassungsgeschichte 1), 2. Aufl. Berlin 1995 (*Wissenschaftsgeschichtliche Arbeit zum Verhältnis von historisch-politischer Situation und Forschungsergebnissen, mit einer kurzen Einleitung zu den methodischen und erkenntnistheoretischen Implikationen*).

Goetz, Hans-Werner, Moderne Mediävistik. Stand und Perspektiven der Mittelalterforschung, Darmstadt 1999.

Goetz, Hans-Werner/Jarnut, Jörg (Hg.), Mediävistik im 21. Jahrhundert. Stand und Perspektiven der internationalen und interdisziplinären Mittelalterforschung (MittelalterStudien des Instituts zur Interdisziplinären Erforschung des Mittelalters und seines Nachwirkens, Paderborn 1), München 2003 (*Zum Stand der deutschen und internationalen Mittelalterforschung um die Jahrtausendwende, für erstere auch zu ihrer Geschichte seit dem 19. Jahrhundert).*

Kluge, Stephanie, Kontinuität und Wandel? Zur Bewertung hochmittelalterlicher Königsherrschaft durch die frühe bundesrepublikanische Mediävistik, in: Frühmittelalterliche Studien 48, 2014, S. 39–120 *(Behandelt das Fortbestehen und den Wandel älterer Forschungsparadigmen anhand ausgewählter Wissenschaftler und zeigt so die Langlebigkeit des Narrativs einer machtvollen hochmittelalterlichen Kaiserzeit auf).*

Moraw, Peter (Hg.), Die deutschsprachige Mediävistik im 20. Jahrhundert (Vorträge und Forschungen 62), Ostfildern 2005 *(Allgemein zum Umgang der Mittelalterforschung mit dem politisch-gesellschaftlichem Wandel seit dem Ende des 19. Jahrhunderts, mit Seitenblicken auf Italien, Frankreich und die Vereinigten Staaten).*

# Bibliographie

## Quellenverzeichnis

Aachener Quellentexte, hg. von Walter Kaemmerer (Veröffentlichungen des Stadtarchivs Aachen 1), Aachen 1980.
Abbo von Fleury, Passio Sancti Eadmundi, hg. von Thomas Arnold, in: Memorials of St. Edmund's Abbey, Bd. 1 (Rerum Britannicarum medii aevi scriptores 96,1), London 1890, S. 3–25.
Acerbus Morena, Historia, hg. von Ferdinand Güterbock, in: Das Geschichtswerk des Otto Morena und seiner Fortsetzer über die Taten Friedrichs I. in der Lombardei (MGH SS rer. Germ. N.S. 7), Berlin 1930, S. 130–176.
Adalbold, Vita Heinrici II imperatoris, hg. von Georg Waitz, in: MGH SS 4, Hannover 1841, S. 683–695.
Arnold von Lübeck, Chronica Slavorum libri VII, hg. von Johann M. Lappenberg, in: MGH SS 21, Hannover 1869, S. 115–250.
Asser's Life of King Alfred. Together with the Annals of Saint Neots erroneously ascribed to Asser = De rebus gestis Aelfredi, hg. von William Henry Stevenson, Oxford 1904, ND Oxford 1959.
Astronomus, Vita Hludowici imperatoris, hg. von Ernst Tremp, in: Thegan. Die Taten Kaiser Ludwigs – Astronomus, Das Leben Kaiser Ludwigs (MGH SS rer. Germ. 64), Hannover 1995, S. 279–555.
Augustinus, De Civitate Dei Libri I–X / Libri XI–XXII, hg. von Karl Dombart und Alphons Kalb (Corpus Christianorum. Series Latina 47–48/Aurelii Augustini Opera 14,1–2), 2 Bde., Turnholt 1955.
Avitus von Vienne, Epistularum ad diversos libri tres, hg. von Rudolf Peiper, in: Alcimi Ecdicii Aviti Viennensis episcopi Opera quae supersunt (MGH Auct. ant. 6,2), S. 35–103.
Baudovinia, Vita Sanctae Radegundis, hg. von Bruno Krusch, in: Fredegarii et aliorum Chronica. Vitae sanctorum (MGH SS rer. Merov. 2), Hannover 1888, S. 364–395.
Blessed Louis, the most glorious of Kings. Texts relating to the Cult of Saint Louis of France, hg. von Marianne Cecilia Gaposchkin (Notre Dame Texts in Medieval Culture), Notre Dame, Ind. 2012.
Böhmer, Johann Friedrich, Acta imperii selecta. Urkunden deutscher Könige und Kaiser mit einem Anhange von Reichssachen, Innsbruck 1870.
Capitulare de villis. Cod. Guelf. 254 Helmst. der Herzog August Bibliothek Wolfenbüttel, hg. von Carlrichard Brühl (Dokumente zur deutschen Geschichte in Faksimiles. Reihe 1: Mittelalter 1), 2 Bde., Stuttgart 1971.
Die christliche Legitimation von Herrschaft im Mittelalter, hg. von Arnd Reitemeier, Münster 2006.
The Chronicle of Adam Usk 1377–1421, hg. von Chris Given-Wilson (Oxford Medieval Texts), Oxford 1997.
Codex diplomaticus et epistolaris regni Bohemiae, hg. von Gustav Friedrich et al., 6 Bde., Prag 1904–2006.

Cronica Reinhardsbrunnensis, hg. von Oswald Holder-Egger, in: MGH SS 30,1, Hannover 1896, S. 490–656.
Decreta Regni Mediaevalis Hungariae. The Laws of the Medieval Kingdom of Hungary. Bd. 1: 1000–1301, hg. von János M. Bakm György Bónis/James Ross Sweeney (The Laws of Hungary, Ser. 1,1), Bakersfield, California 1989
Deutsche Geschichte in Quellen und Darstellungen. Bd. 1: Frühes und hohes Mittelalter. 750–1250, hg. von Wilfried Hartmann (Reclams Universal-Bibliothek 17001), Stuttgart 1995.
Deutsche Geschichte in Quellen und Darstellungen. Bd. 2: Spätmittelalter 1250–1495, hg. von Jean-Marie Moeglin/Rainer A. Müller (Reclams Universal-Bibliothek 17002), Stuttgart 2000.
Die deutsche Königserhebung im 10.–12. Jahrhundert, hg. von Walter Böhme (Historische Texte. Mittelalter 14–15), 2 Bde., Göttingen 1970.
Die deutsche Königswahl im 13. Jahrhundert, hg. von Bernhard Schimmelpfennig (Historische Texte. Mittelalter 9–10), 2 Bde., Göttingen 1968.
Diplomatarium Danicum, Band 2,9: 1323–1327, hg. von Adam Afzelius, København 1946.
Einhardi Vita Karoli Magni, hg. von Oswald Holder-Egger (MGH SS rer. Germ. [25]), 6. Aufl. Hannover/Leipzig 1911.
English Historical Documents. Bd. 2: 1042–1189, hg. von Dorothy Whitelock, 2. Aufl. London 1981.
Florilegium testamentorum ab imperatoribus et regibus sive principibus nobilibus conditorum ab anno 1189 usque ad annum electionis Rudolfi illustris regis Romanorum perductum, hg. von Gunther Wolf, Heidelberg 1956.
Fredegar, Chronicae [Chronicarum quae dicuntur Fredegarii scholastici libri IV cum continuationibus], hg. von Bruno Krusch, in: MGH SS rer. Merov. 2, Hannover 1888, S. 1–193.
Fürstenspiegel des frühen und hohen Mittelalters, hg. von Hans-Hubert Anton (Ausgewählte Quellen zur deutschen Geschichte des Mittelalters 45), Darmstadt 2006.
Geoffrey de Beaulieu, Vita Ludovici noni, hg. von Pierre-Claude-François Daunou/Joseph Naudet, in: Recueil des historiens des Gaules et de la France, Bd. 20, Paris 1840, S. 3–27.
Geschichte in Quellen. Bd. 2: Mittelalter, hg. von Wolfgang Lautemann, München 1970.
Gesta regis Henrici secundi Benedicti Abbatis. The chronicle of the reigns of Henry II and Richard I, A.D. 1169–1192, known commonly under the name of Bendedict of Peterborough, hg. von William Stubbs (Rerum Britannicarum medii aevi scriptores 49), 2 Bde., London 1867.
Gloria laus, hg. von Natalis de Wailly/Léopold Victor Delisle/Charles-Marie-Gabriel Bréchillet Jourdain, in: Recueil des Historiens des Gaules et de la France, Bd. 23, Paris 1894, S. 154–160.
Die Goldene Bulle vom 10. Januar und 25. Dezember 1356 (lateinisch und frühneuhochdeutsch), in: MGH Const. 11: Dokumente zur Geschichte des

deutschen Reiches und seiner Verfassung 1354–1356, hg. von Wolfgang D. Fritz, Weimar 1978–1992, S. 560–633.
Gottfried von Viterbo, Speculum regum, hg. von Georg Waitz, in: MGH SS 22, Hannover 1872, S. 21–93.
Gregor von Tours, Libri historiarum X, in: Gregorii Turonensis Opera. Teil 1: Libri historiarum X, hg. von Bruno Krusch/Wilhelm Levison (SS rer. Merov. 1,1), Hannover 1937, S. 1–537.
Hákonar saga Hákonarsonar, Bǫglunga saga, Magnúss saga lagabœtis, hg. von Sverrir Jakobsson, Þorleifur Hauksson und Tor Ulset (Íslenzk fornrit 31–32), 2 Bde., Reykjavík 2013.
Herrschaftsverträge des Spätmittelalters. Die Goldene Bulle Andreas' II. von Ungarn 1222. Die aragonischen Privilegien von 1283 und 1287. Die Joyeuse Entrée von Brabant 1356. Der Vergleich des Markgrafen Albrecht von Brandenburg 1472. Der Tübinger Vertrag von 1514, hg. von Werner Näf (Quellen zur neueren Geschichte 17), 2. Aufl. Bern/Frankfurt am Main 1975.
Hinkmar von Reims, Admonitio ad episcopos et ad regem Karlomannum, hg. von Hans-Hubert Anton, in: Fürstenspiegel des frühen und hohen Mittelalters (Ausgewählte Quellen zur deutschen Geschichte des Mittelalters 45), Darmstadt 2006, S. 192–204.
Hinkmar von Reims, De ordine palatii, hg. von Thomas Gross/Rudolf Schieffer (MGH Font. iur. 3), Hannover 1980.
Hinkmar von Reims, De regis persona et regio ministerio ad Carolum Calvum regem, hg. von Hans-Hubert Anton, in: Fürstenspiegel des frühen und hohen Mittelalters (Ausgewählte Quellen zur deutschen Geschichte des Mittelalters 45), Darmstadt 2006, S. 150–190
Isidori Hispalensis episcopi etymologiarum sive originum libri XX, hg. von Wallace Martin Lindsay (Scriptorum Classicorum Bibliotheca Oxoniensis), 2 Bde., Oxford 1911.
The *Traité du sacre* of Jean Golein, hg. von Richard A. Jackson, in: Proceedings of the American Philosophical Society 113, 1969, S. 305–324, hier S. 308–324.
Jacobus de Cessolis, Liber de ludo scaccorum = Das Schachzabelbuch Kunrats von Ammenhausen. Nebst den Schachbüchern des Jakob von Cessole und des Jakob Mennel, hg. von Ferdinand Vetter (Bibliothek älterer Schriftwerke der deutschen Schweiz. Ergänzungsband), Frauenfeld 1892.
Johannes von Salisbury, Policraticus = Ioannis Saresberiensis episcopi Carnotensis Policratici sive De nugis curialium et vestigiis philosophorum, hg. von Clemens C. I. Webb, 2 Bde., Oxford 1909.
Jonas von Orléans, Admonitio, hg. von Hans-Hubert Anton, in: Fürstenspiegel des frühen und hohen Mittelalters (Ausgewählte Quellen zur deutschen Geschichte des Mittelalters 45), Darmstadt 2006, S. 46–98.
Libellus de institutione morum ad Emericum ducem, hg. von Ioseph Balogh, in: Scriptores rerum Hungaricarum, Bd. 2, Budapest 1938, S. 613–627.
Magna Carta (libertatum), in: Chartes des Libertés Anglaises (1100–1305), hg. von Charles Bémont, Paris 1892, Nr. V, S. 26–39

*Mainzer Ordo* = Le Pontifical romano-germanique du dixième siècle, hg. von Cyrille Vogel/Reinhard Elze (Studi e testi 226, 227, 269), 3 Bde., Città del Vaticano 1963–1972, hier Bd. 1, Nr. LXXII, S. 246–259.

Matthaeus Parisiensis, Chronica maiora = Matthaei Parisiensis monachi sancti albani Chronica majora, hg. von Henry R. Luard (Rerum Britannicarum medii aevi scriptores 57), 7 Bde., London 1872–1883.

Matthaeus Parisiensis, Historia Anglorum = Matthaei Parisiensis, monachi sancti albani, Historia Anglorum, sive, ut vulgo dicitur, historia minor. Item, ejusdem abbreviatio chronicorum Angliae, hg. von Frederic Madden (Rerum Britannicarum medii aevi scriptores 44), 3 Bde., London 1866–1869.

MGH Capit. 1 = Capitularia regum Francorum, Bd. 1, hg. von Alfred Boretius, Hannover 1883.

MGH Const. 1 = MGH Constitutiones et acta publica imperatorum et regum, Bd. 1: 911–1197, hg. von Ludwig Weiland, Hannover 1903.

MGH Const. 2 = MGH Constitutiones et acta publica imperatorum et regum, Bd. 2: 1198–1272, hg. von Ludwig Weiland, Hannover 1906.

MGH Const. 3 = MGH Constitutiones et acta publica imperatorum et regum, Bd. 3: 1273–1298, hg. von Jakob Schwalm, Hannover 1904–1906.

MGH Const. 4 = MGH Constitutiones et acta publica imperatorum et regum, Bd. 4: 1298–1313, hg. von Jakob Schwalm, Hannover/Leipzig 1906–1911.

MGH D F I. = Die Urkunden Friedrichs I., hg. von Heinrich Appelt (MGH DD Germ. 10,1–5), 5 Bde., Hannover 1975–1990.

MGH D H I. = Die Urkunden Konrad I., Heinrich I. und Otto I., hg. von Theodor Sickel (MGH DD Germ. 1), Hannover 1879–1884.

MGH D H II. = Die Urkunden Heinrichs II. und Arduins, hg. von Harry Bresslau/Hermann Bloch/Robert Holtzmann (MGH DD Germ. 3), Hannover 1900–1903.

MGH D H IV. = Die Urkunden Heinrichs IV., hg. von Dietrich von Gladiss/Alfred Gawlik (MGH DD Germ. 6,1–3), 3 Bde., Berlin/Weimar/Hannover 1941–1978.

MGH D Ka I. = Die Urkunden Pippins, Karlmanns und Karls des Großen, hg. von Engelbert Mühlbacher (MGH DD Kar. 1), Hannover 1906.

MGH D Lo III. = Die Urkunden Lothars III. und der Kaiserin Richenza, hg. von Emil von Ottenthal/Hans Hirsch (MGH DD Germ. 8), Berlin 1927.

MGH D O I. = Die Urkunden Konrad I., Heinrich I. und Otto I., hg. von Theodor Sickel (MGH DD Germ. 1), Hannover 1879–1884.

MGH DD Mer. = Die Urkunden der Merowinger, hg. von Theo Kölzer (MGH DD Mer.), Hannover 2001.

MGH LL 2 = MGH Leges 2, hg. von Georg H. Pertz, Hannover 1837.

Nicolaus da Calvi [de Carbio], Vita Innocentii IV papae, hg. von Francesco Pagnotti, Niccolò da Calvi e la sua Vita d'Innocenzo IV, con una breve introduzione sulla istoriografia pontificia nei secoli XIII e XIV, in: Archivio della R. Società Romana di Storia Patria 21 (1898), S. 76–120.

Normannischer Anonymus, Tractatus J 24 III = Die Texte des normannischen Anonymus. Unter Konsultation der Teilausgaben von H. Böhmer, H. Scherrinsky und G. H. Williams neu aus der Handschrift 415 des

Corpus Christi College Cambridge herausgegeben von Karl Pellens (Veröffentlichungen des Instituts für Europäische Geschichte Mainz 42, Abteilung für abendländische Religionsgeschichte), Wiesbaden 1966.

Nortier, Michel/Baldwin, John W., Contributions à l'étude des finances de Philippe Auguste, in: Bibliothèque de l'École des Chartes 138, 1980, S. 5–33.

Ordonnances des rois de France de la troisième race, 23 Bde., Paris 1723–1849.

Ottonis et Rahewini Gesta Friderici I. imperatoris, hg. von Georg Waitz (MGH SS rer. Germ. [46]), 3. Aufl. Hannover/Leipzig 1912.

Pseudo-Cyprianus, De duodecim abusivis saeculi, hg. von Siegmund Hellmann (Texte und Untersuchungen zur Geschichte der altchristlichen Literatur 34,1), Leipzig 1909.

Quellen zur Geschichte der Franken und der Merowinger. Vom 3. Jahrhundert bis 751, hg. von Reinhold Kaiser/Sebastian Scholz, Stuttgart 2012.

Quellen zur deutschen Verfassungs-, Wirtschafts- und Sozialgeschichte bis 1250, hg. von Lorenz Weinrich (Ausgewählte Quellen zur deutschen Geschichte des Mittelalters 32), Darmstadt 1977.

Quellen zur Verfassungsgeschichte des römisch-deutschen Reiches im Spätmittelalter, hg. von Lorenz Weinrich (Ausgewählte Quellen zur deutschen Geschichte des Mittelalters 33), Darmstadt 1983.

Radulfus de Diceto, Ymagines historiarum, hg. von William Stubbs, in: Radulfi de Diceto Decani Lundoniensis Opera Historica. The historical Works of Master Ralph de Diceto, Dean of London (Rerum Britannicarum medii aevi scriptores 68,1–2), London 1876, Bd. 1, S. 265–440, Bd. 2, S. 1–174.

Regesta Bohemiae et Moraviae aetatis Venceslai IV., Praha 1967 ff. (zuletzt Bd. 7, 2010).

RI II,1 = Böhmer, Johann Friedrich, Regesta Imperii II. Sächsisches Haus 919–1024. 1: Die Regesten des Kaiserreichs unter Heinrich I. und Otto I. 919–973, bearb. von Emil von Ottenthal, Innsbruck 1893.

RI V = Böhmer, Johann Friedrich, Regesta Imperii V. Jüngere Staufer 1198–1272. Die Regesten des Kaiserreichs unter Philipp, Otto IV, Friedrich II, Heinrich (VII), Conrad IV, Heinrich Raspe, Wilhelm und Richard. 1198–1272, 3 Bde., bearb. von Julius Ficker/ Eduard Winkelmann, Innsbruck 1881–1901.

RI XIII = Regesten Kaiser Friedrichs III. (1440–1493). Nach Archiven und Bibliotheken geordnet, Wien/Köln/Graz 1982 ff.

RTA 3 = Deutsche Reichstagsakten unter König Wenzel. Dritte Abtheilung 1397–1400, hg. von Julius Weizäcker (Deutsche Reichstagsakten 3), München 1877.

RTA 8 = Deutsche Reichstagsakten unter Kaiser Sigmund. Zweite Abtheilung 1421–1426, hg. von Dietrich Kerler (Deutsche Reichstagsakten 8), Gotha 1883.

RTA MR 1 = Deutsche Reichstagsakten unter Maximilian I. Bd. 1: Reichstag zu Frankfurt 1486, bearb. von Heinz Angermeier (Deutsche Reichstagsakten. Mittlere Reihe 1), Göttingen 1989.

Sachsenspiegel, hg. von Karl August Eckhardt (Fontes iuris N.S. 1), 2. Aufl. Göttingen 1955–1956.

Salimbene de Adam, Cronica, hg. von Giuseppe Scalia (Corpus Christianorum. Continuatio Mediaevalis 125), 2 Bde., Turnhout 1998–1999.

Schramm, Percy Ernst et al., Denkmale der deutschen Könige und Kaiser. Bd. 1: Ein Beitrag zur Herrschergeschichte von Karl dem Großen bis Friedrich II. 768–1250; Bd. 2: Ein Beitrag zur Herrschergeschichte von Rudolf I. bis Maximilian I. 1273–1519 (Veröffentlichungen des Zentralinstituts für Kunstgeschichte in München 2 und 7), München 1978–1983.

Schramm, Percy Ernst, Die deutschen Kaiser und Könige in Bildern ihrer Zeit. 751–1190, München 1983.

Die Siegel der deutschen Kaiser und Könige von 751 bis 1806, hg. von Otto Posse, 5 Bde., Dresden 1909–1913.

Spieß, Karl-Heinz, Das Lehnswesen in Deutschland im hohen und späten Mittelalter, 3. Aufl. Stuttgart 2011.

The Sanctity of Louis IX. Early Lives of Saint Louis by Geoffrey of Beaulieu and William of Chartres, hg. von Marianne Cecilia Gaposchkin/Sean L. Field, Ithaca 2014.

P. Cornelius Tactitus, Annalen. Lateinisch-deutsch, hg. von Erich Heller (Sammlung Tusculum), 6. Aufl. Mannheim 2010.

Thegan, Gesta Hludowici imperatoris, hg. von Ernst Tremp, in: Thegan. Die Taten Kaiser Ludwigs – Astronomus, Das Leben Kaiser Ludwigs (MGH SS rer. Germ. 64), Hannover 1995, S. 167–277.

Thomas von Aquin, De regno ad regem Cypri,, hg. von Hyacinthe F. Dondaine in: Sancti Thomae de Aquino Opera omnia iussu impensaque Leonis XIII P. M. edita, Bd. 42, Roma 1979, S. 447–471.

Thomasîn von Zerklaere, Der Welsche Gast = Der wälsche Gast des Thomasin von Zirclaria, hg. von Heinrich Rückert (Bibliothek der gesammten deutschen National-Literatur 30), Quedlinburg/Leipzig 1852. ND Berlin 1965, mit einer Einleitung und einem Register von Friedrich Neumann (Deutsche Neudrucke. Reihe: Texte des Mittelalters).

Urkundenregesten zur Tätigkeit des deutschen Königs- und Hofgerichts bis 1451, verschiedene Herausgeber, 16 Bde., Köln/Wien 1986–2014.

Venantius Fortunatus, Vita Sanctae Radegundis, hg. von Bruno Krusch, in: Venanti Honori Clementiani Fortunati presbyteri Italici Opera pedestria (MGH Auct. ant. 4,2), Berlin 1885, S. 38–49.

Walter Map, De nugis curialium, hg. von Montague R. James (Oxford Medieval Texts), Oxford 1983.

Walther von der Vogelweide. Werke. Gesamtausgabe. Band 1: Spruchlyrik. Mittelhochdeutsch/Neuhochdeutsch, hg. von Güther Schweikle (Reclams Universal-Bibliothek 819), 3. Aufl. Stuttgart 2009.

Widukind, Sachsengeschichte = Die Sachsengeschichte des Widukind von Korvei. Widukindi monachi Corbeiensis rerum gestarum Saxonicarum libri tres, hg. von Paul Hirsch/Hans-Eberhard Lohmann (MGH SS rer. Germ. [60]), 5. Aufl. Hannover 1935

Wipo, Gesta Chuonradi imperatoris, hg. von Harry Bresslau, in: Die Werke Wipos (MGH SS rer. Germ. [61]), 3. Aufl. Hannover/Leipzig 1915, S. 3–62.

# Literaturverzeichnis

**A History of Medieval Britain 1986–2000**  A History of Medieval Britain, hg. von Marjorie Chibnall, 4 Bde., Oxford 1986–2000.

**Al-Azmeh 2001**  Al-Azmeh, Aziz, Muslim Kingship. Power and the Sacred in Muslim, Christian and Pagan Polities, London 2001.

**Althoff/Keller 1985**  Althoff, Gerd/Keller, Hagen, Heinrich I. und Otto der Grosse. Neubeginn auf karolingischem Erbe (Persönlichkeit und Geschichte 122/123/124/125), 2 Bde., Göttingen/Zürich 1985.

**Althoff 1997**  Althoff, Gerd, Spielregeln der Politik im Mittelalter. Kommunikation in Friede und Fehde, Darmstadt 1997.

**Althoff 2001**  Althoff, Gerd, Zur Einführung, in: Formen und Funktionen öffentlicher Kommunikation im Mittelalter, hg. von Gerd Althoff (Vorträge und Forschungen 51), Stuttgart 2001, S. 7–9.

**Althoff 2005**  Althoff, Gerd, Die Ottonen. Königsherrschaft ohne Staat (Urban-Taschenbücher 473), 2. Aufl. Stuttgart/Berlin/Köln 2005.

**Althoff 2011**  Althoff, Gerd, Das hochmittelalterliche Königtum. Akzente einer unabgeschlossenen Neubewertung, in: Frühmittelalterliche Studien 45, 2011, S. 77–98.

**Althoff 2016**  Althoff, Gerd, Kontrolle der Macht. Formen und Regeln politischer Beratung im Mittelalter, Darmstadt 2016.

**Andenna/Melville 2015**  Andenna, Cristina/Melville, Gert (Hg.), Idoneität – Genealogie – Legitimation. Begründung und Akzeptanz von dynastischer Herrschaft im Mittelalter (Norm und Struktur 43), Köln/Weimar/Wien 2015.

**Annas 2004**  Annas, Gabriele, Hoftag – Gemeiner Tag – Reichstag. Studien zur strukturellen Entwicklung deutscher Reichsversammlungen des späten Mittelalters (1349–1471) (Schriftenreihe der Historischen Kommission bei der Bayerischen Akademie der Wissenschaften 68), 2 Bde., Göttingen 2004.

**Anton 1968**  Anton, Hans Hubert, Fürstenspiegel und Herrscherethos in der Karolingerzeit (Bonner historische Forschungen 32), Bonn 1968.

**Anton 1989**  Anton, Hans Hubert, Art. „Fürstenspiegel. A. Lateinisches Mittelalter", in: Lexikon des Mittelalters 4, München/Zürich 1989, Sp. 1040–1049.

**Anton 1993**  Anton, Hans Hubert, Art. „Merowinger", in: Lexikon des Mittelalters 6, München/Zürich 1993, Sp. 543–544.

**Arias Guillén 2013**  Arias Guillén, Fernando, A kingdom without a capital? Itineration and spaces of royal power in Castile, c. 1252–1350, in: Journal of Medieval History 39, 2013, S. 456–476.

**Arnold 2007**  Arnold, Klaus, Der wissenschaftliche Umgang mit Quellen, in: Geschichte. Ein Grundkurs, hg. von Hans-Jürgen Goertz (Rowohlts Enzyklopädie 55688), 3. Aufl. Reinbek bei Hamburg 2007, S. 48–65.

**Asch/Leonard 2008**  Asch, Ronald G./Leonard, Jörn, Art. „Monarchie", in: Enzyklopädie der Neuzeit 8, Stuttgart 2008, Sp. 675–696.

**Auge 2016**  Auge, Oliver, Art. „Lehnrecht, Lehnswesen", in: Handwörterbuch zur deutschen Rechtsgeschichte 3, 2. Aufl. Berlin 2016, Sp. 717–736.

**Bak 1990** Bak, János M. (Hg.), Coronations. Medieval and Early Modern Monarchic Ritual, Berkeley/Los Angeles/London 1990.

**Bak et al. 2009** Bak, János M. et al. (Hg.), Gebrauch und Missbrauch des Mittelalters, 19.–21. Jahrhundert. Uses and Abuses of the Middle Ages: 19th–21st Century. Usages et Mésusages du Moyen Âge du XIXe au XXIe siècle (MittelalterStudien des Instituts zur Interdisziplinären Erforschung des Mittelalters und seines Nachwirkens, Paderborn 17), München 2009.

**Barret/Grévin 2014** Barret, Sébastien/Grévin, Benoît, Regalis excellentia. Les préambules des actes des rois de France au XIVe siècle (1300–1380) (Mémoires et documents de l'École des Chartes 98), Paris 2014.

**Baxter 2009** Baxter, Stephen, Edward the Confessor and the Succession Question, in: Edward the Confessor. The Man and the Legend, hg. von Richard Mortimer, Woodbridge 2009, S. 77–118.

**Becher 1993** Becher, Matthias (Hg.), Eid und Herrschaft. Untersuchungen zum Herrscherethos Karls des Großen (Vorträge und Forschungen. Sonderband 39), Sigmaringen 1993.

**Becher 2006** Becher, Matthias, Die „subiectio principum". Zum Charakter der Huldigung im Franken- und Ostfrankenreich bis zum Beginn des 11. Jahrhunderts, in: Staat im frühen Mittelalter, hg. von Stuart Airlie/Walter Pohl/Helmut Reimitz (Denkschriften. Österreichische Akademie der Wissenschaften, Philosophisch-Historische Klasse 334; Forschungen zur Geschichte des Mittelalters 11), Wien 2006, S. 163–178.

**Becher 2009** Becher, Matthias, „Herrschaft" im Übergang von der Spätantike zum Frühmittelalter. Von Rom zu den Franken, in: Von der Spätantike zum frühen Mittelalter. Kontinuitäten und Brüche, Konzeptionen und Befunde, hg. von Theo Kölzer/Rudolf Schieffer (Vorträge und Forschungen 70), Ostfildern 2009, S. 163–188.

**Becher et al. 2015** Becher, Matthias et al. (Hg.), (Be-)Gründung von Herrschaft. Strategien zur Bewältigung von Kontingenzerfahrung (Das Mittelalter 20,1), Berlin/Boston 2015.

**Becher 2017** Becher, Matthias (Hg.), Die mittelalterliche Thronfolge im europäischen Vergleich (Vorträge und Forschungen 84), Ostfildern 2017.

**Beem 2008** Beem, Charles (Hg.), The Royal Minorities of Medieval and Early Modern England, New York 2008.

**Bejczy/Nederman 2007** Bejczy, István/Nederman, Cary J. (Hg.), Princely Virtues in the Middle Ages, 1200–1500 (Disputatio 9), Turnhout 2007.

**Berges 1938** Berges, Wilhelm, Die Fürstenspiegel des hohen und späten Mittelalters (Schriften der Monumenta Germaniae Historica 2), Leipzig 1938.

**Berndt 2012** Berndt, Guido M., Der Rex Francorum Childerich, die Umstrukturierung der Macht in Gallien und ein Grab in Tournai – Indizien für einen Wechsel der Religion?, in: Wechsel der Religionen – Religion des Wechsels. Tagungsbeiträge der Arbeitsgemeinschaft Spätantike und Frühmittelalter. 5. Religion im archäologischen Befund (Nürnberg, 27.–28. Mai 2010), hg. von Niklot Krohn/Sebastian Ristow (Studien zu Spätantike und Frühmittelalter 4), Hamburg 2012, S. 167–192.

**Beumann 1955** Beumann, Helmut, Die Historiographie des Mittelalters als Quelle für die Ideengeschichte des Königtums, in: Historische Zeitschrift 180, 1955, S. 449–488.

**Bijsterveld 2011** Bijsterveld, Arnoud-Jan A., Royal Burial Places in Western Europe. Creating Tradition, Succession and Memoria, in: Living Memoria: Studies in Medieval and Early Modern Memorial Culture in Honour of Truus van Bueren, hg. von Rolf de Weijert (Middeleeuwse studies en bronnen 137), Hilversum 2011, S. 25–44.

**Bistřický 1998** Bistřický, Jan (Hg.), Typologie der Königsurkunden. Kolloquium der Comission Internationale de Diplomatique in Olmütz 30. 8.–3. 9. 1992 (Acta Colloqvii Olomvcensis 1992), Olomouc 1998.

**Bloch 1998** Bloch, Marc, Die wundertätigen Könige. Mit einem Vorwort von Jacques Le Goff (C. H. Beck Kulturwissenschaft), München 1998.

**Böckenförde 1995** Böckenförde, Ernst-Wolfgang, Die deutsche verfassungsgeschichtliche Forschung im 19. Jahrhundert. Zeitgebundene Fragestellungen und Leitbilder (Schriften zur Verfassungsgeschichte 1), 2. Aufl. Berlin 1995.

**Bode 2015** Bode, Tina, König und Bischof in ottonischer Zeit. Herrschaftspraxis – Handlungsspielräume – Interaktionen (Historische Studien 506), Husum 2015.

**Bonney 1999** Bonney, Richard (Hg.), The Rise of the Fiscal State in Europe, c. 1200–1815, Oxford/New York 1999.

**Boshof 2010** Boshof, Egon, Königtum und Königsherrschaft im 10. und 11. Jahrhundert (Enzyklopädie deutscher Geschichte 27), 3. Aufl. München 2010.

**Bosl 1950–1951** Bosl, Karl, Die Reichsministerialität der Salier und Staufer. Ein Beitrag zur Geschichte des hochmittelalterlichen deutschen Volkes, Staates und Reiches (Schriften der Monumenta Germaniae Historica 10), Stuttgart 1950–1951.

**Bosl 1964** Bosl, Karl, Herrscher und Beherrschte im deutschen Reich des 10.–12. Jahrhunderts, in: Ders., Frühformen der Gesellschaft im mittelalterlichen Europa. Ausgewählte Beiträge zu einer Strukturanalyse der mittelalterlichen Welt, München/Wien 1964, S. 135–155.

**Boureau/Ingerflom 1992** Boureau, Alain/Ingerflom, Claudio Sergio (Hg.), La royauté sacrée dans le monde chrétien (Colloque de Royaumont, mars 1989) (L'histoire et ses représentations 3), Paris 1992.

**Brandes 2013** Brandes, Wolfram, Die „Familie der Könige" im Mittelalter. Ein Diskussionsbeitrag zur Kritik eines vermeintlichen Erkenntnismodells, in: Rechtsgeschichte. Zeitschrift des Max-Planck-Instituts für europäische Rechtsgeschichte 21, 2013, S. 262–284.

**Brown 2014** Brown, Elisabeth A. R., The French Royal Funeral Ceremony and the King's Two Bodies. Ernst H. Kantorowicz, Ralph E. Giesey and the Construction of a Paradigm, in: Le Corps du Prince, hg. von Agostino Paravicini Bagliani (Micrologus 22), Firenze 2014, S. 105–137.

**Brühl 1956** Brühl, Carlrichard, Nochmals die Datierung des Tafelgüterverzeichnisses, in: Deutsches Archiv für Erforschung des Mittelalters 12, 1956, S. 527–535.

**Brühl 1968** Brühl, Carlrichard, Fodrum, Gistum, Servitium regis. Studien zu den wirtschaftlichen Grundlagen des Königtums im Frankenreich und in den fränkischen Nachfolgestaaten Deutschland, Frankreich und Italien vom 6. bis zur Mitte des 14. Jahrhunderts (Kölner historische Abhandlungen 14), 2 Bde., Köln/Graz 1968.

**Brühl/Kölzer 1979** Brühl, Carlrichard/Kölzer, Theo (Hg.), Das Tafelgüterverzeichnis des römischen Königs (Ms. Bonn S. 1559), Köln/Wien 1979.

**Brunner/Conze/Koselleck 1982/1978** Brunner, Otto/Conze, Werner/Koselleck, Reinhart (Hg.), Geschichtliche Grundbegriffe. Historisches Lexikon zur politisch-sozialen Sprache in Deutschland, Bd. 3, Stuttgart 1982, Bd. 4, Stuttgart 1978.

**Buc 2011** Buc, Philippe, The Dangers of Ritual. Between Early Medieval Texts and Social Scientific Theory, Princeton/Oxford 2001.

**Bücking 1968** Bücking, Jürgen, Zur Grabinschrift Rudolfs von Rheinfelden, in: Zeitschrift für die Geschichte des Oberrheins 116, 1968, S. 393–396.

**Bühler 2013** Bühler, Arnold, Herrschaft im Mittelalter (Kompaktwissen Geschichte; Reclams Universal-Bibliothek 17072), Stuttgart 2013.

**Bund 1979** Bund, Konrad, Thronsturz und Herrscherabsetzung im Frühmittelalter (Bonner historische Forschungen 44), Bonn 1979.

**Busch 2005** Busch, Jörg W., Thronvakanzen als Spiegel der Entwicklung des Deutschen Reiches zwischen dem 10. und dem 14. Jahrhundert, in: Majestas 3, 2005, S. 3–33.

**Büttner 2012** Büttner, Andreas, Der Weg zur Krone. Rituale der Herrschererhebung im spätmittelalterlichen Reich (Mittelalter-Forschungen 35), Ostfildern 2012.

**Cardini/Saltarelli 2002** Cardini, Franco/Saltarelli, Maria (Hg.), Per me reges regnant. La regalità sacra nell'Europa medievale, Rimini 2002.

**Cavill 2005** Cavill, Paul R., The Armour-Bearer in Abbo's Passio sancti Eadmundi and Anglo-Saxon England, in: Leeds studies in English 36, 2005, S. 47–62.

**Classen 2015** Classen, Albrecht (Hg.), Handbook of Medieval Culture. Fundamental Aspects and Conditions of the European Middle Ages, (De Gruyter Reference), 3 Bde., Berlin/Boston 2015.

**Clauss/Stieldorf/Weller 2015** Clauss, Martin/ Stieldorf, Andrea/Weller, Tobias (Hg.), Der König als Krieger. Zum Verhältnis von Königtum und Krieg im Mittelalter. Beiträge der Tagung des Zentrums für Mittelalterstudien der Otto-Friedrich-Universität Bamberg (13.–15. März 2013) (Bamberger interdisziplinäre Mittelalterstudien. Vorlesungen und Vorträge 5), Bamberg 2015.

**D'Avray 2014** D'Avray, David L., Dissolving Royal Marriages. A Documentary History, 860–1600, Cambridge 2014.

**D'Avray 2015** D'Avray, David L., Papacy, Monarchy and Marriage, 860–1600, Cambridge 2015.

**David 1950** David, Marcel, Le serment du sacre du IXe au XVe siècle. Contribution à l'étude des limites juridiques de la souveraineté, in: Revue du moyen âge latin 6, 1950, S. 5–272.

**Déer 1952** Deér, Josef, Der Weg zur Goldenen Bulle Andreas' II. von 1222, in: Schweizer Beiträge zur allgemeinen Geschichte 10, 1952, S. 104–138.
**Deploige/Deneckere 2006** Deploige, Jeroen/Deneckere, Gita (Hg.), Mystifying the Monarch. Studies on Discourse, Power, and History, Amsterdam 2006.
**Deutsche Königspfalzen 1963–2007** Deutsche Königspfalzen. Beiträge zu ihrer historischen und archäologischen Erforschung, verschiedene Herausgeber (Veröffentlichungen des Max-Planck-Instituts für Geschichte), 8 Bde., Göttingen 1963–2007.
**Die deutschen Königspfalzen 1983 ff.** Die deutschen Königspfalzen. Repertorium der Pfalzen, Königshöfe und übrigen Aufenthaltsorte der Könige im deutschen Reich des Mittelalters, hg. vom Max-Planck-Institut für Geschichte, Göttingen 1983 ff.
**Die deutsche Literatur des Mittelalters 1977–2004** Die deutsche Literatur des Mittelalters. Verfasserlexikon, 11 Bde., 2. Aufl. Berlin – New York 1977–2004.
**Dick 2008** Dick, Stefanie, Der Mythos vom „germanischen" Königtum. Studien zur Herrschaftsorganisation bei den germanischsprachigen Barbaren bis zum Beginn der Völkerwanderungszeit (Ergänzungsbände zum Reallexikon der Germanischen Altertumskunde 60), Berlin 2008.
**Dick 2017** Dick, Stefanie, Die römisch-deutsche Königin im spätmittelalterlichen Verfassungswandel, in: Die mittelalterliche Thronfolge im europäischen Vergleich, hg. von Matthias Becher (Vorträge und Forschungen 84), Ostfildern 2017, S. 341–358.
**Diesenberger 2003** Diesenberger, Maximilian, Hair, Sacrality and Symbolic Capital in the Frankish Kingdoms, in: The Construction of Communities in the Early Middle Ages. Texts, Resources and Artefacts, hg. von Richard Corradini/Maximilian Diesenberger/Helmut Reimitz (The Transformation of the Roman World 12), Leiden/Boston 2003, S. 173–212.
**Dinzelbacher 2009** Dinzelbacher, Peter, Warum weint der König? Eine Kritik des mediävistischen Panritualismus, Badenweiler 2009.
**Dirlmeier 1992** Dirlmeier, Ulf, Friedrich Barbarossa – auch ein Wirtschaftspolitiker?, in: Friedrich Barbarossa. Handlungsspielräume und Wirkungsweisen des staufischen Kaisers, hg. von Alfred Haverkamp (Vorträge und Forschungen 40), Sigmaringen 1992, S. 501–518.
**Dobozy 1985** Dobozy, Maria, Full Circle: Kingship in the German Epic. Alexanderlied, Rolandslied, „Spielmannsepen" (Göppinger Arbeiten zur Germanistik 399), Göppingen 1985.
**Drews 2009** Drews, Wolfram, Die Karolinger und die Abbasiden von Bagdad. Legitimationsstrategien frühmittelalterlicher Herrscherdynastien im transkulturellen Vergleich (Europa im Mittelalter 12), Berlin 2009.
**Drews et al. 2015** Drews, Wolfram et al., Monarchische Herrschaftsformen der Vormoderne in transkultureller Perspektive (Europa im Mittelalter 26), Berlin 2015.
**Duchhardt et al. 1992** Duchhardt, Heinz et al. (Hg.), European Monarchy. Its Evolution and Practice from Roman Antiquity to Modern Times, Stuttgart 1992.

**Dücker 2011** Dücker, Julia, Reichsversammlungen im Spätmittelalter. Politische Willensbildung in Polen, Ungarn und Deutschland (Mittelalter-Forschungen 37), Ostfildern 2011.
**Dunphy 2010** Dunphy, Graeme (Hg.), The Encyclopedia of the Medieval Chronicle, 2 Bde., Leiden/Boston 2010.
**Earenfight 2013** Earenfight, Theresa, Queenship in Medieval Europe (Queenship and Power), Basingstoke 2013.
**Ehlers, C. 1996** Ehlers, Caspar, Metropolis Germaniae. Studien zur Bedeutung Speyers für das Königtum (751–1250) (Veröffentlichungen des Max-Planck-Instituts für Geschichte 125), Göttingen 1996.
**Ehlers, C./Rueß 2009** Ehlers, Caspar/Rueß, Karl-Heinz (Hg.), Friedrich Barbarossa und sein Hof. 22. Göppinger Staufertage 10. bis 12. November 2006 (Schriften zur staufischen Geschichte und Kunst 28), Göppingen 2009.
**Ehlers, J. 2000** Ehlers, Joachim, Magdeburg – Rom – Aachen – Bamberg. Grablege des Königs und Herrschaftsverständnis in ottonischer Zeit, in: Otto III. – Heinrich II. Eine Wende?, hg. von Bernd Schneidmüller/Stefan Weinfurter (Mittelalter-Forschungen 1), 2. Aufl. Stuttgart 2000, S. 47–76.
**Ehlers, J. 2000/2001** Ehlers, Joachim, Grundlagen der europäischen Monarchie in Spätantike und Mittelalter, in: Majestas 8/9, 2000/2001, S. 49–80.
**Ehlers, J. 2006** Ehlers, Joachim (Hg.), Die französischen Könige des Mittelalters. Von Odo bis Karl VIII. 888–1498 (Beck'sche Reihe 1723), München 2006.
**Eisenlohr 1985** Eisenlohr, Erika, Paläographische Untersuchungen zum Tafelgüterverzeichnis des römischen Königs (Hs. Bonn UB S. 1559). Schreibgewohnheiten des Aachener Marienstifts in der zweiten Hälfte des 12. Jahrhunderts, in: Zeitschrift des Aachener Geschichtsvereins 92, 1985, S. 5–74.
**Engel 1981** Engel, Evamaria, Zum Platz mittelalterlicher Könige im marxistisch-leninistischen Bild der deutschen Geschichte, in: Zeitschrift für Geschichtswissenschaft 29, 1981, S. 820–823.
**Enzyklopädie deutscher Geschichte 1988 ff.** Enzyklopädie deutscher Geschichte, hg. von Lothar Gall, München 1988 ff.
**Erben 1907** Erben, Wilhelm, Die Kaiser- und Königsurkunden des Mittelalters in Deutschland, Frankreich und Italien (Handbuch der mittelalterlichen und neueren Geschichte 4,1), München/Berlin 1907.
**Erdmann 2000** Erdmann, Elisabeth, Geschichte lernen durch Bilder?, in: Geschichtskultur. Theorie, Empirie, Pragmatik, hg. von Bernd Mütter/Bernd Schönemann/Uwe Uffelmann (Schriften zur Geschichtsdidaktik 11), Weinheim 2000, S. 201–214.
**Erkens 1996** Erkens, Franz-Reiner, Divisio legitima und unitas imperii. Teilungspraxis und Einheitsstreben bei der Thronfolge im Frankenreich, in: Deutsches Archiv für Erforschung des Mittelalters 52, 1996, S. 423–485.
**Erkens 2002a** Erkens, Franz-Reiner (Hg.), Die Sakralität von Herrschaft. Herrschaftslegitimierung im Wechsel der Zeiten und Räume.

Fünfzehn interdisziplinäre Beiträge zu einem weltweiten und epochenübergreifenden Phänomen, Berlin 2002.

**Erkens 2002b** Erkens, Franz-Reiner, Kurfürsten und Königswahl. Zu neuen Theorien über den Königswahlparagraphen im Sachsenspiegel und die Entstehung des Kurfürstenkollegiums (Monumenta Germaniae Historica. Studien und Texte 30), Hannover 2002.

**Erkens 2005** Erkens, Franz-Reiner (Hg.), Das frühmittelalterliche Königtum. Ideelle und religiöse Grundlagen (Ergänzungsbände zum Reallexikon der germanischen Altertumskunde 49), Berlin/New York 2005.

**Erkens 2006** Erkens, Franz-Reiner, Herrschersakralität im Mittelalter. Von den Anfängen bis zum Investiturstreit, Stuttgart 2006.

**Erkens 2012** Erkens, Franz-Reiner, Teilung und Einheit, Wahlkönigtum und Erbmonarchie: Vom Wandel gelebter Normen, in: Verfassungsänderungen. Tagung der Vereinigung für Verfassungsgeschichte in Hofgeismar vom 15. bis 17. März 2010, hg. von Helmut Neuhaus (Beihefte zu „Der Staat" 20), Berlin 2012, S. 9–34.

**Erkens 2016** Erkens, Franz-Reiner, Art. „König", in: Handwörterbuch zur deutschen Rechtsgeschichte 3, 2. Aufl. Berlin 2016, Sp. 3–18.

**Erkens 2017** Erkens, Franz-Reiner, Thronfolge und Herrschersakralität in England, Frankreich und im Reich während des späteren Mittelalters: Aspekte einer Korrelation, in: Die mittelalterliche Thronfolge im europäischen Vergleich, hg. von Matthias Becher (Vorträge und Forschungen 84), Ostfildern 2017, S. 359–448.

**Erlande-Brandenburg 1975** Erlande-Brandenburg, Alain, Le roi est mort. Étude sur les funérailles, les sépultures et les tombeaux des rois de France jusqu'à la fin du XIII$^e$ siècle (Bibliothèque de la Société Française d'Archéologie 7), Genève 1975.

**Ertl 2003** Ertl, Thomas, Alte Thesen und neue Theorien zur Entstehung des Kurfürstenkollegiums, in: Zeitschrift für historische Forschung 30, 2003, S. 619–642.

**Esch 1985** Esch, Arnold, Überlieferungs-Chance und Überlieferungs-Zufall als methodisches Problem des Historikers, in: Historische Zeitschrift 240, 1985, S. 529–570.

**Esders/Schuppert 2015** Esders, Stefan/Schuppert, Gunnar Folke, Mittelalterliches Regieren in der Moderne oder Modernes Regieren im Mittelalter? (Schriften zur Governance-Forschung 27), Baden-Baden 2015.

**Evans 2003** Evans, Michael, The Death of Kings. Royal Deaths in Medieval England, London/New York 2003.

**Ewig 1956** Ewig, Eugen, Zum christlichen Königsgedanken im Frühmittelalter, in: Das Königtum. Seine geistigen und rechtlichen Grundlagen. Mainau-Vorträge 1954 (Vorträge und Forschungen 3), Lindau/Konstanz 1956, S. 7–73

**Ewig 2012** Ewig, Eugen, Die Merowinger und das Frankenreich (Urban Taschenbücher 392), 6. Aufl. Stuttgart 2012.

**Fabbro 2012** Fabbro, Eduardo, Conspicuously by their absence: Long-haired Kings, Symbolic Capital, Sacred Kingship and other contemporary myths, in: Signum. Revista da ABREM 13, 2012, S. 22–45.

**Fehrmann 2008** Fehrmann, Antje, Grab und Krone. Königsgrabmäler im mittelalterlichen England und die posthume Selbstdarstellung der Lancaster (Kunstwissenschaftliche Studien 140), München/Berlin 2008.

**Fleckenstein 1965** Fleckenstein, Josef, Karl der Große und sein Hof, in: Karl der Grosse. Lebenswerk und Nachleben, Bd. 1, Düsseldorf 1965, S. 24–50.

**Fleiner/Woodacre 2015** Fleiner, Carey Dolores/Woodacre, Elena Crislyn (Hg.), Royal Mothers and Their Ruling Children. Wielding Political Authority from Antiquity to the Early Modern Era (Queenship and Power), New York 2015.

**Folz 1984** Folz, Robert, Les saints rois du Moyen Âge en Occident (VI$^e$–XIII$^e$ siècles) (Subsidia hagiographica 68), Bruxelles 1984.

**Folz 1992** Folz, Robert, Les saintes reines du Moyen Âge en Occident (VI$^e$–XII$^{ie}$ siècles) (Subsidia Hagiographica 76), Bruxelles 1992.

**Fößel 2000** Fößel, Amalie, Die Königin im mittelalterlichen Reich. Herrschaftsausübung, Herrschaftsrechte, Handlungsspielräume (Mittelalter-Forschungen 4), Stuttgart 2000.

**Freund 2017** Freund, Stephan, Die ostfränkisch-deutsche Königserhebung im frühen und hohen Mittelalter – Zeitgenössische Quellenaussagen und retrospektive Forschungskonstrukte, in: Kaisertum, Papsttum und Volkssouveränität im hohen und späten Mittelalter. Studien zu Ehren von Helmut G. Walther, hg. von Stephan Freund/Klaus Krüger (Jenaer Beiträge zur Geschichte 12), Frankfurt am Main et al. 2017, S. 9–59.

**Fried 1984** Fried, Johannes, Die Wirtschaftspolitik Friedrich Barbarossas in Deutschland, in: Blätter für deutsche Landesgeschichte 120, 1984, S. 195–239.

**Fried 1995** Fried, Johannes, Die Königserhebung Heinrichs I. Erinnerung, Mündlichkeit und Traditionsbildung im 10. Jahrhundert, in: Mittelalterforschung nach der Wende 1989, hg. von Michael Borgolte (Historische Zeitschrift. Beihefte NF 20), München 1995, S. 267–318.

**Fried 2013** Fried, Johannes, Karl der Große. Gewalt und Glaube. Eine Biographie, München 2013.

**Fryde/Vollrath 2004** Fryde, Natalie/Vollrath, Hanna (Hg.), Die englischen Könige im Mittelalter. Von Wilhelm dem Eroberer bis Richard III. (Beck'sche Reihe 1534), München 2004.

**Fuchs/Klein 2015** Fuchs, Franz/Klein, Dorothea (Hg.), Karlsbilder in Kunst, Literatur und Wissenschaft. Akten eines interdisziplinären Symposions anlässlich des 1200. Todestages Kaiser Karls des Großen, Bd. 1 (Rezeptionskulturen in Literatur- und Mediengeschichte 1), Würzburg 2015.

**Gäbe 1989** Gäbe, Sabine, Radegundis. Sancta, regina, ancilla. Zum Heiligkeitsideal der Radegundisviten von Fortunat und Baudonivia, in: Francia. Forschungen zur westeuropäischen Geschichte 16, 1989, S. 1–30.

**Gaposchkin 2008** Gaposchkin, Marianne Cecilia, The Making of Saint Louis. Kingship, Sanctity, and Crusade in the Later Middle Ages, Ithaca 2008.

**Garnier 2008** Garnier, Claudia, Die Kultur der Bitte. Herrschaft und Kommunikation im mittelalterlichen Reich (Symbolische Kommunikation in der Vormoderne), Darmstadt 2008.

**Gauert 1984** Gauert, Adolf, Noch einmal Einhard und die letzten Merowinger, in: Institutionen, Kultur und Gesellschaft im Mittelalter. Festschrift für Josef Fleckenstein zu seinem 65. Geburtstag, hg. von Lutz Fenske/Werner Rösener/Thomas Zotz, Sigmaringen 1984, S. 59–72.
**Gebhardt 2001 ff.** Gebhardt, Bruno, Handbuch der deutschen Geschichte, 10. Aufl. München 2001 ff.
**Giese 2014** Giese, Wolfgang, Ein zweiter Versuch „Zu den Designationen und Mitkönigerhebungen der deutschen Könige des Hochmittelalters", in: Zeitschrift der Savigny-Stiftung für Rechtsgeschichte. Germanistische Abteilung 131, 2014, S. 1–68.
**Goetz 1999** Goetz, Hans-Werner, Moderne Mediävistik. Stand und Perspektiven der Mittelalterforschung, Darmstadt 1999.
**Goetz 2006** Goetz, Hans-Werner, Die Wahrnehmung von ‚Staat' und ‚Herrschaft' im frühen Mittelalter, in: Staat im frühen Mittelalter, hg. von Stuart Airlie/Walter Pohl/Helmut Reimitz (Denkschriften. Österreichische Akademie der Wissenschaften, Philosophisch-Historische Klasse 334; Forschungen zur Geschichte des Mittelalters 11), Wien 2006, S. 39–58.
**Goetz 2007** Goetz, Hans-Werner, Vorstellungsgeschichte. Gesammelte Schriften zu Wahrnehmungen, Deutungen und Vorstellungen im Mittelalter, hg. von Anna Aurast et al., Bochum 2007.
**Goetz 2014** Goetz, Hans-Werner, Proseminar Geschichte: Mittelalter (UTB 1719), 4. Aufl. Stuttgart 2014.
**Goetz/Jarnut 2003** Goetz, Hans-Werner/Jarnut, Jörg (Hg.), Mediävistik im 21. Jahrhundert. Stand und Perspektiven der internationalen und interdisziplinären Mittelalterforschung (MittelalterStudien des Instituts zur Interdisziplinären Erforschung des Mittelalters und seines Nachwirkens, Paderborn 1), München 2003.
**Goez 1996** Goez, Werner, Möglichkeiten und Grenzen des Herrschens aus der Ferne in Deutschland und Reichsitalien (1152–1220), in: Die Staufer im Süden. Sizilien und das Reich, hg. von Theo Kölzer, Sigmaringen 1996, S. 93–111.
**Göldel 1997** Göldel, Caroline, Servitium regis und Tafelgüterverzeichnis: Untersuchungen zur Wirtschafts- und Verfassungsgeschichte des deutschen Königtums im 12. Jahrhundert (Studien zur Rechts-, Wirtschafts- und Kulturgeschichte 16), Sigmaringen 1997.
**Goosmann 2012** Goosmann, Erik, The long-haired kings of the Franks: ‚like so many Samsons?', in: Early Medieval Europe 20, 2012, S. 233–259.
**Görich 2002** Görich, Knut, Neue Bücher zum hochmittelalterlichen Königtum, in: Historische Zeitschrift 275, 2002, S. 105–125.
**Görich 2009** Görich, Knut, Jäger des Löwen oder Getriebener der Fürsten? Friedrich Barbarossa und die Entmachtung Heinrichs des Löwen, in: Staufer und Welfen. Zwei rivalisierende Dynastien im Hochmittelalter, hg. von Werner Hechberger/Florian Schuller, Regensburg 2009, S. 98–117.
**Görich 2015** Görich, Knut, Kanonisation als Mittel der Politik? Der heilige Karl und Friedrich Barbarossa, in: Karlsbilder in Kunst, Literatur und Wissenschaft. Akten eines interdisziplinären Symposions anlässlich des 1200. Todestages Kaiser Karls des Großen, hg. von Franz Fuchs/

Dorothea Klein (Rezeptionskulturen in Literatur- und Mediengeschichte 1), Würzburg 2015, S. 95–114.

**Graus 1986** Graus, František, Verfassungsgeschichte des Mittelalters, in: Historische Zeitschrift 243, 1986, S. 529–589.

**Grierson/Blackburn 1986** Grierson, Philip/Blackburn, Mark, Medieval European Coinage. With a catalogue of the coins in the Fitzwilliam Mueseum, Cambridge. Bd. 1: The Early Middle Ages (5th-10th centuries), Cambridge 1986.

**Große 2007** Große, Rolf, Frankreichs neue Überlegenheit um 1100, in: Salisches Kaisertum und neues Europa. Die Zeit Heinrichs IV. und Heinrichs V., hg. von Bernd Schneidmüller/Stefan Weinfurter, Darmstadt 2007, S. 195–215.

**Große Burlage 2005** Große Burlage, Martin, Große historische Ausstellungen in der Bundesrepublik Deutschland 1960–2000 (Zeitgeschichte, Zeitverständnis 15), Münster 2005.

**Grunwald 2016** Grunwald, Susanne, Das sozialistische Mittelalter. Zur Entwicklung der kulturwissenschaftlichen Mittelalterforschung und Mittelalterrezeption in der DDR, in: Geschichte in Wissenschaft und Unterricht 67, 2016, S. 537–557.

**Gütermann 2014** Gütermann, Sven, Die Stuhlbrüder des Speyerer Domstifts. Betbrüder, Kirchendiener und Almosener des Reichs (Bensheimer Forschungen zur Personengeschichte 2), Frankfurt am Main 2014.

**Guyot-Bachy/Moeglin 2015** Guyot-Bachy, Isabelle/Moeglin, Jean-Marie (Hg.), La naissance de la médiévistique. Les historiens médiévistes et leurs sources en Europe (XIXe–début du XXe siècle). Actes du colloque de Nancy, 8–10 novembre 2012, hg. von (Hautes Études médiévales et modernes 107), Genève 2015.

**Hack 2009** Hack, Achim Thomas, Alter, Krankheit, Tod und Herrschaft im frühen Mittelalter. Das Beispiel der Karolinger (Monographien zur Geschichte des Mittelalters 56), Stuttgart 2009.

**Hägermann 1992** Hägermann, Dieter, Die wirtschaftlichen Grundlagen der ersten Kapetinger (987–1108), in: Pouvoirs et libertés au temps des premiers Capétiens, hg. von Elisabeth Magnou-Nortier, Maulévrier 1992, S. 111–123.

**Hallam 1982** Hallam, Elizabeth M., Royal Burial and the Cult of Kingship in France and England, 1060–1330, in: Journal of Medieval History 8, 1982, S. 359–380, 393.

**Haller 1923** Haller, Johannes, Die Epochen der deutschen Geschichte, Stuttgart/Berlin 1923.

**Handbuch der europäischen Geschichte 1968–1987** Handbuch der europäischen Geschichte, hg. von Theodor Schieder, 7 Bde., Stuttgart 1968–1987.

**Handle/Kosch 2006** Handle, Elisabeth/Kosch, Clemens, Standortbestimmungen. Überlegungen zur Grablege Rudolfs von Rheinfelden im Merseburger Dom, in: Canossa 1077 – Erschütterung der Welt. Geschichte, Kunst und Kultur am Aufgang der Romanik, hg.

von Christoph Stiegemann/Matthias Wemhoff, Bd. 1, München 2006, S. 529–541.

**Hannig 1983** Hannig, Jürgen, Pauperiores vassi de infra palatio? Zur Entstehung der karolingischen Königsbotenorganisation, in: Mitteilungen des Instituts für Österreichische Geschichtsforschung 91, 1983, S. 309–374.

**Hartmann, M. 2016** Hartmann, Martina, Art. „Königin, Kaiserin", in: Handwörterbuch zur deutschen Rechtsgeschichte 3, Berlin 2016, S. 19–22.

**Hartmann, W. 2010** Hartmann, Wilfried, Karl der Große (Urban-Taschenbücher 643), Stuttgart 2010.

**Hechberger 2010** Hechberger, Werner, Das Lehnswesen als Deutungselement der Verfassungsgeschichte von der Aufklärung bis zur Gegenwart, in: Das Lehnswesen im Hochmittelalter. Forschungskonstrukte – Quellenbefunde – Deutungsrelevanz, hg. von Jürgen Dendorfer/Roman Deutinger (Mittelalter-Forschungen 34), Ostfildern 2010, S. 41–56.

**Heckmann 2002** Heckmann, Marie-Luise, Stellvertreter, Mit- und Ersatzherrscher. Regenten, Generalstatthalter, Kurfürsten und Reichsvikare in Regnum und Imperium vom 13. bis zum frühen 15. Jahrhundert (Studien zu den Luxemburgern und ihrer Zeit 9), 2 Bde., Warendorf 2002.

**Henneman 1999** Henneman, John Bell, France in the Middle Ages, in: The Rise of the Fiscal State in Europe, c. 1200–1815, hg. von Richard Bonney, Oxford/New York 1999, S. 101–122.

**Hoffmann, E. 1975** Hoffmann, Erich, Die heiligen Könige bei den Angelsachsen und den skandinavischen Völkern. Königsheiliger und Königshaus (Quellen und Forschungen zur Geschichte Schleswig-Holsteins 69), Neumünster 1975.

**Hoffmann, H. 1964** Hoffmann, Hartmut, Die Unveräußerlichkeit der Kronrechte im Mittelalter, in: Deutsches Archiv für Erforschung des Mittelalters 20, 1964, S. 389–474.

**Hohls/Jarausch 2000** Hohls, Rüdiger/Jarausch, Konrad H. (Hg.), Versäumte Fragen. Deutsche Historiker im Schatten des Nationalsozialismus, Stuttgart/München 2000.

**Hucker 1998** Hucker, Bernd Ulrich, Die wirtschaftlichen Grundlagen der Kaiserpolitik im hohen Mittelalter. Quellenprobleme und Forschungsstand, in: Wirtschafts- und Sozialgeschichte. Gegenstand und Methode. 17. Arbeitstagung der Gesellschaft für Sozial- und Wirtschaftsgeschichte in Jena 1997, hg. von Eckart Schremmer (Vierteljahrschrift für Sozial- und Wirtschaftsgeschichte. Beihefte 145), Stuttgart 1998, S. 35–56.

**John 2017** John, Simon, The Papacy and the Establishment of the Kingdoms of Jerusalem, Sicily and Portugal: Twelfth-Century Papal Political Thought on Incipient Kingship, in: Journal of Ecclesiastical History 68, 2017, S. 223–259.

**Jussen 2005** Jussen, Bernhard (Hg.), Die Macht des Königs. Herrschaft in Europa vom Frühmittelalter bis in die Neuzeit, München 2005.

**Jussen 2009** Jussen, Bernhard, The King's Two Bodies Today, in: Representations 106, 2009, S. 102–117.
**Kaiser 2004** Kaiser, Reinhold, Das römische Erbe und das Merowingerreich (Enzyklopädie deutscher Geschichte 26), 3. Aufl. München 2004.
**Kamenzin 2017** Kamenzin, Manuel, Die Tode der römisch-deutschen Könige und Kaiser (1147–1349), Diss. masch. Heidelberg 2017.
**Kantorowicz 1957** Kantorowicz, Ernst H., The King's Two Bodies. A Study in Mediaeval Political Theology, Princeton, NJ 1957.
**Kantorowicz 1990** Kantorowicz, Ernst H., Die zwei Körper des Königs. Eine Studie zur politischen Theologie des Mittelalters (dtv Wissenschaft 4465), München 1990.
**Kasten 1997** Kasten, Brigitte, Königssöhne und Königsherrschaft. Untersuchungen zur Teilhabe am Reich in der Merowinger- und Karolingerzeit (Schriften der Monumenta Germaniae Historica 44), Hannover 1997.
**Kasten 2008** Kasten, Brigitte (Hg.), Herrscher- und Fürstentestamente im westeuropäischen Mittelalter (Norm und Struktur 29), Köln/Weimar/Wien 2008.
**Kaufhold 2008** Kaufhold, Martin, Die Rhythmen politischer Reform im späten Mittelalter. Institutioneller Wandel in Deutschland, England und an der Kurie 1198–1400 im Vergleich (Mittelalter-Forschungen 23), Ostfildern 2008.
**Keller 1982** Keller, Hagen, Reichsstruktur und Herrschaftsauffassung in ottonisch-frühsalischer Zeit, in: Frühmittelalterliche Studien 16, 1982, S. 74–128.
**Keller 1993** Keller, Hagen, Die Investitur. Ein Beitrag zum Problem der „Staatssymbolik" im Hochmittelalter, in: Frühmittelalterliche Studien 27, 1993, S. 51–86.
**Keller 2004** Keller, Hagen, Hulderweis durch Privilegien. Symbolische Kommunikation innerhalb und jenseits des Textes, in: Frühmittelalterliche Studien 38, 2004, S. 309–321.
**Kern 1954** Kern, Fritz, Gottesgnadentum und Widerstandsrecht im früheren Mittelalter. Zur Entwicklungsgeschichte der Monarchie, 2. Aufl. Darmstadt 1954.
**Keupp 2002** Keupp, Jan, Dienst und Verdienst. Die Ministerialen Friedrich Barbarossas und Heinrichs VI. (Monographien zur Geschichte des Mittelalters 48), Stuttgart 2002.
**Kintzinger/Rogge 2004** Kintzinger, Martin/Rogge, Jörg (Hg.), Königliche Gewalt – Gewalt gegen Könige. Macht und Mord im spätmittelalterlichen Europa (Zeitschrift für historische Forschung. Beiheft 33), Berlin 2004.
**Klaniczay 2002** Klaniczay, Gábor, Holy Rulers and Blessed Princesses. Dynastic Cults in Medieval Central Europe (Past and Present Publications), Cambridge 2002.
**Kluge 2014** Kluge, Stephanie, Kontinuität und Wandel? Zur Bewertung hochmittelalterlicher Königsherrschaft durch die frühe bundesrepublikanische Mediävistik, in: Frühmittelalterliche Studien 48, 2014, S. 39–120.

**Kohl/Patzold 2016** Kohl, Thomas/Patzold, Steffen, Vormoderne – Moderne – Postmoderne? Überlegungen zu aktuellen Periodisierungen in der Geschichtswissenschaft, in: Kontinuitäten, Umbrüche, Zäsuren. Die Konstruktion von Epochen in Mittelalter und früher Neuzeit in interdisziplinärer Sichtung, hg. von Thomas Kühtreiber/Gabriela Schichta (Interdisziplinäre Beiträge zu Mittelalter und Früher Neuzeit 6), Heidelberg 2016, S. 23–42.

**Kölzer 2002** Kölzer, Theo, Der Hof Kaiser Barbarossas und die Reichsfürsten, in: Deutscher Königshof, Hoftag und Reichstag im späteren Mittelalter, hg. von Peter Moraw (Vorträge und Forschungen 48), Stuttgart 2002, S. 1–47.

**Kosuch 2011** Kosuch, Andreas, Abbild und Stellvertreter Gottes. Der König in herrschaftstheoretischen Schriften des späten Mittelalters (Passauer historische Forschungen 17), Köln/Weimar/Wien 2011.

**Kowalski 1913** Kowalski, Wolfgang, Die deutschen Königinnen und Kaiserinnen von Konrad III. bis zum Ende des Interregnums, Weimar 1913.

**Koziol 2012** Koziol, Geoffrey, Leadership. Why we have mirrors for princes but none for presidents, in: Why the Middle Ages Matter: Medieval Light on Modern Injustice, hg. von Celia Chazelle et al., London/New York 2012, S. 183–198.

**Krafft 2005** Krafft, Otfried, Papsturkunde und Heiligsprechung. Die päpstlichen Kanonisationen vom Mittelalter bis zur Reformation. Ein Handbuch (Archiv für Diplomatik, Schriftgeschichte, Siegel- und Wappenkunde. Beiheft 9), Köln/Weimar/Wien 2005.

**Krah 1987** Krah, Adelheid, Absetzungsverfahren als Spiegelbild von Königsmacht. Untersuchungen zum Kräfteverhältnis zwischen Königtum und Adel im Karolingerreich und seinen Nachfolgestaaten (Untersuchungen zur deutschen Staats- und Rechts-Geschichte N. F. 26), Aalen 1987.

**Krieg 2003** Krieg, Heinz, Herrscherdarstellung in der Stauferzeit. Friedrich Barbarossa im Spiegel seiner Urkunden und der staufischen Geschichtsschreibung (Vorträge und Forschungen. Sonderband 50), Ostfildern 2003.

**Krieger 1979** Krieger, Karl-Friedrich, Die Lehnshoheit der deutschen Könige im Spätmittelalter (ca. 1200–1437) (Untersuchungen zur deutschen Staats- und Rechtsgeschichte, NF 23), Aalen 1979.

**Krüger 1971** Krüger, Karl Heinrich, Königsgrabkirchen der Franken, Angelsachsen und Langobarden bis zur Mitte des 8. Jahrhunderts. Ein historischer Katalog (Münstersche Mittelalter-Schriften 4), München 1971.

**Lachaud/Penman 2008** Lachaud, Frédérique/Penman, Michael A. (Hg.), Making and Breaking the Rules. Succession in Medieval Europe, c. 1000–c. 1600. Proceedings of the Colloquium held on 6–7–8 April 2006 (Histoires de famille. La parenté au Moyen Âge 9), Turnhout 2008.

**Landwehr 1967** Landwehr, Götz, Die Verpfändung der deutschen Reichsstädte im Mittelalter (Forschungen zur deutschen Rechtsgeschichte 5), Köln/Graz 1967.

**Le Goff 1993** Le Goff, Jacques, Le Roi dans l'Occident médiéval: caractères originaux, in: Kings and Kingship in Medieval Europe, hg. von Anne J. Duggan (King's College London Medieval Studies 10), London 1993, S. 1–40.
**Le Goff 2000** Le Goff, Jacques, Ludwig der Heilige, Stuttgart 2000.
**Le Goff 2016** Le Goff, Jacques, Geschichte ohne Epochen? Ein Essay, Darmstadt 2016.
**Le Jan 2003** Le Jan, Régine, La sacralité de la royauté mérovingienne, in: Annales. Économies, Sociétés, Civilisations 58, 2003, S. 1217–1241.
**Le Jan 2006** Le Jan, Régine, Die Sakralität der Merowinger oder: Mehrdeutigkeiten der Geschichtsschreibung, in: Staat im frühen Mittelalter, hg. von Stuart Airlie/Walter Pohl/Helmut Reimitz (Denkschriften. Österreichische Akademie der Wissenschaften, Philosophisch-Historische Klasse 334; Forschungen zur Geschichte des Mittelalters 11), Wien 2006, S. 73–92.
**Leistenschneider 2008** Leistenschneider, Eva, Die französische Königsgrablege Saint-Denis. Strategien monarchischer Repräsentation 1223–1461, Weimar 2008.
**Lerner 2017** Lerner, Robert E., Ernst Kantorowicz. A Life, Princeton/Oxford 2017.
**Leyser 1992** Leyser, Karl, Friedrich Barbarossa – Hof und Land, in: Friedrich Barbarossa. Handlungsspielräume und Wirkungsweisen des staufischen Kaisers, hg. von Alfred Haverkamp (Vorträge und Forschungen 40), Sigmaringen 1992, S. 519–530.
**Lyon 2013** Lyon, Jonathan R., Princely Brothers and Sisters. The Sibling Bond in German Politics, 1100–1250, Ithaca, N.Y. 2013.
**Marques 1996** Marques, José (Hg.), Diplomatique royale du Moyen-Âge, XIIIe–XIVe siècles. Actes du colloque Porto (Commission International de Diplomatique. Anexo I da Revista da Faculdade de Letras. Historia), Porto 1996.
**Maschke 1966** Maschke, Erich, Die Wirtschaftspolitik Kaiser Friedrichs II. im Königreich Sizilien, in: Vierteljahrschrift für Sozial- und Wirtschaftsgeschichte 53, 1966, S. 289–328.
**McCormick 2005** McCormick, Michael, Um 808: Was der frühmittelalterliche König mit der Wirtschaft zu tun hatte, in: Die Macht des Königs. Herrschaft in Europa vom Frühmittelalter bis in die Neuzeit, hg. von Bernhard Jussen, München 2005, S. 55–71.
**McGlynn/Woodacre 2014** McGlynn, Sean/Woodacre, Elena (Hg.), The Image and Perception of Monarchy in Medieval and Early Modern Europe, Newcastle upon Tyne 2014.
**McKitterick 2008** McKitterick, Rosamond, Karl der Große (Gestalten des Mittelalters und der Renaissance), Darmstadt 2008.
**Meier 2002** Meier, Thomas, Die Archäologie des mittelalterlichen Königsgrabes im christlichen Europa (Mittelalter-Forschungen 8), Stuttgart 2002.

**Meinhardt/Ranft/Selzer 2007** Meinhardt, Matthias/Ranft, Andreas/Selzer, Stephan (Hg.), Mittelalter (Oldenbourg Geschichte Lehrbuch), München 2007, S. 11–158: „Monarchische Herrschaft in Europa".
**Metz 1964** Metz, Wolfgang, Staufische Güterverzeichnisse. Untersuchungen zur Verfassungs- und Wirtschaftsgeschichte des 12. und 13. Jahrhunderts, Berlin 1964.
**Meyer 2000** Meyer, Rudolf J., Königs- und Kaiserbegräbnisse im Spätmittelalter. Von Rudolf von Habsburg bis zu Friedrich III (Forschungen zur Kaiser- und Papstgeschichte des Mittelalters. Beihefte zu J. F. Böhmer, Regesta Imperii 19), Köln/Weimar/Wien 2000.
**Mitteis 1953** Mitteis, Heinrich, Der Staat des hohen Mittelalters. Grundlinien einer vergleichenden Verfassungsgeschichte des Lehnszeitalters, 4. Aufl. Weimar 1953.
**Moraw 1992** Moraw, Peter, Peter Moraw: Franken als königsnahe Landschaft im späten Mittelalter, in: Blätter für deutsche Landesgeschichte 112, 1976, S. 123–138.
**Moraw 2002** Moraw, Peter (Hg.), Deutscher Königshof, Hoftag und Reichstag im späteren Mittelalter (Vorträge und Forschungen 48), Stuttgart 2002.
**Moraw 2005a** Moraw, Peter (Hg.), Die deutschsprachige Mediävistik im 20. Jahrhundert (Vorträge und Forschungen 62), Ostfildern 2005.
**Moraw 2005b** Moraw, Peter, Kontinuität und später Wandel: Bemerkungen zur deutschen und deutschsprachigen Mediävistik 1945–1970/75, in: Die deutschsprachige Mediävistik im 20. Jahrhundert, hg. von Peter Moraw (Vorträge und Forschungen 62), Ostfildern 2005, S. 103–138.
**Müller 2004** Müller, Heribert, Aktuelle Tendenzen historischer Mittelalterforschung in Frankreich und Deutschland. Anmerkungen zu Repräsentativität, Orientierung und Auswahl einer Neuerscheinung, in: Francia. Forschungen zur westeuropäischen Geschichte 31, 2004, S. 181–197.
**Müller-Mertens 1980** Müller-Mertens, Eckhard (Hg.), Die Reichsstruktur im Spiegel der Herrschaftspraxis Ottos des Grossen. Mit historiographischen Prolegomena zur Frage Feudalstaat auf deutschem Boden, seit wann deutscher Feudalstaat? (Forschungen zur mittelalterlichen Geschichte 25), Berlin 1980.
**Murray 1998** Murray, Alexander, Post vocantur Merohingii: Fredegar, Merovech, and ‚Sacral Kingship', in: After Rome's Fall. Narrators and Sources of Early Medieval History. Essays Presented to Walter Goffart, hg. von Alexander Murray, Toronto/Buffalo/London 1998, S. 121–152.
**Nagel 2005** Nagel, Anne Christine, Im Schatten des Dritten Reichs. Mittelalterforschung in der Bundesrepublik Deutschland 1945–1970 (Formen der Erinnerung 24), Göttingen 2005.
**Neudeck 2003** Neudeck, Otto, Erzählen von Kaiser Otto. Zur Fiktionalisierung von Geschichte in mittelhochdeutscher Literatur (Norm und Struktur 18), Köln/Weimar/Wien 2003.
**Niederkorn 1979** Niederkorn, Jan Paul, Die Datierung des Tafelgüterverzeichnisses, in: Mitteilungen des Instituts für Österreichische Geschichtsforschung 87, 1979, S. 471–487.

**Nortier/Baldwin 1980** Nortier, Michel/Baldwin, John W., Contributions à l'étude des finances de Philippe Auguste, in: Bibliothèque de l'École des Chartes 138, 1980, S. 5–33.

**Nouvelle Histoire de la France médiévale 1990** Nouvelle Histoire de la France médiévale, 5 Bde., Paris 1990.

**Oertel 2016** Oertel, Christian, The Cult of St Erik in Medieval Sweden. Veneration of a Royal Saint, Twelfth-Sixteenth Centuries (Acta Scandinavica 5), Turnhout 2016.

**Oesterle 2009** Oesterle, Jenny Rahel, Kalifat und Königtum. Herrschaftsrepräsentation der Fatimiden, Ottonen und frühen Salier an religiösen Hochfesten (Symbolische Kommunikation in der Vormoderne), Darmstadt 2009.

**Offergeld 2001** Offergeld, Thilo, Reges pueri. Das Königtum Minderjähriger im frühen Mittelalter (Monumenta Germaniae Historica Schriften 50), Hannover 2001.

**Oldenbourg Grundriß der Geschichte 1997 ff.** Oldenbourg Grundriß der Geschichte, hg. von Jochen Bleicken/Herman Jakobs/Lothar Gall, München 1979 ff.

**Orwell 2000** Orwell, George, 1984, München 2000.

**Paravicini 1993** Paravicini, Werner, Sterben und Tod Ludwigs IX., in: Tod im Mittelalter, hg. von Arno Borst et al. (Konstanzer Bibliothek 20), Konstanz 1993, S. 77–168.

**Paravicini 2010** Paravicini, Werner, Die Wahrheit der Historiker (Historische Zeitschrift. Beihefte N. F. 53), München 2010.

**Patzold 2007** Patzold, Steffen, Konsens und Konkurrenz. Überlegungen zu einem aktuellen Forschungskonzept der Mediävistik, in: Frühmittelalterliche Studien 41, 2007, S. 75–103.

**Patzold 2012** Patzold, Steffen, Consensus – Concordia – Unitas. Überlegungen zu einem politisch-religiösen Ideal der Karolingerzeit, in: Exemplaris Imago. Ideale in Mittelalter und Früher Neuzeit, hg. von Nikolaus Staubach (Tradition – Reform – Innovation 15), Frankfurt am Main et al. 2012, S. 31–56.

**Peltzer/Schwedler/Töbelmann 2009** Peltzer, Jörg/Schwedler, Gerald/ Töbelmann, Paul (Hg.), Politische Versammlungen und ihre Rituale. Repräsentationsformen und Entscheidungsprozesse (Mittelalter-Forschungen 27), Ostfildern 2009.

**Petersohn 1993** Petersohn, Jürgen, „Echte" und „falsche" Insignien im deutschen Krönungsbrauch des Mittelalters? Kritik eines Forschungsstereotyps (Sitzungsberichte der Wissenschaftlichen Gesellschaft an der Johannes-Goethe-Universität Frankfurt am Main 30,3), Stuttgart 1993.

**Petersohn 1994** Petersohn, Jürgen (Hg.), Politik und Heiligenverehrung im Hochmittelalter (Vorträge und Forschungen 42), Sigmaringen 1994.

**Petersohn 1998** Petersohn, Jürgen, Über monarchische Insignien und ihre Funktion im mittelalterlichen Reich, in: Historische Zeitschrift 266, 1998, S. 47–96.

**Peyer 1964** Peyer, Hans Conrad, Das Reisekönigtum des Mittelalters, in: Vierteljahrschrift für Sozial- und Wirtschaftsgeschichte 51, 1964, S. 1–21.
**Pohl 2006** Pohl, Walter, Staat und Herrschaft im Frühmittelalter: Überlegungen und Forschungsstand, in: Staat im frühen Mittelalter, hg. von Stuart Airlie/Walter Pohl/Helmut Reimitz (Denkschriften. Österreichische Akademie der Wissenschaften, Philosophisch-Historische Klasse 334; Forschungen zur Geschichte des Mittelalters 11), Wien 2006, S. 9–38.
**Proetel 2000** Proetel, Karin, Großes Werk eines „kleinen Königs". Das Vermächtnis Friedrichs des Schönen zwischen Disposition und Durchführung, in: Stiftungen und Stiftungswirklichkeiten. Vom Mittelalter bis zur Gegenwart, hg. von Michael Borgolte (Stiftungsgeschichten 1), Berlin 2000, S. 59–95.
**Propyläen Geschichte Deutschlands 1983–1995** Propyläen Geschichte Deutschlands, hg. von Dieter Groh et al., 9 Bde., Berlin 1983–1995.
**Rady 2014** Rady, Martyn, Hungary and the Golden Bull of 1222, in: Banatica 24, 2014, S. 87–108.
**Reinle 2015** Reinle, Christine, Was bedeutet Macht im Mittelalter?, in: Mächtige Frauen? Königinnen und Fürstinnen im europäischen Mittelalter (11.–14. Jahrhundert), hg. von Claudia Zey (Vorträge und Forschungen 81), Ostfildern 2015, S. 35–72.
**Repertorium Fontium Historiae Medii Aevi 1962–2007** Repertorium Fontium Historiae Medii Aevi, 11 Bde., Roma 1962–2007.
**Reuter 1982** Reuter, Timothy, The ‚Imperial Church System' of the Ottonian and Salian Rulers: A Reconsideration, in: The Journal of Ecclesiastical History 33, 1982, S. 347–374.
**Rexroth 2003** Rexroth, Frank, Rituale und Ritualismus in der historischen Mittelalterforschung. Eine Skizze, in: Mediävistik im 21. Jahrhundert. Stand und Perspektiven der internationalen und interdisziplinären Mittelalterforschung, hg. von Hans-Werner Goetz/Jörg Jarnut (MittelalterStudien des Instituts zur Interdisziplinären Erforschung des Mittelalters und seines Nachwirkens, Paderborn 1), München 2003, S. 391–406.
**Rexroth 2004** Rexroth, Frank, Tyrannen und Taugenichtse. Beobachtungen zur Ritualität europäischer Königsabsetzungen im späten Mittelalter, in: Historische Zeitschrift 278, 2004, S. 27–53.
**Richardson 1935** Richardson, H. G./Sayles, G. O., Early Coronation Records, in: Bulletin of the Institute of Historical Research 13, 1935, S. 129–145.
**Riley-Smith 1973** Riley-Smith, The Feudal Nobility and the Kingdom of Jerusalem, 1174–1277, London 1973.
**Rogge 2011** Rogge, Jörg, Die deutschen Könige im Mittelalter. Wahl und Krönung (Geschichte kompakt), 2. Aufl. Darmstadt 2011.
**Ruiz 1985** Ruiz, Teofilo F., Unsacred Monarchy: The Kings of Castile in the Late Middle Ages, in: Rites of Power. Symbolism, Ritual, and Politics since the Middle Ages, hg. von Sean Wilentz, Philadelphia 1985, S. 109–144.
**Schenk 2003** Schenk, Gerrit Jasper, Zeremoniell und Politik: Herrschereinzüge im spätmittelalterlichen Reich (Forschungen zur Kaiser- und

Papstgeschichte. Beihefte zu J. F. Böhmer, Regesta Imperii 21), Köln/ Weimar/Wien 2003.

**Schlesinger 1975** Schlesinger, Walter, Gedanken zur Datierung des Verzeichnisses der Höfe, die zur Tafel des Königs der Römer gehören, in: Jahrbuch für fränkische Landesforschung 34/35, 1975, S. 185–203.

**Schlunk 1988** Schlunk, Andreas Christoph, Königsmacht und Krongut. Die Machtgrundlage des deutschen Königtums im 13. Jahrhundert – und eine neue historische Methode, Stuttgart 1988.

**Schmidt 1961** Schmidt, Roderich, Königsumritt und Huldigung in ottonisch-salischer Zeit (Vorträge und Forschungen 6), Stuttgart 1961.

**Schneider, F. 1943** Schneider, Friedrich (Hg.), Universalstaat oder Nationalstaat. Macht und Ende des Ersten Deutschen Reiches. Die Streitschriften von Heinrich von Sybel und Julius Ficker zur deutschen Kaiserpolitik des Mittelalters, 2. Aufl. Innsbruck 1943.

**Schneider, R. 1972** Schneider, Reinhard, Königswahl und Königserhebung im Frühmittelalter. Untersuchungen zur Herrschaftsnachfolge bei den Langobarden und Merowingern (Monographien zur Geschichte des Mittelalters 3), Stuttgart 1972.

**Schneider, R. 1987** Schneider, Reinhard (Hg.), Das spätmittelalterliche Königtum im europäischen Vergleich (Vorträge und Forschungen 32), Sigmaringen 1987.

**Schneidmüller 2000** Schneidmüller, Bernd, Konsensuale Herrschaft. Ein Essay über Formen und Konzepte politischer Ordnung im Mittelalter, in: Reich, Regionen und Europa in Mittelalter und Neuzeit. Festschrift für Peter Moraw, hg. von Paul-Joachim Heinig (Historische Forschungen 67), Berlin 2000, S. 53–87.

**Schneidmüller 2005** Schneidmüller, Bernd, Von der Verfassungsgeschichte zur Geschichte der politischen Ordnungen und Identitäten im europäischen Mittelalter, in: Zeitschrift für Geschichtswissenschaft 55, 2005, S. 485–500.

**Schneidmüller 2017** Schneidmüller, Bernd, Verantwortung aus Breite und Tiefe. Verschränkte Herrschaft im 13. Jahrhundert, in: König, Reich und Fürsten im Mittelalter. Abschlusstagung des Greifswalder „Principes-Projekts". Festschrift für Karl-Heinz Spieß, hg. von Oliver Auge (Beiträge zur Geschichte der Universität Greifswald 12), Stuttgart 2017, S. 115–148.

**Schneidmüller/Weinfurter 2003** Schneidmüller, Bernd/Weinfurter, Stefan (Hg.), Die deutschen Herrscher des Mittelalters. Historische Portraits von Heinrich I. bis Maximilian I. (919–1519), München 2003.

**Schneidmüller/Weinfurter 2006** Schneidmüller, Bernd/Weinfurter, Stefan, Ordnungskonfigurationen. Die Erprobung eines Forschungsdesigns, in: Ordnungskonfigurationen im hohen Mittelalter, hg. von Bernd Schneidmüller/Stefan Weinfurter (Vorträge und Forschungen 64), Ostfildern 2006, S. 7–18.

**Scholz 2005** Scholz, Sebastian, Die Wiener Reichskrone: Eine Krone aus der Zeit Konrads III.?, in: Grafen, Herzöge, Könige. Der Aufstieg der frühen Staufer und das Reich (1079–1152), hg. von Hubertus Seibert/Jürgen Dendorfer (Mittelalter-Forschungen 18), Ostfildern 2005, S. 341–362.

**Schubert/Ramm 1968** Schubert, Ernst/Ramm, Peter (Hg.), Die Inschriften der Stadt Merseburg (Die Deutschen Inschriften 11), Berlin/Stuttgart 1968.

**Schubert 1979** Schubert, Ernst, König und Reich. Studien zur spätmittelalterlichen deutschen Verfassungsgeschichte (Veröffentlichungen des Max-Planck-Instituts für Geschichte 63), Göttingen 1979.

**Schubert 2005** Schubert, Ernst, Königsabsetzung im deutschen Mittelalter. Eine Studie zum Werden der Reichsverfassung (Abhandlungen der Akademie der Wissenschaften zu Göttingen. Philologisch-Historische Klasse. Dritte Folge 267), Göttingen 2005.

**Schulze, H. 2011** Schulze, Hans Kurt, Grundstrukturen der Verfassung im Mittelalter. Bd. 4: Das Königtum (Urban Taschenbücher 464), Stuttgart 2011.

**Schulze, W./Oexle 1999** Schulze, Winfried/Oexle, Otto Gerhard (Hg.), Deutsche Historiker im Nationalsozialismus, Bd. 14606 (Fischer-Taschenbücher 14606; Die Zeit des Nationalsozialismus), Frankfurt am Main 1999.

**Schwalm 1898** Schwalm, Jakob, Ein unbekanntes Eingangsverzeichnis von Steuern der königlichen Städte aus der Zeit Kaiser Friedrichs II., in: Neues Archiv der Gesellschaft für ältere deutsche Geschichtskunde 23, 1898, S. 517–558.

**Seebold 2001** Seebold, Elmar, Art. „König und Königtum. § 1. Sprachliches", in: Reallexikon der Germanischen Altertumskunde 17, Berlin/New York 2001, S. 102–103.

**Spencer 2015** Spencer, Andrew M., The Coronation Oath in English Politics, 1272–1399, in: Political Society in Later Medieval England: A Festschrift for Christine Carpenter, hg. von Benjamin Thompson, Woodbridge 2015, S. 38–54.

**Stern/Bartmuß 1986** Stern, Leo/Bartmuß, Hans-Joachim, Deutschland in der Feudalepoche von der Wende des 5./6. Jahrhunderts bis zur Mitte des 11. Jahrhunderts (Lehrbuch der deutschen Geschichte (Beiträge)), 4. Aufl. Berlin 1986.

**Sthamer 1920/1925/1930** Sthamer, Eduard, Studien über die sizilischen Register Friedrichs II., in: Sitzungsberichte der Preussischen Akademie der Wissenschaften, Philosophisch-Historische Klasse 1920, S. 584–610; 1925, S. 1168–1178; 1930, S. 1921–1921.

**Stollberg-Rilinger 2005** Stollberg-Rilinger, Barbara (Hg.), Was heißt Kulturgeschichte des Politischen? (Zeitschrift für historische Forschung 35), Berlin 2005.

**Stollberg-Rilinger 2010** Stollberg-Rilinger, Barbara, Verfassungsgeschichte als Kulturgeschichte, in: Zeitschrift der Savigny-Stiftung für Rechtsgeschichte. Germanistische Abteilung 127, 2010, S. 1–32.

**Struve 1978** Struve, Tilman, Die Entwicklung der organologischen Staatsauffassung im Mittelalter (Monographien zur Geschichte des Mittelalters 16), Stuttgart 1978.

**Stürner 2009** Stürner, Wolfgang, Friedrich II. 1194–1250, 2 Bde., 3. Aufl. Darmstadt 2009.

**Suchan 2003** Suchan, Monika, Fürstliche Opposition gegen das Königtum im 11. und 12. Jahrhundert als Gestalterin mittelalterlicher Staatlichkeit, in: Frühmittelalterliche Studien 37, 2003, S. 141–165.

**Suchan 2014** Suchan, Monika, Gerechtigkeit in christlicher Verantwortung. Neue Blicke in die Fürstenspiegel des Frühmittelalters, in: Francia. Forschungen zur westeuropäischen Geschichte 41, 2014, S. 1–23.

**Sunderland 2017** Sunderland, Luke, Rebel Barons. Resisting Royal Power in Medieval Culture, Oxford 2017.

**The New Cambridge Medieval History 1995–2005** The New Cambridge Medieval History, hg. von David Abulafia et al., 7 Bde., Cambridge 1995–2005.

**Theuerkauf 1991** Theuerkauf, Gerhard, Die Interpretation historischer Quellen. Schwerpunkt: Mittelalter (UTB 1554), Paderborn 1991.

**Uebach 2008** Uebach, Christian, Die Ratgeber Friedrich Barbarossas (1152–1167), Marburg 2008.

**Ullmann 1966** Ullmann, Walter, Principles of Government and Politics in the Middle Ages, 2. Aufl. London 1966.

**Ullmann 1971** Ullmann, Walter, Schranken der Königsgewalt im Mittelalter, in: Historisches Jahrbuch 91, 1971, S. 1–21.

**Ullrich 2006** Ullrich, Jens, Iste sunt curie ... Randnotizen zum Tafelgüterverzeichnis, in: Rittertum und höfische Kultur der Stauferzeit hg. von Johannes Laudage/Yvonne Leiverkus (Europäische Geschichtsdarstellungen 12), Köln/Weimar/Wien 2006, S. 136–145.

**Vagnoni 2013** Vagnoni, Mirko, Royal Images and Sacred Elements in Norman-Swabian and Angevin-Aragonese Kingdom of Sicily, in: Eikón. Imago 2, 2013, S. 107–122.

**Vauchez 1988** Vauchez, André, La sainteté en occident aux derniers siècles du moyen âge d'après les procès de canonisation et les documents hagiographiques (Bibliothèque des Écoles Françaises d'Athènes et de Rome 241), 2. Aufl. Roma 1988.

**Vincent 2007** Vincent, Nicholas C., The Court of Henry II, in: Henry II: New Interpretations, hg. von Christopher Harper-Bill/Nicholas C. Vincent, Woodbridge 2007, S. S. 278–334.

**Vogel 2011** Vogel, Christian, Zur Rolle der Beherrschten in der mittelalterlichen Herrschaftslegitimation (Studia Humaniora 45), Düsseldorf 2011.

**Vogtherr 2003** Vogtherr, Thomas, ‚Weh Dir, Land, dessen König ein Kind ist.' Minderjährige Könige um 1200 im europäischen Vergleich, in: Frühmittelalterliche Studien 37, 2003, S. 291–314.

**Vollrath 1981** Vollrath, Hanna, Das Mittelalter in der Typik oraler Gesellschaften, in: Historische Zeitschrift 233, 1981, S. 571–594.

**Vollrath 1998** Vollrath, Hanna, Politische Ordnungsvorstellungen und politisches Handeln im Vergleich. Philipp II. August von Frankreich und Friedrich Barbarossa im Konflikt mit ihren mächtigsten Fürsten, in: Political thought and the realities of power in the Middle Ages, hg. von Joseph Canning (Veröffentlichungen des Max-Planck-Instituts für Geschichte 147), Göttingen 1998, S. 33–51.

**Waitz 1844–1878**  Waitz, Georg, Deutsche Verfassungsgeschichte von den Germanen bis zum 12. Jahrhundert, 8 Bde., Kiel 1844–1878.
**Wallace-Hadrill 1962**  Wallace-Hadrill, John M., The Long-Haired Kings and Other Studies in Frankish History, London 1962.
**Warren 1973**  Warren, Wilfred L., Henry II, London 1973.
**Warren 1987**  Warren, Wilfred L., The Governance of Norman and Angevin England 1086–1272 (The Governance of England 2), London 1987.
**Wattenbach 1858**  Wattenbach, Wilhelm, Deutschlands Geschichtsquellen im Mittelalter bis zur Mitte des dreizehnten Jahrhunderts, Berlin 1858.
**Weber 2013**  Weber, Max, Wirtschaft und Gesellschaft. Soziologie, unvollendet, 1919–1920, hg. von Knut Borchardt/Wolfgang Schluchter (Max Weber Gesamtausgabe. Abt. 1, Schriften und Reden 23), Tübingen 2013.
**Weiler 2015**  Weiler, Björn, Tales of First Kings and the Culture of Kingship in the West, ca. 1050–ca. 1200, in: Viator. Medieval and Renaissance Studies 46, 2015, S. 101–128.
**Weinfurter 2013**  Weinfurter, Stefan, Karl der Große. Der heilige Barbar, München/Zürich 2013.
**Wolfram 2005**  Wolfram, Herwig, Frühes Königtum, in: Das frühmittelalterliche Königtum. Ideelle und religiöse Grundlagen, hg. von Franz-Reiner Erkens (Ergänzungsbände zum Reallexikon der germanischen Altertumskunde 49), Berlin/New York 2005, S. 42–64.
**Wood 2003**  Wood, Ian N., Deconstructing the Merovingian Family, in: The Construction of Communities in the Early Middle Ages. Texts, Resources and Artefacts, hg. von Richard Corradini/Maximilian Diesenberger/Helmut Reimitz (The Transformation of the Roman World 12), Leiden/Boston 2003, S. 149–171.
**Woodacre 2013**  Woodacre, Elena (Hg.), Queenship in the Mediterranean. Negotiating the Role of the Queen in the Medieval and Early Modern Eras (Queenship and Power), Basingstoke 2013.
**Woodacre/Sarti 2015**  Woodacre, Elena/Sarti, Cathleen, What is Royal Studies?, in: Royal Studies Journal 2, 2015, S. 13–20.
**Zey 2015**  Zey, Claudia (Hg.), Mächtige Frauen? Königinnen und Fürstinnen im europäischen Mittelalter (11.–14. Jahrhundert) (Vorträge und Forschungen 81), Ostfildern 2015.
**Zotz 1991**  Zotz, Thomas, Präsenz und Repräsentation. Beobachtungen zur königlichen Herrschaftspraxis im hohen und späten Mittelalter, in: Herrschaft als soziale Praxis. Historische und sozial-anthropologische Studien, hg. von Alf Lüdtke (Veröffentlichungen des Max-Planck-Instituts für Geschichte 91), Göttingen 1991, S. 169–194.
**Zotz 1995**  Zotz, Thomas, Zur Grundherrschaft des Königs im Deutschen Reich vom 10. bis zum frühen 13. Jahrhundert, in: Grundherrschaft und bäuerliche Gesellschaft im Hochmittelalter, hg. von Werner Rösener (Veröffentlichungen des Max-Planck-Instituts für Geschichte 115), Göttingen 1995, S. 76–115.

# Abbildungsverzeichnis

Abb. 1:   Karte Europa „um 800" (© Peter Palm, Berlin).
Abb. 2:   Karte Europa „um 1400", aus: Meinhardt, Matthias/Ranft, Andreas/ Selzer, Stephan (Hg.), Mittelalter (Oldenbourg Geschichte Lehrbuch), München 2007, S. 15.
Abb. 3:   Reichskrone des Heiligen Romischen Reichs (10., 11. oder 12. Jahrhundert) (akg-images/Imagno).
Abb. 4:   Urkunde Ottos I. für das Kloster Corvey (17. Oktober 936): Münster, Staatsarchiv, Corvey Nr. 25c; http://lba.hist.uni-marburg.de/lba-cgi/kleioc/0010KlLBA/exec/showrecord/zugangsnummer/"8556".
Abb. 5:   Silbermünze Theoderichs des Großen (0,9 g, Ø 12 mm; 493–518 (bpk/Münzkabinett, SMB/Lübke & Wiedemann).
Abb. 6:   Herrscherdarstellung im Regensburger Evangeliar (Erste Hälfte 11. Jahrhundert): Rom, Biblioteca Apostolica Vaticana, Cod. Ottob. lat. 74, f. 193v.
Abb. 7:   Grabplatte des Mainzer Erzbischofs Siegfried III. von Eppstein (Mitte 13. Jahrhundert): Mainz, Dom.
Abb. 8:   Die Königswahl Heinrichs VII. (1308) im Codex Balduini (Zweites Viertel 14. Jahrhundert): Koblenz, Landeshauptarchiv, Best. 1 C Nr. 1, f. 3.
Abb. 9:   Königskrönung in einem Mainzer Pontifikale (Drittes Viertel 15. Jahrhundert): Hofbibliothek Aschaffenburg, Ms. 12, f. 60v.
Abb. 10:  Grabmal König Rudolfs von Rheinfelden (gest. 1080): Merseburg, Dom.
Abb. 11:  Könige und Bischöfe ersuchen den Papst um die Kanonisation Ludwigs IX. von Frankreich (Zweites Viertel 14. Jahrhundert): Paris, BNF, Ms. fr. 5716, f. 10.
Abb. 12:  Kyffhäuser, Kaiser-Wilhelm-Nationaldenkmal (Ende 19. Jahrhundert) (akg-images).

# Glossar

**Apanage:** Ausstattung nachgeborener Söhne in Form eines Fürstentums (Kap. 6).
***Capitulare de villis*:** Erlass Karls des Großen bezüglich der Verwaltung des Kronguts, wichtige wirtschaftsgeschichtliche Quelle (Kap. 9, 10).
**Exkommunikation:** Von Geistlichen ausgesprochene Strafe (Kirchenbann), die den Ausschluss aus der Gemeinschaft der Gläubigen und damit zahlreiche kirchliche wie soziale Sanktionen nach sich zog (Kap. 6).
**Fürstenspiegel:** An einen Herrscher gerichtetes moralisch-didaktisches Werk, zur Ermahnung ebenso wie zur Erörterung staatsrechtlich-gesellschaftlicher Zusammenhänge (Kap. 4).
**Hausmeier:** Vorsteher des Hauses, im merowingischen Frankenreich als oberstes → Hofamt mit großem Einfluss auf die Politik (Kap. 3).
**Hof:** Als ‚engerer' Hof die nähere Umgebung des Herrschers (→ Hofamt), in Abgrenzung zum ‚gesteigerten' → Hoftag (Kap. 9, 10).
**Hofamt:** Zentrales Amt am Königshof mit abgegrenztem Aufgabenbereich (im Hochmittelalter besonders Truchsess, Marschall, Mundschenk und Kämmerer), dessen Inhaber oft auch anderweitig für den König wirkten (Kap. 10).
**Hofgericht:** Gerichtsversammlung der Fürsten und Ministerialen unter Vorsitz des Königs oder Hofrichters (Kap. 8).
**Hofkapelle:** Zum → Hof gehörende Geistliche, denen die Feier des Gottesdienstes und die Seelsorge oblag, die vielfach aber auch administrativ-politische Aufgaben ausübten (→ Kanzlei) (Kap. 10).
**Hoftag:** Zusammenkunft von König und Großen um über regionale und das ganze Reich betreffende Themen zu beraten (Kap. 8).
**Huldigung:** In der Regel durch Eid vollzogene Unterwerfung und Treuebindung der Untertanen an ihren Herrn (Kap. 7, 8).
**Insigne (n., Pl. Insignien):** Herrschaftszeichen, Machtsymbol (Kap. 2, 7).
**Interregnum:** Zeitraum ohne regierenden König. Für das römisch-deutsche Reich als Forschungsbegriff die Zeit vom Ende der Staufer bis zum Herrschaftsbeginn Rudolfs von Habsburg (1250/54–1273) (Kap. 11).
**Intervenient:** Person, die auf das Zustandekommen einer Urkunde Einfluss hatte und in dieser als solche genannt wird, z. B. die Königin (Kap. 10, 11).
**Investitur:** Akt der Einweisung (wörtlich „Einkleidung") in Besitzung und Nutzung einer Sache, eines Rechts oder Amts, in der Regel durch eine symbolische Handlung (Kap. 8).
**Investiturstreit:** Konflikt zwischen Königtum und Papsttum (1076–1122), der sich an der Einsetzung von Bischöfen und Reichsäbten entzündete und zur grundsätzlichen Frage des Verhältnisses von weltlicher und geistlicher Macht führte (Kap. 6).
**Itinerar:** Reiseweg und Aufenthaltsorte eines Königs, rekonstruierbar vornehmlich anhand seiner Urkunden (Kap. 8).
**Kanzlei:** Aus der → Hofkapelle hervorgegangene Stelle am → Hof, der die Ausstellung von Urkunden und anderen Schriftstücken oblag (Kap. 2, 10).

**Königsdienst (*servitium regis*):** Abgaben und Dienst (Gastung, Naturalien, Geld, Heeresfolge), die Bistümer und Reichsklöster dem König zu leisten hatten (Kap. 6, 9).

**Konkordat:** Abkommen zwischen Kirche (Papst) und weltlichem Herrscher zur Regelung gemeinsamer Belange und des gegenseitigen Verhältnisses (Kap. 6).

**Krönung:** Im engeren Sinne das Aufsetzen der Krone durch einen Geistlichen, im weiteren Sinne die Königsweihe insgesamt (Eid, Salbung, Übergabe der → Insignien, Thronsetzung etc.) (Kap. 1, 3, 5, 7, 8).

**Kurfürsten:** Sieben Fürsten, denen im spätmittelalterlichen römisch-deutschen Reich das alleinige Königswahlrecht und eine Sonderstellung innerhalb der Reichsfürsten zukam (Kap. 6, 7, 11).

**Lehen:** Landbesitz oder Reche, die einem Vasall von seinem Herrn zur Nutzung überlassen wurden (→ Investitur), wofür er sich im Gegenzug zu Rat und Hilfe verpflichtete (Kap. 6, 9, 11).

**Liturgie:** Gesamtheit der gottesdienstlichen Handlungen (Kap. 4, 7).

**Memoria:** Erinnerung an einen Verstorbenen, insbesondere im religiösen Bereich, z. B. mittels Güterübertragung an eine geistliche Institution gegen fortwährende Fürbitte im Gebet (Seelgerätstiftung) (Kap. 12).

**Ministeriale:** Dienstmann, der bestimmte administrative, politische und militärische Funktionen ausübte und dafür mit einem → Lehen ausgestattet wurde (Kap. 10).

**Monogramm:** Aus Buchstaben (z. B. des Königsnamens) zusammengesetztes Zeichen als Beglaubigungsmittel auf Urkunden oder Münzen (Kap. 2, 3).

**Monumenta Germaniae Historica (MGH):** Editionsreihe für Quellen zur deutschen Geschichte des Mittelalters (Kap. 2, 14).

**Paradigma:** Von vielen Wissenschaftlern geteilte Lehr- und Leitsätze, die sich auf Fragestellung, Theorie und/oder Methode beziehen (Kap. 1, 12, 14).

**Pfalz:** Gebäudekomplex für Aufenthalt und Amtsgeschäfte des Königs bei seinen Reisen durch das Reich (Kap. 9, 10).

**Privileg:** Verleihung von Rechten in Form einer feierlichen Urkunde. Bezeichnung dieses Urkundentyps, in Abgrenzung zum einfacher gehaltenen Mandat (Kap. 2, 5, 8).

**Regalien:** Königliche Hoheits- und Herrschaftsrechte wie Gericht, Zoll, Münze etc. (Kap. 9).

**Regent:** Vertreter eines Herrschers, der aufgrund Minderjährigkeit, Regierungsunfähigkeit oder Abwesenheit an dessen Stelle regiert (Kap. 11).

**Regesta Imperii (RI):** Modernes Verzeichnis der urkundlich und historiographisch belegten Aktivitäten der karolingischen und römisch-deutschen Könige/Kaiser in Form deutschsprachiger Kurzzusammenfassungen (Regesten) (Kap. 14).

**Register:** Verzeichnis der in der → Kanzlei erstellten Schriftstücke (Kap. 2).

**Reichsgut:** Besitzungen des Königs, von der Forschung unterschieden in Krongut, Reichslehngut und Reichskirchengut (Kap. 5, 9).

**Ritual:** Formalisierte Handlungssequenz, die sich durch einen besonderen Grad an Feierlichkeit und Öffentlichkeit auszeichnet (Kap. 1, 7, 8).

**Siegel:** An der Urkunde angebrachtes Beglaubigungsmittel aus Wachs oder Metall (Blei-, Goldbulle), in der Regel als Verbindung von Bild und Schrift (Kap. 2, 3).

**Transsumpt:** Urkunde, die zwecks Bestätigung oder Vervielfältigung im Wortlaut in eine andere Urkunde inseriert ist (Kap. 11).

**Wahl:** Auswahl eines Kandidaten beziehungsweise Zustimmung zu dessen Erhebung. Auch Sammelbegriff für die diesbezüglichen Einzelakte (Verhandlungen, Wahlversprechen, Eid, Kürspruch, Akklamation, Altarsetzung etc.) (Kap. 4, 7, 11).

# Register

## Ortsregister

**A**
Aachen 34, 62, 100–102, 111, 123, 128 f., 131, 180–182, 193–197, 201 f.
Aragón, Kgr. 8, 68, 83, 87, 113, 158, 162, 179
Armenien/Kilikien, Kgr. 8
Auvergne 126

**B**
Bamberg 177
Bayern 88 f., 110, 123, 128
Böhmen, Kgr. 8, 87 f., 112, 161 f.
Bosnien, Kgr. 8
Burgos 112
Burgund, Gft. 142 f.
Burgund, Kgr. 8, 147, 150
Byzanz/Ksr. von Konstantinopel 7 f., 83

**C**
Cefalù 179
Corvey 31

**D**
Dänemark, Kgr. 7 f., 68, 83, 87, 162, 179, 189

**E**
Eger 125
Elsass 125, 130
England, Kgr. 7, 11, 15 f., 46, 67, 68–71, 85, 87 f., 112–114, 126–128, 144 f., 150, 158, 163, 175, 177 f., 188 f., 194

**F**
Franken 110, 123, 128
Frankenreich 7 f., 15 f., 44, 57, 88, 94–96, 157, 179
Frankfurt 119 f., 124

Frankreich, Kgr. 8, 11, 15, 25, 46, 66 f., 82, 85, 88, 104 f., 112–114, 128, 137 f., 162 f., 174 f., 177, 185, 187, 189, 201, 203
Friedberg 124
Fritzlar 1

**G**
Gelnhausen 124
Granada, Emirat 8

**H**
Hagenau 125

**I**
Ile-de-France 126
Irland 8
Island 4
Italien, Kgr. 8, 147, 149, 161

**J**
Jerusalem, Kgr. 8, 83, 87, 163

**K**
Kastilien-León, Kgr. 8, 46, 68, 83, 112 f., 158, 179, 203
Köln 55, 118
Konstantinopel 37
Krakau 178
Kroatien, Kgr. 8
Kyffhäuserburgberg 199

**L**
Languedoc 126
Lateinisches Kaiserreich 15
Lombardei 123, 128, 130
Lothringen 110

**M**
Magdeburg 177
Mainz 110, 116, 118
Marseille 194
Merseburg 170
Metz 118

Monreale 179
Montecassino 51

**N**
Navarra, Kgr. 8
Neapel 179
Neapel, Kgr. 8, 179, 194
Niederlande 203
Normandie 137, 145
Norwegen, Kgr. 8, 83, 162, 188
Nürnberg 125

**O**
Österreich 125

**P**
Palermo 172, 179
Paris 112, 194
Poblet 179
Poitou 126
Polen, Kgr. 8, 87 f., 178
Portugal, Kgr. 8, 87, 113
Prag 112, 178

**Q**
Quedlinburg 177

**R**
Regensburg 51, 113
Ringsted 179
Rom 7, 37, 39, 111, 177
Römisch-deutsches Reich *passim*
Römisches Reich (Antikes Kaiserreich) 21, 38–40
Roskilde 179

**S**
Sachsen 88, 110, 118, 123, 128
Saint-Denis 177 f., 194
Schottland, Kgr. 8, 88, 156, 189
Schwaben 110, 130
Schweden, Kgr. 8, 83, 111, 162, 189
Serbien, Kgr. 8
Sevilla 112, 179
Sizilien, Kgr. 8, 46, 83, 87, 114, 155 f., 161 f., 179, 194
Sorø 179

Speyer 173, 177 f.
Steiermark 125
Szekesfehervar/ Stuhlweisenburg 178

**T**
Toledo 112, 179
Tunis 186

**U**
Ungarn, Kgr. 8, 24, 65–71, 82 f., 87, 161 f., 178, 189, 194

**V**
Valencia 194
Valladolid 112
Venedig 203
Vienne 143

**W**
Wales 8
Werla 34
Westfalen 88 f.
Westminster 112, 178
Wetzlar 125
Würzburg 89

**Z**
Zypern, Kgr. 8

## Personenregister

**A**
Acerbus Morena 151
Adalhard von Corbie 144
Adam Usk 74
Adelheid, r.-dt. Ksn. 157
Adolf, r.-dt. Kg. 72
Adolf II. von Nassau, Ebf. von Mainz 100
Aegidus Romanus 59 f.
Agnes, r.-dt. Ksn. 157
Alfons I., Kg. von Aragón 4
Alfons V., Kg. von Aragón und (I.) von Neapel 162, 194

Alfons IX., Kg. von León 87
Alfons III., Kg. von Portugal 67
Alkuin 146
Althoff, Gerd 13, 109
Ambrosius, Bf. von Mailand 40
Anastasios I., röm. Ks. 37
Andreas II., Kg. von Ungarn 68, 71
Anjou, Dynastie 8, 194, 202
Antiochus III., Kg. des
 Seleukidenreichs 172
Aristoteles 59 f.
Árpáden, Dynastie 194, 202
Augustinus, Bf. von Hippo Regius 22,
 40 f., 57, 172
Avitus, Bf. von Vienne 45

**B**
Balduin, Ebf. von Trier 93 f.
Balthild, frk. Kgn. 187
Baudovinia 187 f.
Beatrix von Burgund, r.-dt.
 Ksn. 142 f., 150 f., 162, 197
Bernhard III., Hz. von Sachsen 89
Bernhard Sittich 118
Blanca von Kastilien, Kgn. von
 Frankreich 162 f.
Bloch, Marc 208
Bodin, Jean 204
Böhmer, Johann Friedrich 10, 205
Bonifaz VIII., Papst 87, 186
Botero, Giovanni 204
Brown, Elizabeth A. R. 175
Brühl, Carlrichard 129
Brun I., Ebf. von Köln 82
Brunner, Otto 206

**C**
Caligula, röm. Ks. 28
Childerich I., frk. Kg. 43
Childerich III., frk. Kg. 3, 47, 72
Chlodio, frk. Kg. 41
Chlodomer, frk. Kg. 187
Chlodwig I., frk. Kg. 5, 28, 43, 45, 94,
 187, 201
Chlothar I., frk. Kg. 187
Christine de Pisan 60

Christoph II., Kg. von
 Dänemark 72–74
Chrodechild, frk. Kgn. 187

**D**
Dagobert II., frk. Kg. 71
Dannenbauer, Heinrich 129
David 40
Desiderius, langobardischer Kg. 142
Dinzelbacher, Peter 13
Dunstan, Ebf. von Canterbury 190

**E**
Edith, Kgn. von England 192
Edmund (hl.), Kg. von England 65
Edmund (hl.), Kg. von
 Ostanglien 188, 190 f., 203
Edward der Bekenner (hl.), Kg. von
 England 178, 189, 192–194
Edward der Märtyrer (hl.), Kg. von
 England 188
Edward II., Kg. von England 3, 67
Edward III., Kg. von England 158
Edwin (hl.), Kg. von Northumbria 188
Einhard 28, 47–49, 146, 179
Eleonore von Aquitanien, Kgn. von
 England 142 f.
Emmerich von Ungarn (hl.) 80
Erich IV. Plovpenning, Kg. von
 Dänemark 193
Erich V., Kg. von Dänemark 68
Erich IX. (hl.), Kg. von Schweden 189

**F**
Fastrada, frk. Kgn. 143
Felipe VI., Kg. von Spanien 1
Ficker, Julius von 206
Fredegar/Fredegarchronik 41 f.
Fried, Johannes 2
Friedrich der Schöne, r.-dt. Kg. 174
Friedrich I. Barbarossa, r.-dt. Ks. 9,
 62, 88–90, 126, 128–130,
 141–152, 171 f., 193, 195–197,
 199– 201
Friedrich II., r.-dt. Ks., Kg. von
 Sizilien 24, 68, 72, 80, 82, 87 f.,

112, 125f., 158, 162, 171–173, 193
Friedrich III., r.-dt. Ks. 24f., 119f.
Frô 42

## G

Gerhard von Sinzig 127
Giesey, Ralph E. 175
Göldel, Caroline 131
Gottfried von Viterbo 2
Gregor VII., Papst 87
Gregor von Tours 28, 44, 95
Grundmann, Herbert 207
Guillaume de Saint-Pathus 186

## H

Habsburger, Dynastie 5, 97, 125, 202
Haller, Johannes 128f.
Hedwig, Kgn. von Polen 83
Heinrich I., r.-dt. Kg. 1f., 9, 99f., 177
Heinrich II. (hl.), r.-dt. Ks. 51, 111, 177, 189, 192
Heinrich III., r.-dt. Ks. 56
Heinrich IV., r.-dt. Ks. 72, 82, 88, 102, 117, 128, 157, 170, 173, 193, 206
Heinrich V., r.-dt. Ks. 82, 84, 102
Heinrich VI., r.-dt. Ks., Kg. von Sizilien 83, 97, 128, 171, 174
Heinrich (VII.), r.-dt. Kg. 82
Heinrich VII., r.-dt. Ks. 55, 93f.
Heinrich Raspe, r.-dt. Kg. 80
Heinrich I., Kg. von England 65, 67
Heinrich II., Kg. von England 82, 142–148, 150, 152f., 174, 177, 196
Heinrich III., Kg. von England 24, 71, 158, 178
Heinrich IV., Kg. von England 65
Heinrich VI., Kg. von England 158, 193
Heinrich IV., Kg. von Kastilien 72
Heinrich I., Hz. von Bayern 82
Heinrich II., Hz. von Bayern und Kärnten 157
Heinrich der Löwe, Hz. von Sachsen und Bayern 9, 88–90, 151

Heriger, Ebf. von Mainz 1f.
Hieronymus 40
Hildebald, Ebf. von Köln 181
Hildegard, frk. Kgn. 142, 179
Hinkmar, Ebf. von Reims 53, 57, 144
Hitler, Adolf 206
Hobbes, Thomas 204
Horaz 22
Horthy, Miklos 202
Hucker, Bernd 131
Hugo Capet, Kg. von Frankreich 96, 177

## I

Innozenz III., Papst 70, 174
Isabella, Kgn. von England 158
Isidor von Sevilla 21f., 53, 57

## J

Jacobus de Cessolis 52
Jakob I., Kg. von England 47
Jean Golein 104
Johanna I., Kgn. von Neapel 83
Johanna II., Kgn. von Neapel 83
Johannes von Salisbury 58f., 141f.
Johann Ohneland, Kg. von England 68, 70, 171, 177
Johann II., Kg. von Frankreich 163
Johann von Worcester 65
John Balliol, Kg. von Schottland 72
Jonas, Bf. von Orleans 57f.
Joseph 44
Juan Carlos I., Kg. von Spanien 1
Judith, frk. Ksn. 82, 143

## K

Kantorowicz, Ernst 5, 175f.
Karl der Große (hl.), frk. Ks. 8, 10f., 28, 40, 47, 81, 95, 101f., 111, 117, 131, 141–149, 174, 177, 179–181, 189, 193–197, 201f.
Karl II., frk. Ks. 72
Karl III., frk. Ks. 72
Karl IV., r.-dt. Ks. 125
Karl V., r.-dt. Ks., Kg. von Spanien 98
Karl V., Kg. von Frankreich 104
Karl VI., Kg. von Frankreich 158, 163

Karl VII., Kg. von Frankreich 158
Karl X., Kg. von Frankreich 47
Karl I. von Anjou, Kg. von Sizilien 87, 186
Karl Robert, Kg. von Ungarn 71
Karlmann, frk. Kg. 81
Karolinger, Dynastie 5, 10, 45, 66, 95, 124, 177, 205, 209
Kölzer, Theo 129, 131
Knut IV. (hl.), Kg. von Dänemark 189
Konrad I., r.-dt. Kg. 100
Konrad II., r.-dt. Ks. 56, 58, 98, 110
Konrad IV., r.-dt. Kg., Kg. von Sizilien 80, 131, 155
Konrad, Sohn Heinrichs IV. 82
Konrad II. (Konradin), Kg. von Sizilien 155 f.
Konrad III., Ebf. von Mainz 163–166
Konstantin, röm. Ks. 40
Konstanze, r.-dt. Ksn., Kgn. von Sizilien 83, 158, 162
Koselleck, Reinhart 210
Kunigunde, r.-dt. Ksn. 189, 192

**L**
Le Goff, Jacques 5
Liudolf, Sohn Ottos I. 82
Locke, John 204
Lothar I., frk. Ks. 95
Lothar III., r.-dt. Ks. 98, 124
Ludwig der Fromme, frk. Ks. 72 f., 82, 95 f., 98, 111, 143, 172, 179, 181
Ludwig der Deutsche, ostfrk. Kg. 96
Ludwig das Kind, ostfrk. Kg. 96
Ludwig IV., r.-dt. Ks. 125
Ludwig VIII., Kg. von Frankreich 71, 177
Ludwig IX. (hl.), Kg. von Frankreich 158, 163, 173, 177 f., 185 f., 189, 192–194
Ludwig XIV., Kg. von Frankreich 112, 201
Ludwig I. der Große, Kg. von Ungarn 71
Ludwig (hl.), Bf. von Toulouse 194
Ludwig III., Pfalzgf. bei Rhein 163
Luxemburger, Dynastie 5, 97, 125

**M**
Machiavelli, Niccolò 204
Magnus Eriksson, Kg. von Schweden 72
Manfred, Kg. von Sizilien 71, 87, 155 f.
Margarete von Holland, r.-dt. Ksn. 162
Margarete von der Provence, Kgn. von Frankreich 192
Margarete, Kgn. von Norwegen 83, 162
Margarete, Kgn. von Schottland 189
Maria, Kgn. von Ungarn 83
Maria Theresia von Österreich, Kgn. von Ungarn und Böhmen 202
Maria von Kastilien, Kgn. von Aragón 162
Marlowe, Christopher 3
Martin, George R. R. 3
Mathilde von Flandern, Kgn. von England 177
Matthaeus Parisiensis 172, 175
Maximilian I., r.-dt. Kg. 5, 119 f., 158
Mayer, Theodor 206
Melchisedek 40
Merowinger, Dynastie 5, 7, 24 f., 41–45, 47–49, 94, 110
Montesquieu 204
Moraw, Peter 111
Müller-Mertens, Eckhardt 207

**N**
Napoleon, Kaiser der Franzosen 201
Niederkorn, Jan Paul 130
Nikolaus von Oresme 59

**O**
Odoaker, Kg. von Italien 37, 40
Olaf Haraldsson (hl.), Kg. von Norwegen 188, 193
Orbán, Viktor 202
Orwell, George 14, 213
Oswald (hl.), Kg. von Northumbria 188, 191
Otto I. der Große, r.-dt. Ks. 2, 31–34, 82, 96, 100, 117, 177, 211–213

Otto II., r.-dt. Ks. 177
Otto III., r.-dt. Ks. 111, 157, 177
Otto IV., r.-dt. Ks. 20
Otto, Bf. von Freising 62, 96
Otto, Pfalzgf. von Burgund 150
Ottonen, Dynastie 5, 96, 116, 126, 205, 209

**P**
Panofsky, Erwin 30
Paschalis (III.), Papst 196
Penda, Kg. von Mercien 188
Peter IV., Kg. von Aragón 179
Philipp von Schwaben, r.-dt. Kg. 20 f., 158
Philipp I., Kg. von Frankreich 87
Philipp II. August, Kg. von Frankreich 177
Philipp III., Kg. von Frankreich 186
Philipp IV., Kg. von Frankreich 186, 194
Philipp V., Kg. von Frankreich 158
Philipp VI., Kg. von Frankreich 158
Philipp I. von Heinsberg, Ebf. von Köln 89
Philipp de Commynes 173
Pippin der Jüngere, frk. Kg. 8, 45
Pippin, Kg. von Aquitanien 96
Plutarch 141
Pseudo-Cyprianus 57, 61

**R**
Radegunde, frk. Kgn. 187 f.
Ramiro II., Kg. von Aragón 4
Remigius (hl.), Bf. von Reims 46
Remus 39
Richard I. Löwenherz, Kg. von England 174 f., 177
Richard II., Kg. von England 72–75, 158
Robert II. der Fromme, Kg. von Frankreich 193
Romulus 39
Romulus Augustus, röm. Ks. 40
Rousseau, Jean-Jacques 204
Rückert, Friedrich 200

Rudolf von Habsburg, r.-dt. Kg. 125
Rudolf von Rheinfelden, r.-dt. Kg. 169 f., 173
Rupert, Bf. von Bamberg 117

**S**
Salier, Dynastie 5, 96, 177, 205
Salimbene de Adam 172
Salomon 40
Samson 44
Sancho II., Kg. von Portugal 72, 87
Saul 40
Shakespeare, William 65
Siegfried III. von Eppstein, Ebf. von Mainz 79 f.
Sigismund, Kg. der Burgunder 187 f.
Sigismund, r.-dt. Ks., Kg. von Ungarn und Böhmen 126, 163
Staufer, Dynastie 8, 124, 127, 149, 205
Stephan, Kg. von England 145
Stephan I. (hl.), Kg. von Ungarn 66, 80, 188 f., 193, 202 f.
Stephen Langton, Ebf. von Canterbury 70
Sueton 28
Sybel, Heinrich von 206

**T**
Tacitus 39
Thankmar, Bruder Ottos I. 82
Thegan 181
Theobald II., Kg. von Navarra 67
Theoderich der Große, Kg. von Italien 37
Theodosius I., röm. Ks. 40
Theophanu, r.-dt. Ksn. 157
Theudebert I., frk. Kg. 38
Thomas Beckett, Ebf. von Canterbury 147
Thomasîn von Zerklaere 3
Thomas von Aquin 53, 57, 59
Trajan, röm. Ks. 141

**U**
Urraca, Kgn. von Kastilien-León 83

**V**
Venantius Fortunatus 187 f.

**W**
Waitz, Georg 205
Walter Map 143
Walther von der Vogelweide 20
Warren, Wilfried 5
Wattenbach, Wilhelm 205
Weber, Max 3
Wenzel (hl.), Hz. von Böhmen 178, 189, 191
Wenzel III., Kg. von Böhmen 72
Wenzel (IV.), r.-dt. Kg., Kg. von Böhmen 25, 72 f., 75, 158
Werner II. von Bolanden 149
Widukind von Corvey 2, 100
Wilhelm von Holland, r.-dt. Kg. 80
Wilhelm I., Deutscher Kaiser 199 f.
Wilhelm I. der Eroberer, Kg. von England 177
Wipo 56, 98, 110
Wittelsbacher, Dynastie 97
Wodan/Odin 44

# Sachregister

**A**
Absetzung 65, 71–75, 83 f., 87–90, 113, 158
Altarsetzung 99
Apanage 82, 247
Aufklärung 47, 204

**B**
Bauernaufstand 85
Belehnung 110, 115, 118–120, 125, 161, 164, 166, 248
Bibel 46, 52, 57, 157, 172, 204
Bildung 54, 146
Brief 23, 25 f., 29, 129, 150, 171

**C**
*Capitulare de villis* 128, 149, 247
Christentum 37, 39–41, 188, 202

**D**
Doppelkönigtum 4

**E**
Eid 1, 65–68, 99, 115
Exchequer 145, 148, 150
Exkommunikation 70, 71, 80, 86 f., 172, 247

**F**
Fest 116
Französische Revolution 2, 178, 204
Fürstenspiegel 29, 56–62, 67, 247

**G**
Gegenkönig, Gegenkönigtum 4, 23, 72, 80, 83, 96, 170
Germanen 5, 37–45, 94, 115, 157, 202, 205 f., 208
Goldene Bulle (Andreas II. von Ungarn, 1222) 65 f., 68–71
Goldene Bulle (Karl IV., 1356) 84, 97– 99, 161
Grab(lege), Begräbnis 43, 65, 101, 169–171, 174–181, 189

**H**
Haare 44 f.
Hagiographie 186, 189 f.
Hausmeier 8, 45, 47, 247
Heidentum 43 f., 188–190
Herrschafts-/Herrscherideal 22, 33, 41, 51–63, 72, 115 f.
Historiographie 28 f., 54–56, 171, 190, 201
Hof 130 f., 141–148, 247
Hofamt 143–145, 247
Hofgericht 89, 116, 247
Hofkapelle 141, 147 f., 247
Hoftag 26, 47, 89, 110, 112–120, 146, 196, 205, 247
Huldigung 110, 114 f., 247
Hundertjähriger Krieg (1337–1453) 88

**I**

Insignien 1, 19–21, 62, 68, 80, 103 f., 115, 119 f., 170, 179, 194, 203, 247
Intervenient 143, 157, 247
Investiturstreit 46, 86, 96, 170, 193, 247
Itinerar 31, 111 f., 207, 247

**J**

Judentum 39 f., 44, 126
Justitiar (England) 145, 163

**K**

Kanonisation 170, 185–189, 192–197
Kanzlei/Kanzler 24, 26, 70, 141, 146–148, 247
Kloster 4, 23, 31–33, 52, 55, 85, 176–179, 187 f., 192, 194, 196
Königin 11 f., 26, 33, 52 f., 60, 82 f., 102, 141–143, 149, 157–159, 162 f., 177 f., 187–189
Königsboten (*missi dominici*) 148
Königsdienst (*servitium regis*) 86, 123–131, 248
Konkordat 86, 248
Konsens 9 f., 84, 90, 209
Körpermetapher 58 f., 84, 141
Kreuzzug 88, 112, 117, 146, 171, 186, 191, 201
Krieg 39, 68, 71, 88, 112, 116 f., 127, 146, 149, 166, 170, 188–191
Krönung 11, 15 f., 20, 29, 38, 56, 62, 68, 99–105, 114, 197, 248
Kurfürsten 84, 93 f., 97–102, 104, 110, 113, 119–121, 126, 158, 161 f., 248

**L**

Lehnswesen 84, 117, 204
Literatur/Dichtung 21, 26, 29, 54
Liturgie 29, 54, 58, 100, 128, 170, 248

**M**

Magna Carta 68–71, 201
Memoria 83, 176, 248

Ministeriale 62, 69, 83, 89, 116, 144, 146, 149, 248
Mitkönigtum 97, 159–161
Monumenta Germaniae Historica (MGH) 24, 205, 248
Mord 37, 39, 59, 65, 71, 81 f., 175, 177, 187–189
Münzen, Münzwesen 37 f., 165, 190
Muslimische Reiche und Herrscher 7, 8, 15, 39

**N**

Nationalsozialismus 20, 200, 202, 206

**P**

Pairs de France 84, 105
Papsttum 15, 24, 55, 67, 70, 80, 86–88, 99, 173, 189, 193 f., 206
Periodisierung 5 f., 203
Pfalz 34, 47, 111, 124 f., 149, 179, 181, 248

**R**

Rat 57, 61, 80, 83, 141, 145–147, 151 f., 163
Recht 5, 110, 112, 115 f., 144–152, 161, 163–165, 204
Reconquista 8, 117
Regalien 33, 125 f., 150, 248
Regesta Imperii (RI) 10, 205, 248
Reichsgut 123–138, 142 f., 149, 248
Ritual 10, 20, 67, 98–103, 109 f., 114–116, 208, 248
Romantik 205

**S**

Sachsenspiegel 98 f.
Sakralität 11, 38 f., 45–47, 99, 111, 114, 193
Salbung 1 f., 5, 9, 38, 45–47, 62, 99 f., 105
Sheriff 150, 152 f.
Siegel 30 f., 43, 70, 119, 249
Staat, Staatsbegriff 6, 10, 22, 126 f., 149, 200, 205 f., 208 f.
Stadt 80, 83–85, 113, 124, 149

Stellvertreter 53, 83, 143, 145, 149, 155–166, 248
Steuern 65, 69, 126 f., 131–138, 150, 204

**T**
Tafelgüterverzeichnis 123 f., 128–131
Testament 173 f., 180
Thaumaturgentum 46 f.
Tod, Sterben 170–173, 179–181

**U**
Umritt 110 f.
Unveräußerlichkeit 67
Urkunde 10 f., 23–26, 29–34, 54 f., 84, 111, 115, 128, 147, 150, 157, 171, 205, 248

**V**
Verfassungsgeschichte 10, 206, 208
Verwaltung 24, 29, 45, 47, 57, 69, 112, 124–128, 131, 141–150, 204
Völkerwanderungszeit 37 f., 117

**W**
Wahl 55, 94, 98 f., 102, 110, 113, 119, 249
Wirtschaft 1, 5, 45, 84 f., 123–138, 149

**Z**
Zeugenlisten 31, 144

www.ingramcontent.com/pod-product-compliance
Lightning Source LLC
Chambersburg PA
CBHW060558230426
43670CB00011B/1877